教育部人文社会科学研究规划基金项目“西部地区生态型反贫困法律保障研究”（项目编号：13YJA820029）的阶段性研究成果。

西部地区生态型
反贫困法律保障研究

刘晓霞　周凯　著

中国社会科学出版社

图书在版编目(CIP)数据

西部地区生态型反贫困法律保障研究 / 刘晓霞，周凯著．—北京：中国社会科学出版社，2016.12

ISBN 978-7-5161-9456-0

Ⅰ.①西… Ⅱ.①刘…②周… Ⅲ.①生态型-扶贫-法律保护-研究-西南地区②生态型-扶贫-法律保护-研究-西北地区 Ⅳ.①D922.182.34

中国版本图书馆 CIP 数据核字(2016)第 303087 号

出 版 人　赵剑英
责任编辑　梁剑琴
责任校对　李　静
责任印制　李寡寡

出　　版　中国社会科学出版社
社　　址　北京鼓楼西大街甲 158 号
邮　　编　100720
网　　址　http：//www.csspw.cn
发 行 部　010-84083685
门 市 部　010-84029450
经　　销　新华书店及其他书店

印刷装订　北京市兴怀印刷厂
版　　次　2016 年 12 月第 1 版
印　　次　2016 年 12 月第 1 次印刷

开　　本　710×1000　1/16
印　　张　14
插　　页　2
字　　数　230 千字
定　　价　54.00 元

凡购买中国社会科学出版社图书，如有质量问题请与本社营销中心联系调换
电话：010-84083683

目　　录

导　论

贫困是一种多因一果的发展性顽疾，这些“因”可以大体归纳为自然环境恶劣、地区经济发育迟缓、人口素质偏低以及公共产品供给不足等几个方面，但最基础、最先导的因素还是恶劣的自然环境。恶劣的自然环境导致贫困地区没有肥沃的土地、没有方便的交通、没有成熟的市场、没有良好的教育和医疗，大大加重了群众的生存成本，他们即使拼命挣扎也很难摆脱贫困的厄运。可以说，恶劣的自然环境是导致贫困的始作俑者和罪魁祸首。

中国之贫困，西部尤甚，这是由我国西部地区特殊地理环境所决定的。一般而言，西部地区是由西北五省区（陕西、甘肃、青海、新疆、宁夏），西南五省区（四川、重庆、云南、贵州、西藏）和内蒙古、广西，以及湖南的湘西、湖北的恩施土家族苗族自治州组成的。这些地区基本上都处于我国地形的第一、第二阶梯上，有终年积雪覆盖的青藏高原、黄沙肆虐的沙漠地区、干旱少雨的黄土高原地区以及山大沟深的石漠山区，同时还伴随着严重的自然灾害。生活在这里的人民几乎不可避免地沦为贫困的奴隶，生活苦不堪言。在近期国家划定的 14 个集中连片特困地区和扶贫攻坚主战场中仍然有 9 个片区处于该区域中，自然环境对贫困的影响可谓根深蒂固。

新中国成立以来特别是改革开放以来，在国家不遗余力的反贫困实践和西部大开发战略的双重作用下，西部贫困地区经济社会发展取得了长足的进步，但是仍应看到诸如生态环境脆弱、经济结构不合理、贫困面广量大等问题依然存在和凸显，尤其是生态脆弱与贫困以及反贫困与生态破坏的怪圈不仅没有打破反而更有加剧之势。为了快速脱贫，生态保护在扶贫实践中一度被忽略或虚置，越穷越急功近利、越穷越贪婪地向自然索取，脆弱的生态与人类的贫困在扭曲和病态中踉跄爬行。最终导致贫困地区环境恶化，严重影响当地群众生活与发展，脱贫速度放缓，甚至出现了返贫现象。恩格斯曾说过，我们不要过分陶醉于人类对自然界的胜利，对于每一次这样的胜利，自然界都将进行报复。事实表明，以牺牲环境为代价换取一时温饱的思想是短视的、不明智的，必须予以纠正。为此，国家在西部地区划定了5个重点生态区：西北草原荒漠化防治区、黄土高原水土保持区、青藏高原江河水源涵养区、西南石漠化防治区、重要森林生态功能区，要求在这些区域内禁止或严格限制经济开发，务必保证生态功能的最大限度发挥，为社会长远发展留下生态资本。然而，这5个重点生态区与上述9大集中连片特困地区几乎重合，那么问题就来了：一边是必须要保护的生态环境，另一边又是必须要解决的群众温饱，究竟该如何权衡与协调呢？

自然界具有典型的双面性，人类若尊重她、善待她，她便会露出温情的一面，倾洒她的资源和甘露于人类。其实，扶贫开发与环境保护并不冲突，处理得好，二者完全可以达到双赢的局面。习近平总书记在多种场合就强调，我们既要绿水青山，也要金山银山。宁要绿水青山，不要金山银山，而且绿水青山就是金山银山。他指出，要正确处理好经济发展同生态环境保护的关系，牢固树立保护生态环境就是保护生产力、改善生态环境就是发展生产力的理念。长期的扶贫实践也一再证明，生态就是本钱，青山才是“靠山”，只有尊重自然、依靠自然，走可持续发展的新扶贫之路才是长久之计。2014年“生态文明与反贫困国际论坛”在贵阳召开，会议在总结反贫困正、反两面经验教训、分析当前环保与扶贫形势基础上形成了重要的“生态文明建设与反贫困贵阳共识”。该共识明确了反贫困工作必须同时兼顾经济、社会、生态文明三个目标，既要增加贫困群体的经济收入、改善其物质生活条件，同时也要有助于建立良好的生态、健康的水环境、和谐的人与自然关系、互助协作的人际关系，社会合作基础上的社区福利生产与供给。同时，该共识还提出了绿色减贫战略，这与本书的生态型反贫困理念不谋而合，其本质和核心就是要坚持以人为本，转变发展观念、创新发展模式、提高发展质量的减贫理念新变革。生态型反贫困的具体思路是：（1）加强生态资源产权化保护，探索生态资源交易市场新途径、新方法；（2）加强生态资源社区共管制度建设，让社区成员参与到生态资源管理决策中；（3）因地制宜，分类开发，调整优化产业结构，大力发展生态产业；（4）完善生态补偿制度；（5）稳步推进生态移民制度；（6）探索建立环境侵权损害赔偿社会化制度。

山川秀美，生活富足是千百年来中华儿女的共同梦想，生态型反贫困正是朝着这个伟大梦想踏步而来，然而要在旧有的反贫困路径中推行这一新理念又谈何容易。长期以来，人们提起反贫困首先想到的就是发展经济，环保只是可有可无的附带品，经济发展与环境保护发生冲突时，经济的车轮往往从环境身上碾压而过，反贫困反而成了牺牲环境的挡箭牌。当人的行为表现为短视和自私、美好的理念不能教化于心的时候，无疑需要法律制度来补位。事实上，反贫困实践中法律制度的缺失、无力和虚置现象也更现实地要求法律的积极参与。目前，我国还没有一部专门的反贫困立法，有的仅是十余部效力低一些的地方性法规，如《甘肃省农村扶贫开发条例》《陕西省农村扶贫开发条例》《重庆市农村扶贫条例》《贵州省扶贫开发条例》《云南省农村扶贫开发条例》《内蒙古自治区农村牧区扶贫开发条例》《广西壮族自治区扶贫开发条例》《四川省农村扶贫开发条例》《青海省农村牧区扶贫开发条例》和《宁夏回族自治区农村扶贫开发条例》等。在这些条例中，涉及生态环境保护的很少，即使有也是一笔带过，大体内容是扶贫开发应与生态保护相互协调，扶贫项目要依法进行环境评价等，可操作性不高、约束力不强。另外，在涉及生态型反贫困若干重要制度上也存在很大的法律缺口，主要表现为以下几个方面：一是生态补偿政策法规建设滞后，保护和受益者的权责落实不到位，甚至无法可依。二是生态资源产权的主体、范围和内容还不够明晰，作为一项基础性的赋权确权制度，其本身存在的模糊性严重阻碍了其他制度的进一步推行。三是资源富集的贫困地区存在明显的税收制度不合理，导致这些地区深陷“资源诅咒”的泥潭。四是在扶贫项目的立项落地过程中，常常打着扶贫的口号而上马一些高污染高耗能的项目，环境评价制度形同虚设。五是没有认识到民族习惯法在生态型反贫困中的重要作用，忽视了群众的自治权利和参与权利。

长期以来，关于生态型反贫困的研究多集中于生态学、农业经济学、管理学和社会学等领域，基于法学视角对生态型反贫困的研究几乎无人问津，偶有这方面的提及也大都处于“边缘化”或“碎片化”的尴尬境地。如在《中国生态脆弱区的生态贫困与生态资本研究》（李虹，2011）、《构建生态经济系统与反贫困目标的实现——以贵州省喀斯特贫困山区为例》（胡涛，2009）等研究中，学者已经提到了在生态型反贫困中应完善制度保障的内容，但总体过于笼统，欠缺对生态型反贫困与法律制度关系的深入探究。另外，有些学者虽然是以法律制度为视角，但落脚点却过于单一，有的把重点放在生态补偿法律制度构建以及环境习惯法的研究方面，缺少对反贫困的触及和融入；有的则把重点投向反贫困却忽视了“生态型”的考量。

与国内研究情况类似，国外的研究也多集中于生态学和经济学领域。戴维·皮尔斯、李瑞丰·沃福德（1996）发现，居住在全世界自然恢复能力最低，环境破坏最严重的地区的那部分人口是全世界最贫困人口。1987年戴维·皮尔斯等在世界环境委员会对非洲撒哈拉地区的贫困现象进行了极具说服力的论述：“没有比任何一个地区承受着这种‘贫困—环境退化—进一步贫困’的恶性循环的痛苦更悲惨的了。”1992年美国经济学家迈克尔·P. 托达罗在《经济发展与第三世界》中曾经提出用地域差异理论来解释贫穷国家经济发展缓慢的原因，指出贫困与生态环境退化的恶性循环是造成贫困落后地区经济社会非持续发展的重要原因。Kimberly Soffar提出了研究减缓贫困与环境评估的耦合关系，她阐述了环境与贫困的密切关系，同时指出如何从环境信息中获得财富来减少贫困。M.A.O. Aluk在*Sustainable Development*，*Environmental Degradation and the Entrenchment of Poverty in the Niger Delta of Nigeria*中提出，生态环境与人类发展是共生的关系，由于工业化，产业化引起了环境的污染，生态的退化，使得贫困问题油然而生。环境质量的下降，使得人们掉入了贫困的深渊。非洲飞速增长的人口，使得可更新资源和不可更新资源耗尽，加剧了贫困的现象。因此M. A. O. Aluk提出污染控制、环境修复是解决贫困问题的有力途径。

第一章

贫困治理体系与治理能力现代化的变革方向:“生态理念”与“制度理念”

“治理”(governance)一词源于古拉丁语，原意为“掌舵”，后主要指控制、引导和操纵等行为。1989年，世界银行首次使用“治理危机”(crisis in governance)一词来概括非洲国家在现代化进程中面临的主要问题。20世纪90年代中后期，“governance”一词被引入我国，首先被译为“治道”，主要指关于治理公共事务的道理、方法和逻辑，[①] 后被译为“治理”，主要指在各种不同的制度关系中运用权力去引导、控制和规范公民的各种活动，以最大限度地增进公共利益。[②] 对于治理概念的界定是一个见仁见智的问题，一般将其定义为一种以公共利益为目标、多部门共同参与的社会合作过程，[③] 它强调治理主体的多元性、治理手段的多样性、治理过程的互动性和治理目标的共赢性，强调多主体的广泛参与及协商合作，强调自下而上的基层参与。因此，贫困治理可以理解为各方力量广泛参与，调动社会资源，形成合作关系，共同协助贫困者，最终实现反贫困

① 智贤:《Governance:现代“治道”新概念》，载刘军宁主编《市场逻辑与国家观念》，生活·读书·新知三联书店1995年版，第56—57页。

② 俞可平:《治理与善治》，社会科学文献出版社2000年版，第5页。

③ 何兴贵、刘宏煊:《西方治理理论述评》，《海军工程大学学报》2011年第1期。

目标的过程。而在贫困治理中，理念就是贯穿其整个具体环节的最高思想指引，可以说，贫困治理的理念问题是实现贫困治理体系与治理能力的现代化的逻辑起点。

第一节　生态理念：国际贫困治理的启示

贫困是人类社会发展过程中的一大顽疾，它不仅蚕食着贫困者生存与发展的权利，还阻碍着社会的和谐发展，纵观人类社会的发展历程，其实就是一个不断与贫困斗争的过程，因而即使在生产力发展水平较高的西方发达资本主义国家，贫困问题依旧相当突出，发展中国家亦是如此。因此，研究这些国家的贫困治理，对于制定我国的贫困治理具有十分重要的借鉴意义和启示价值。

一　发展理念下发展中国家贫困治理的措施与启示

发展中国家一般指人均国民生产总值较低，处于发展初期的工业化过程中，教育、卫生、文化建设欠发达，基础设施不完备的国家。发展中国家的人口约占世界人口的6/7，共有近200个国家和地区，主要分布在亚洲、非洲、拉丁美洲等地区，其中包括中国、印度、巴西、泰国、印度尼西亚、孟加拉国等国家。① 贫困问题一直困扰着发展中国家，而迅速摆脱贫困、寻求发展、缩小差距成为第二次世界大战后全世界发展中国家普遍面临的严峻挑战。造成发展中国家贫困的原因是多方面的，既有自然的、历史的、社会的、政治的原因，又有传统文化等方面的负面影响，但究其根源，则是生产力低下，经济发展水平较低所造成的，因此，以发展来治理贫困的理念逐渐为发展中国家所接受，并运用到本国的实践中。

（一）印度贫困治理的措施与启示

印度是世界第二大人口大国，同时也是世界贫困人口最多的国家之一，目前印度仍有近3亿人口生活在贫困线以下，同时，由于受种姓制度的影响，印度的贫困差距非常大。1962年，印度政府率先提出在限定时期内使贫困者享有最低生活水平以满足其最低需要的政策。该政策的具体

① 张燕：《世界经济概论》，山东人民出版社2013年版，第198页。

实施可分为两个阶段：第一阶段是20世纪60年代开展的著名“绿色革命”，即通过发展农业生产力，引进、培育和推广高产农作物品种，运用一系列综合性农业技术措施来提高产量，以解决粮食供应不足引起的农村贫困问题。“绿色革命”在解决印度粮食供给问题上的成效显著，到1991年，印度已经基本实现粮食的自给自足，根据印度计划委员会公布的文件，“绿色革命”在减少农村贫困率中所做出的贡献达到55.38%。[①] 尽管印度在解决粮食供给方面成绩斐然，但其结果与最初设想相差甚远。因为“绿色革命”主要在耕作、气候条件较好的地区进行，因此其推行结果使本已存在的地区间经济发展差异性进一步加大；此外“绿色革命”所采用新品种、新技术需要雄厚资金作为后盾，这在客观上造成富裕地区从中获益颇多，欠发达地区或广大贫困者难以获得实质性好处，贫富差距进一步扩大。针对第一阶段政策存在的不足，印度于20世纪70年代中期开始实施了第二阶段的政策，即“缓解农村贫困计划”。该计划提出稳定增长、消灭贫困、满足最低需要的策略，实施了多种计划来帮助、促进贫困地区的发展，如为解决农村劳动力就业而进行的“以工代赈”计划、以自主谋生为核心的“青年职业培训”计划、注重提高农村贫困家庭生活水平的“农村综合发展”计划等，这些针对性很强的反贫困发展计划为贫困者在物质与精神两方面逐步摆脱贫困创造了条件。

印度的贫困治理措施表明，一方面，对于发展中国家而言，存在众多的农村贫困者和大范围的贫困地区，是制约整个国家经济发展的极其重要因素，因而在推动经济发展的进程中必须制订、实施相应反贫困计划或战略，以求消除或减缓贫困；另一方面，贫困地区贫困原因是多方面的，因而反贫困对策或经济开发必须采取多渠道、多方式、综合性的政策措施，而且彼此相互促进，相互配合，特别是要有综合性、长期性的反贫困战略，从而为贫困地区的发展创造良好的条件。

（二）巴西贫困治理的措施与启示

巴西是中等收入大国，世界第四大农产品出口国，也是贫困问题突出的国家。20世纪60年代以来，巴西政府的反贫困战略——“发展极”战略，是根据“发展极—增长点”理论提出的区域开发反贫困战略。所谓“极”就是指一个经济空间，包含一个能在此空间或地理区域内发生影响

① 赵曦：《中国西部农村反贫困模式研究》，商务印书馆2009年版，第41—43页。

的原动力单位的群体。这一战略的核心内容是，通过大规模的物质资本投资在贫困地区形成新的发展极或增长点，通过发展极或增长点的极化和扩散效应带动周边不发达地区的经济发展，并以经济增长方式促进不发达地区的贫困人口自上而下地分享经济增长的成果，以缓解区域性的贫困状况。1967 年，巴西政府在贫困落后的亚马孙地区的马瑙斯建立了一个占地一万平方公里的经济发展极，实行进出口自由贸易政策，并以优惠的税收政策吸引国内外企业投资建厂。马瑙斯自由贸易区分农牧业区和工商业区，由设在该地的直属联邦政府的自由贸易区管理委员会直接领导。联邦政府在这里实行特殊政策。其政策包括两方面内容：一是实行进出口自由贸易，规定凡是用于扩大再生产的进口商品免交进口税；二是实行财政刺激政策，凡是在自由贸易区投资建厂的企业可享受各种优惠，制订企业计划时可得到“亚马孙开发私人投资基金”的赞助，可用所得税的减免部分进行投资，享受减免所得税的比重可达 100%，免除用于自由贸易区内部或销往国内其他地区商品的工业产品流通税，向交纳商品流通税的商品提供信贷资助，为工、农、牧等企业选址提供方便等。经过几十年的开发，马瑙斯地区的经济发展很快，由原来只有 10 余万人口的小城市发展成目前拥有 150 万人口的大城市，从业人员达 10 余万人，1989 年年底，自由贸易区经济开发投资额估计为 135 亿美元，1985—1989 年工业企业数量平均每年增加 14%，加工工业的投资增长了 1.5 倍。1989 年自由贸易区内共有 577 家工业企业，其产品销售额约为 70 亿美元，农牧业区已建立起 170 多个农场和畜牧场，成为巴西轻工业产品的重要产地，有力地推动了亚马孙地区的发展。[①] 此外，20 世纪 70 年代，巴西政府还专门筹资实施了“东北部农业发展计划”和“全国一体化计划”。以“发展极”战略为契机，巴西在 20 世纪 60—70 年代实现了国家全面快速的经济增长，在长达 20 年的时间里，经济增长率一直保持在 8%以上，国民生产总值跃居世界第十位，相应的贫困人口调查指数由 50%下降到 21%。

但是随着巴西对亚马孙地区开发的深入，由于盲目发展农业和畜牧业、修筑公路、过度采伐木材而导致亚马孙热带雨林遭到大规模的破坏，面积剧减。据巴西亚马孙热带雨林研究所（IBAM）的研究报告指出，

---

① 苏振兴：《反贫困斗争与政府治理能力——巴西案例研究》，《拉丁美洲研究》2015 年第 1 期。

"由于人为因素，与 400 年前相比，亚马孙热带雨林的面积整整减少了一半"。而仅在 2001—2010 年，巴西就失去了 169074 平方公里的亚马孙热带雨林，相当于一个州的面积。亚马孙热带雨林面积的减少被视为 20 世纪 80 年代世界最大的生态问题，被普遍认为是"不可逆转的世纪性过失"。[①] 巴西的贫困治理表明，违背自然规律，以破坏生态环境为代价发展经济的做法是不可取的，也让我们开始探索贫困治理与生态保护的协调统一问题。

（三）泰国贫困治理的措施与启示

泰国是位于东南亚的君主立宪制国家，以农业为主，是世界著名的大米生产国和出口国，泰国稻米的出口额约占世界市场交易额的 1/3，是泰国外汇收入的主要来源之一。然而，农村的贫困问题仍然是困扰泰国国民经济发展的一个重要因素，像其他大多数发展中国家一样，泰国的贫困人口几乎全部集中在农村，尤其是泰国北部和东北部的贫困山区。在这些地区，原始的农耕技术依旧运用，农作物产量极低，且逐年递减，甚至无法维持农民基本生活的需要。由于农民采取过度垦殖的方式利用资源，使他们不得不于 2—3 年迁移一地，基本上处在自然生态圈的原始循环中，维持着贫困的基本生活条件，同时水土流失严重，珍稀动植物品种锐减，生态状况严重恶化。针对这一突出问题，泰国政府于 1953 年建立了"边境巡逻警察组织"，与山区的贫困农民取得联系，给他们食物、药品等救济，以后又开始提供实质性的援助，如对山民进行农业培训，给他们种子、种猪等技术的输入，建立学校，进行卫生、农业培训，以改善山区贫困农民的生活状况。从 1959 年开始，山区贫困农民的改造与发展工作由内务部负责，建立了一系列的机构来组织山区贫困农民的改造与扶贫工作，如"山区贫困农民自主组""发展与福利中心"等。为了增加农村的就业机会，提高农民的收入，泰国政府成立专门委员会负责推行"农村基金计划"，刺激农村经济的增长，根据这一计划，全国近 7.8 万个村庄将平均每个获得 2.3 万美元的发展基金。在政府实施贫困治理的同时，泰国的普密蓬·阿杜德国王（Bhumibol Adulyadej）也亲自批准设立了"山地计划"，由专门办公室负责实施，其主要目标包括三个方面：一是帮助山

① 徐芝生：《巴西亚马孙地区的毁林现状以及面临的挑战和机遇》，《世界林业动态》2009 年第 8 期。

区贫困农民摆脱贫困；二是为未来的持续发展而保护自然资源；三是促进贫困山区经济作物的种植等。在国王的带领下，其他王室成员也加入到贫困治理中来，如诗丽吉王后设立了“森林爱水计划”，诗琳通公主设立了“学生午餐计划”，朱拉蓬公主设立了“新村计划”。[①] 经过泰国王室和泰国政府的努力，泰国贫困山区的交通、教育、卫生状况大为改善，每户山区农民的年收入达 2 万铢以上，缩小了与其他地区的差距。

泰国的贫困治理以提高农业生产力水平、保护生态环境、促进农村发展为核心，受到了广泛的好评，也取得了民众的支持。联合国粮农组织总干事雅克·迪乌夫（Jacques Diouf）曾称赞泰国的贫困治理措施是消除贫困和饥饿的重要步骤，并邀请泰国向其他发展中国家推广有关经验。[②]

（四）印度尼西亚贫困治理的措施与启示

印度尼西亚是世界第四人口大国，全国人口总数达 2.48 亿人（2013 年）。受 1997 年东南亚金融危机和 2008 年全球性金融危机的影响，印度尼西亚的贫困发生率呈现出明显的阶段性特征，分为 1976—1996 年、1997—2007 年和 2008 年至今三个阶段。印度尼西亚的贫困人口在这三个阶段也分别由 1976 年的 5420 万人下降到 1996 年的 2250 万人，又由 1998 年的 4950 万人下降到 2007 年的 3102 万人，然后由 2008 年的 3717 万人下降到 2010 年的 3253 万人。[③] 1996 年之前，印度尼西亚贫困人口的减少主要得益于经济增长的影响，印度尼西亚经济的增长主要表现为农业从业人口的减少和城市、工业劳动力的增长以及由此而带来的劳动力由农村向城市流动。印度尼西亚前总统苏哈托于 1993 年年底通过“IDT 总统令”，IDT 是印度尼西亚文“INPRES DESA TERTINGGAL”的缩写，即“帮助不发达村庄的总统令”，其主要内容是：从 1994—1995 年财政年度起连续三年，每年拿出 2 亿美元的无息贷款给 2 万个村子，帮助它们发展经济。资金的用途由各村的社区发展委员会决定。同时，还聘用了 4000 个具有高等学历的指导员到村指导监督和联络协调。村里自己解决不了的问题由指导员带到上一级去协调解决。IDT 目标是全国 64097 个村子三年后可全

① 黄青禾：《印尼、泰国、马来西亚扶贫政策动态》，《改革与战略》1995 年第 6 期。

② 赵曦：《中国西部农村反贫困模式研究》，商务印书馆 2009 年版，第 48 页。

③ 左常升：《世界各国减贫概要》，社会科学文献出版社 2013 年版，第 8 页。

部受益，使1800万—1900万农村贫困人口脱贫。[①] 通过制定农村开发新战略，以及采取强化开发地区的领导机构与职能、分类指导与开发、调动社会力量、积极利用外资和外国先进技术、制订农村就业计划、经济与社会开发相结合六个方面的政策与措施，使得这一目标得以完成。然而，20世纪末的东南亚经济危机造成了印度尼西亚的经济动荡，并导致政府信用危机、公共服务资金缺位等问题出现，使得物价高涨，失业率猛增，贫困人口也从1996年的2250万人猛增至1998年的4950万人，贫困发生率也从11.3%上升到24.2%。[②] 针对这一状况，印度尼西亚于2001年设立了跨部委减贫委员会，其职责在于通过组织一系列的会议等交流活动，协调国家层面的相关各方拟写中期贫困治理战略文件（I-PRSP），作为国家贫困治理的纲要（SNPK）。印度尼西亚的贫困治理政策由横向和纵向两个方面组成，其中横向政策包括计划、财政预算和项目三个方面，将贫困治理的议题纳入宏观发展规划中，借助财政予以保证，最后执行具体的减贫项目。在政策的具体实施中，主要通过纵向两个层面，即中央和地方来执行。正是由于政府对于贫困治理的重视，得益于一系列政策的实施，印度尼西亚的贫困人口数量持续下降。

印度尼西亚的贫困治理措施表明，一方面，国家应当高度重视贫困问题。在国家发展战略、计划和专门的贫困治理纲要中都要对贫困问题予以高度关注，在具体实施相关计划的过程中，要加快地方政府机构的能力建设，实质有效地推动贫困治理的进程。另一方面，在贫困治理的过程中要重视普通民众的参与。首先要促进国家贫困治理纲要的开放性编写，推动基层政府、NGO、学界的参与，其次要重视社区的作用，借由非精英普通民众的参与发现贫困人口、基层民众的需求，提高决策的基层参与度，自上而下地推动发展。

（五）孟加拉国贫困治理的措施与启示

孟加拉国是全世界人口密度最高的人口大国及世界最贫穷国家之一。孟加拉国的贫困历史可以追溯到20世纪初英国殖民统治时期，然而，政策制定者和专业学者们是在1971年孟加拉国独立之后才开始关注贫困问

① 韩林芝：《中国农村贫困地区人力资本投资与反贫困问题研究》，中国商务出版社2009年版，第68页。

② 左常升：《世界各国减贫概要》，社会科学文献出版社2013年版，第11页。

题的。在孟加拉国政府和人民的努力下，孟加拉国的贫困发生率从1973年的74%下降到2005年的40%，并仍以每年1%的速度在下降。更为显著的成就是，孟加拉国经济快速增长，但是社会不平等现象并没有剧增，基尼系数从1995年到2005年仅从0.3变化至0.31，而且社会最底层10%的人口与最顶层2.8%的人口的实际收入年增长率已基本持平。[①] 从1973年开始，孟加拉国政府就开始重视贫困问题，制订了一系列的五年计划及其他关于农村发展的政策文件，在这些计划和文件中，贫困治理一直是核心问题。2005年8月，孟加拉国政府提出了贫困治理的战略文件，致力于推进有利于贫困者的经济增长的关键部门的发展，建立有效的社会保障体系和有针对性的项目，进而促进社会的发展。该文件还提出了四个辅助战略：一是确保人民的参与权；二是推动良好的政府管理；三是针对贫困者提供有效的服务；四是关注环境保护以及长期的可持续发展。此外，孟加拉国开创的小额信贷模式也被称为世界上最有效率的反贫困模式，这一模式的主旨是通过小额、低息、连续的贷款服务促进贫困农户的经营活动，以帮助贫困人口摆脱贫困，其最重要的特点是扶贫资金直接无抵押地到达贫困者手中。小额信贷的运作机构属于非政府组织，其贷款对象是最为贫困的农户，特别是贫困的妇女，其基本运行框架是采用无抵押、无担保、小组联保、分批贷放、分期偿还的方式。其中，1974年创办的格莱珉乡村银行（Grameen Bank）就是其中的代表，到2007年年末，格莱珉乡村银行已拥有2500个营业机构、1.8万名员工，覆盖了8万个乡村的720万贫困户，累计发放贷款额超过64亿美元，贷款回收率高达98.4%。前世界银行行长詹姆斯·沃尔芬森（Jams Wolfinsen）对小额信贷给予了高度的评价："小额信贷项目给全世界最贫困的村庄和人们带来了市场经济的震荡，这种缓解贫困的经营方式让千百万人有尊严地通过自己的劳动走出贫困。"[②] 格莱珉乡村银行的创始人，孟加拉国经济学家穆罕默德·尤努斯教授（Muhammad Yunus）也因成功创办格莱珉乡村银行，荣获2006年度诺贝尔和平奖。

孟加拉国的贫困治理措施表明：一方面，要确保民众参与，在任何项

① 左常升：《世界各国减贫概要》，社会科学文献出版社2013年版，第73页。

② 石俊志：《小额信贷发展模式的国际比较及其对我国的启示》，《国际金融研究》2007年第10期。

目中都需要听取民众的意见，受该项目影响的民众应当从项目的设计阶段就开始参与，经过规划、实施阶段，直至评估阶段，只有这样，底层的民众也才能更好地从项目中受益；另一方面，小额信贷不是万能灵药，不可否认，小额信贷对增加贫困者的收入方面起到了重要作用，但是，仅仅解决收入问题不会满足人们的其他需要，只有将小额信贷与其他发展要素，如教育、医疗等相结合，才能对贫困者的生活产生协同效应。

二　社保理念下发达国家贫困治理的措施与启示

贫困问题不仅是发展中国家的一大难题，发达国家也深受贫困问题的困扰。据世界银行《2000/2001 年世界发展报告》有关资料表明，2000 年欧洲有 15%的人口生活在贫困线以下，欧盟 12 个成员国中，共有 5000 万贫困人口，其中 500 万贫困人口无家可归。在比利时，每 4 人中，就有 1 人生活在贫困线以下，1999—2000 年，英国人均工资增长 35%，但占总人口 10%的贫困人口人均工资却下降了 17%以上。即使在美国，也存在较为突出的贫困问题，2000 年美国有 3000 万人食品不足，其中儿童占 1200 万人之多，700 万人无家可归；在 65 岁以上的老年人中，有 378 万人生活在贫困之中，占老年人口总数的 12.4%。[①] 实施社会保障制度是世界主要发达国家贫困治理的主要模式，其主要措施是提供广泛的社会保障来维护社会稳定，缓和阶级矛盾，缓解贫困现象。

（一）英国贫困治理的措施与启示

英国的贫困治理历史悠久，经历了旧济贫法（*Old Poor Law*）时代（1601—1834 年）、新济贫法（*New Poor Law*）时代（1834—1948 年）和福利国家时代（1948 年至今），形成了完善的、健全的贫困治理体系。[②] 1601 年，以《伊丽莎白济贫法》的颁布为标志，英国的贫困治理进入了旧济贫法时代，这部法律的颁布，正式确立了政府对于救济穷人的责任，这是欧洲最早出现的国家济贫制度，也开辟了现代社会救济制度的先河。该法首次正式确认了政府负有对没有工作能力的贫困人群提供帮助，帮助

---

① World Bank, *World Development Report* 2000/2001: *Attacking Poverty*, World Bank, 2001, p. 12.

② 丁建定、杨凤娟：《英国社会保障制度的发展》，中国劳动社会保障出版社 2004 年版，第 25 页。

贫困的孩子去做学徒，给身体健全者提供工作，以及保障穷人的最低生活水平等方面的责任和义务。完成工业革命后，英国社会发生了变化，工业成为英国社会经济发展的命脉，无产阶级队伍已经形成，无产阶级的普遍贫困成为当时英国社会的主要问题，亟待解决。针对这一新问题，英国于1834年颁布了《济贫法修正案》（*The Poor Law Amendment Act of* 1834），又称《新济贫法》，该法案最重要的一条原则是严格禁止对有工作能力的人提供济贫院之外的救济，对于申请救济的贫困劳工要求他们必须入住济贫院，并从事教区安排的工作以获得救济。[①] 该法案的实行，进一步完善了英国社会的济贫制度，这部法律第一次全面以社会政策的方式规定了有工作能力的人不能享受济贫院之外的救助，接受救济的穷人的生活标准必须低于自立劳动者的生活标准，这成为以后福利政策的基本思想，同时也建立了全国一致性的贫民处置方法和完善的贫困治理体系。第二次世界大战以后，英国社会保障制度向着建立福利国家的目标前进，于1945年颁布了《家庭津贴法》，倡导设立一种由税收统一支付的非缴费型、普享型津贴，试图解决由战争所造成的贫困，1946年通过了《国民保险法》，确保提供给每个公民以失业、生育、死亡、孤寡、退休等方面的保障。同年，还颁布了《国民工伤保险法》和《国民健康服务法》。1948年颁布的《国民救济法》，正式确立了由国民救济制度来替代原有济贫制度的社会保障原则，原来由济贫法所提供的各种救济被纳入统一的新型社会保障制度进行管理。上述5部法律共同构筑了英国福利国家的社会保障法律体系，实现了社会保障制度的系统化和对公民社会保障权利的全面保障。英国也由此成为世界上社会保障法制最完备的国家，形成了“收入均等化、就业充分化、福利普遍化、福利设施体系化”的社会保障模式。[②]

英国济贫法的历史演变经历了从道义到权利的转变，“由于福利是权利而不是恩惠，所以人们可以无偿地接受它们，而不必感到似乎是占了别人的便宜”[③]。从英国济贫法历史演变中我们可以看出，强调国家的责任是一个非常重要的原则。为了保障国家责任的履行，英国设立了社会保障

① 高潮、徐滨：《英国1834年济贫法改革的社会背景和思想根源》，《山东师范大学学报》（人文社会科学版）2011年第1期。

② 杨思斌：《英国社会保障法的历史演变及其对中国的启示》，《中州学刊》2008年第3期。

③ 汪洪涛：《英国济贫法的历史演变对中国反贫困制度内核修复的启示》，《海派经济学》2012年第2期。

部，统一管理社会保障事宜，避免了"政出多门、多头管理"的弊端。此外，贫困治理要充分发挥全社会的力量，要弘扬"人人为我、我为人人"的社会公共生活准则。通过社会力量来开展贫困治理，还可以矫正社会心理，发扬社会公众的爱心，从而提高全社会的思想道德水准。

（二）德国贫困治理的措施与启示

在西方发达国家中，德国资本主义的发展要比英、法两国晚近110多年的时间，但它却是历史上最早建立社会保障制度的国家。1881年，德皇威廉一世颁布《黄金诏书》，提出工人因患病、事故、伤残和年老而出现经济困难时，有权得到救济。德国的社会保障制度大致经历了五个发展阶段：第一阶段是1839—1881年的萌芽时期，这一时期的社会保障和社会福利事业主要是由宗教界和社会团体兴办的慈善事业来承担，它是从自由资产阶级的人道主义出发兴办的；第二阶段是1881—1957年的形成与缓慢发展时期，在这一时期，德国将社会保障制度纳入立法轨道，但由于两次世界大战对社会经济的严重破坏，社会保障的待遇水平一直比较低；第三阶段是1957—1976年的大发展时期，经过1957年和1969年对社会保障制度的重大改革，这一时期社会保障的内容更加丰富，德国进入了世界"福利国家"的行列；第四阶段是1976—1989年的调整时期，由于70年代经济衰退，用于社会保障方面的支出超过了国民经济的承受能力，政府不得不从政策上加以调整；第五阶段是1989年以来的统一政策与发展时期，"两德"统一后，原东德经济体制与西德接轨，政府采取某些过渡性措施，逐渐统一全国的社会保障制度。① 德国的社会保障制度主要有以下几个方面的特征：一是社会保险以国家法定社会保险为主，某些社会保险项目企业、个人可以根据各自情况采取补充保险；二是社会保险金筹集，以个人和企业为主，国家财政补贴为辅；三是社会保险基金的管理和支付以现收现付为主，支付标准与工资增长和物价上涨率挂钩；四是社会保险机构实行行业组织管理与地区组织管理相结合，有劳资双方共同参与、自治管理；五是通过立法规范监督保险机构的行为，依法协调同类保险公司。② 德国的社会保障制度在一定程度上缩小了贫富之间的差距，并保证了社会底层居民的基本生活，使劳动者即使失业也有一定的生活保

---

① 杨来发：《德国社会保障制度评析及启示》，《改革与战略》2007年第6期。

② 赵曦：《中国西部农村反贫困模式研究》，商务印书馆2009年版，第65页。

证，从而缓和了社会矛盾，调整了劳资关系，为经济发展创造了安定的社会环境，在一定程度上实现了社会公平。

德国以社会保障制度为主的贫困治理模式表明：一方面，社会贫困救助最基本的目的就是要保障社会成员的基本生存条件，而基本物质生存条件是随社会经济的发展而不断提高的，因为所有社会成员都有权利享受经济发展的成果；另一方面，贫困人口的救助属于社会保障的范畴，而社会保障就涉及资金的筹集问题，虽说社会扶贫救助是一项无偿的活动，资金承担主体是政府，但按照风险不确定原理和大数原理，社会公众也应为救助资金的筹集承担一定的义务，有工资收入的社会成员参加社会保险统筹，统筹中的一个较小比例划拨用于社会救助基金，可以充分体现社会公平。

（三）美国贫困治理的措施与启示

美国是西方发达国家的典型代表，但美国贫困问题与西方各发达国家相比较也并不乐观。从1964—1993年，美国政府为解决贫困问题累计投入10亿美元，但贫困问题不仅没有得到有效缓解，反而变得更加严重。1964年美国贫困率为19%，贫困人数为3610万人，1978年贫困率降至11.4%，贫困人口下降为2450万人，此后贫困率又有所回升，到1993年美国贫困率上升为15.1%，贫困人口达到3930万人，即使到2004年，美国贫困人口仍然维持在3000万人左右。① 美国社会福利的发展大致可以分为四个阶段：第一个阶段是美国建国之初到20世纪30年代。随着穷人逐渐涌入市镇，经济不断发展，贫困问题也开始产生。18世纪之后，私人群体，例如教堂、爱心互助团体以及捐赠团体等开始为穷人提供福利援助项目，新来乍到的移民主要靠先到的同胞提供帮助借以谋生，而政府在反贫困方面所承担的责任和发挥的作用相对较少。第二个阶段是20世纪30—60年代。1929年美国出现了经济大萧条引发的贫穷问题，这场危机对美国经济、政治各方面的破坏性影响极大，工矿企业破产，农业滑坡，出现了上千万绝对贫困的穷人。作为大萧条时期对美国民众需求的反应，政府陆续采取了多项措施。1933年罗斯福总统提出“新政”方案。1935年国会通过《社会安全法》（*Social Security Act*），其主要内容之一就是大

① 王俊文：《国外反贫困经验对我国反贫困的当代启示——以西方发达国家美国为例》，《社会科学家》2008年第3期。

范围地针对贫困者的公共援助项目，并将妇女、儿童、老年退休、鳏寡孤独者、残疾与失业补偿等纳入社会福利体系中，形成不同类别的救助体系。这一法案的出台标志了关注和救助贫困者的责任由地方政府、民间组织转向了联邦政府，而贫困也不再仅仅是个人的问题，也成为结构性和制度性的问题。但那时候，无论是从项目数量还是支出水平上衡量，联邦政府在解决国内社会问题上的行动和作用都十分有限。第三个阶段是20世纪60年代到90年代中期。20世纪60年代，美国经济快速增长，民权运动风起云涌。在这种背景下美国的各项社会福利制度开始全面扩张。1964年约翰逊总统宣布向贫困开战（War on Poverty），在"伟大社会"（Great Society）施政纲领的引导下，美国开始走上一条新的道路，为解决贫困和其他一些国内社会问题设计和实施了更多的计划，花费了更多的资金。在这一阶段，美国的社会保障体系逐步完善。具体而言，美国的社会保障项目可分为两大类：一类是社会保险；另一类是公共援助与福利（Public Assistance and Welfare），是帮助贫困阶层维持最低生活水平和享有某些权益的社会福利。这些新政策产生了两个主要结果：一是老年人的贫困减少了2/3；二是老年人的健康照料在全国得到普遍实施。① 第四个阶段是1996年至今。福利制度改革成为美国政府的一件大事。1996年克林顿政府颁布了《个人责任和工作机会协调法案》（*Personal Responsibility and Work Opportunity Reconciliation Act*），又被称为"福利改革法案"这项改革的目的是"结束我们所已知的社会福利"。这次改革是美国福利政策的一个转折点。后来布什政府在2002年提出了进一步深化福利改革的方案——《为自立而工作法案》（*Working Toward Independence Act*），对原法案进行了部分修改和补充。这一阶段美国福利制度改革的主要内容为倡导通过就业自食其力的"工作福利"，减少福利依赖。1996年福利改革最主要的内容是用"贫困家庭临时救助"计划（Temporary Assistance to Needy Families，TANF）代替原来的政策，旨在通过提高受助人的工作愿望，降低他们对福利救济的依赖，增加他们的个人责任。② 2002年的新法案一方面对福利救济金领取者采取了严格的时间和工作小时等限制，要求成年的

① 孙志祥：《美国的贫困问题与反贫困政策述评》，《国家行政学院学报》2007年第3期。

② 李其荣、刘敏：《美国的社会福利保障制度与反贫困问题》，《贵州师范大学学报》（社会科学版）2000年第2期。

TANF 领受者在获益两年内须积极工作，而领受期限也限定为 5 年。这使救济从原先的无限制终身福利转变为一种有限制的临时福利，并将重点放在督促和帮助失业者再就业方面。开展各种就业支持和训练项目的目的不仅仅是提供低水平的收入，还要帮助人们逐步转换到更好的工作，并从此踏上职业阶梯。另一方面，大幅减少用于直接资助贫困家庭的资金补助的比例，同时大力增加鼓励和帮助人们参加工作、自谋生路的资金比例。经过长期的努力，美国在贫困治理方面取得了一定的进展，美国人口的贫困发生率从 1964 年的 19%下降至 2014 年的 14.5%。

美国福利政策的改革启示我们，应该采取更加积极的福利政策解决贫困问题，经济发展不可能自动带来社会公平，贫困问题不会自动消失，在构建和谐社会过程中，公平正义始终是应该遵循的主要原则之一，应该加大贫困治理的力度，增加投入，创新机制，正确处理公平与效率的关系，采取更加积极有效的反贫困措施，扩大社会福利和社会保障的覆盖面，确保人民最基本的生存权益，并逐步提高福利水平。

三 生态理念下国际贫困治理的新进展

1987 年由布伦特兰夫人领导的世界环境与发展委员会（World Commission on Environment and Development，WECD）发表了著名的研究报告——《我们共同的未来》（*Our Common Future*），贡献性地把“贫困问题”与“环境问题”联系在一起，并在此基础上提出了“可持续发展”思想，该委员会的委员们在报告中指出：“贫穷是全球环境问题的主要原因和后果。因此，如果没有一个包括造成世界贫困和国际不平等因素的更为广阔的观点，处理环境问题是徒劳的。”① 此后，许多学者开始对贫困与环境问题之间的联系展开了研究，我国也有学者指出：“在环境问题与贫困问题交织在一起的今天，主要关心贫困问题的研究者，可能不得不放弃把减贫作为唯一重要目标的思路，把环境问题也一并考虑；主要关心环境问题的研究者，可能也不得不放弃把环境作为唯一目标的想法，不能不

① 世界环境与发展委员会：《我们共同的未来》，王之佳、柯金良译，吉林人民出版社 1997 年版，第 4 页。

估计其中的贫困问题。"[①] 在这些新观点的指引下，生态理念开始融入贫困治理的过程中，相应的政策也开始实施，国际贫困治理有了新的进展。

（一）生态理念融入贫困治理的历史脉络

生态理念的核心在于环境保护，探寻贫困治理问题与环境保护问题各自的发展脉络，我们不难发现，至少在20世纪40年代之前，贫困治理与环境保护仍是彼此孤立地存在与社会意识和科学学科之中，相互之间并没有任何的交集。到了20世纪50年代，在一些具有环境保护内容的国际性文件中，开始对贫困问题有所关注，在1953年召开的第三届非洲野生动植物保护会议上，与会代表们要求采取严格的措施控制当地的打猎行为，并同时强调"这一建议措施是出于对非洲人自身利益的考虑，因为动物对它们而言是重要的食物来源"，这在一定程度上保护了当地人的生存权利，与贫困治理所关注的内容有了些微的交集。20世纪60年代，随着工业化进程的加快，环境污染事件频发，在一定程度上给人们的生存发展产生了威胁，贫富差距的日益扩大与环境问题相互交织，成为制约经济社会发展的最大障碍。

针对上述问题，1968年12月3日的联合国大会通过第2398-XXII号决议，决定召开关于"人类环境"的大会。1972年6月5日，人类首次环境大会在瑞典首都斯德哥尔摩召开，通过了《人类环境宣言》（*Declaration of United Nations Conference on Human Environment*），该宣言指出："在发展中的国家中，环境问题大半是由于发展不足造成的。千百万人的生活仍然远远低于像样的生活所需要的最低水平。他们无法取得充足的食物和衣服、住房和教育、保健和卫生设备。因此，发展中的国家必须致力于发展工作，牢记他们的优先任务和保护及改善环境的必要。为了同样目的，工业化国家应当努力缩小他们自己与发展中国家的差距。在工业化国家里，环境一般同工业化和技术发展有关。"[②] 在这一宣言中，发展中国家的贫困问题作为开展环境保护的现实基础被纳入环境保护的话语体系中。随后，在1980年由世界自然保护联盟（World Conservation Union, IUCN）、联合国环境规划署（United Nations Environment Programme,

---

① 李小云、左停、靳乐山、［英］约翰·泰勒：《环境与贫困：中国实践与国际经验》，社会科学文献出版社2005年版，前言。

② 《斯德哥尔摩人类环境宣言》，《世界环境》1983年第1期。

UNEP）和世界野生生物基金会（World Wildlife Fund International，WWF）共同制定的《世界环境保护战略》（*the World Conservation Strategy*）中第一次提出了环境保护与发展之间存在实质性的联系，并明确指出“发展中世界中的个人、集体和国家出于贫困的压力造成生态环境的破坏和生态资源的开发”[①]。这也是环境保护主义者们第一次明确指出了生态贫困问题。

“如果不存在深层原因或冲击的话，贫困状态可能依然不变而环境可能没有退化。”[②] 随着20世纪80年代的环保运动中对人权及环境权益的日益重视，环保主义者们开始关注土著民的权利及其被强令迁出保护地的利益侵害及保护问题。1985年，世界野生生物基金会（World Wildlife Fund International，WWF）意识到有必要认真考虑保护地周围的贫困问题以及当地的经济发展问题，于是开始推行野生生物和人类综合需求计划（Wildlife and Human Needs Programme）。1987年，在世界环境与发展委员会（World Commission on Environment and Development，WECD）的著名研究报告——《我们共同的未来》（*Our Common Future*）中，环境保护问题第一次明确地与贫困问题联系到了一起，在该委员会的委员们看来，贫困问题不仅仅是环境保护实践面对的现实基础，而且是环境问题能否彻底解决的关键。

其后，在1993年召开的联合国环境与发展大会所产生的5个文件中再一次明确了两者之间的关系：（1）《里约热内卢环境与发展宣言》（*Rio Declaration on Environment and Development*）在发展的议题下将环境保护和消除贫困融合在了一起，指出：“为了实现可持续发展，环境保护应成为发展进程中不可分割的一部分而不能从中脱离开来考虑”，“各国和各国人民应该在消除贫困这个基本任务方面进行合作，这是可持续发展必不可少的条件，目的是缩小生活水平的悬殊和更好地满足世界上大多数人的需要。”[③]（2）《21世纪议程》（*Agenda* 21）将可持续发展的实现建立在消除贫困和环境保护这两大基石之上，明确指出：“用可持续的方法管理资源时，重点主要在保存和保护资源的环境政策必须切实考虑到依靠这些资

① David A. Munro、许鸥泳、薛元：《世界环境保护战略思想的新发展》，《世界环境》1991年第2期。

② ［英］D. 波尔思、J. 沃福德：《世界无末日：经济学、环境与可持续发展》，中国财经出版社1996年版，第326页。

③ 《关于环境与发展的里约宣言》，《世界环境》1992年第4期。

源谋生的人。否则，对贫穷以及对保存资源和环境取得长期成功的机会都会产生不利影响"，"具体的消除贫穷战略必须考虑到确保可持续发展的各种基本条件。同时解决贫穷、发展和环境问题的有效战略应当首先以资源、生产和人民为重点，应当包括人口问题、加强保健和教育、妇女的权利、青年、原住民和当地社区的作用以及民主参与有关改善管理的程序等。"① （3）《生物多样性公约》（*Convention on Biological Diversity*）在序言中强调"经济和社会发展以及根除贫困是发展中国家第一和压倒一切的优先事务"，并在第 20 条中指出："发展中国家缔约国有效地履行其根据公约作出的承诺的程度将取决于发达国家缔约国有效地履行其根据公约就财政资源和技术转让作出的承诺，并将充分顾及经济和社会发展以及消除贫困是发展中国家缔约国的最优先事项这一事实。"② （4）《关于所有类型森林的管理、养护和可持续发展的无法律约束力的全球协商一致权威性原则宣言》（简称《关于森林问题的原则声明》）中也指出："各国政府和国际社会应设法解决保存和可持续地利用森林资源的工作遭遇的阻力以及地方一级特别是经济和社会上依赖森林和森林资源的贫困都市和农村人口缺少其他选择等问题。"③ （5）《联合国气候变化框架公约》（*United Nations Framework Convention on Climate Change*）在序言中要求公约缔约国"申明应当以统筹兼顾的方式把应对气候变化的行动与社会和经济发展协调起来，以免后者受到不利影响，同时充分考虑到发展中国家实现持续经济增长和消除贫困的正当的优先需要"④。

自里约热内卢联合国环境与发展大会之后，生态理念显然与贫困治理相融合，贫困问题成为环境保护中不容忽视的内容之一。联合国环境规划署于 2001 年 5 月 22 日通过的《关于持久性有机污染物的斯德哥尔摩公约》（*Stockholm Convention on Persistent Organic Pollutants*）中明确指出，"在适当地考虑保护人类健康和环境需要的同时，应充分考虑到可持续的经济和社会发展以及根除贫困是发展中国家缔约方的首要的和压倒一切的

① 《二十一世纪议程》，http：//www. un. org/chinese/events/wssd/agenda21. htm。

② 《生物多样性公约》，http：//gjs. mep. gov. cn/gjhjhz/200310/t20031017_ 86631. htm。

③ 《关于森林问题的原则声明》，《世界环境》1993 年第 3 期。

④ 《联合国气候变化框架公约》，《世界环境》1993 年第 1 期。

优先目标”①。2002年8月召开的约翰内斯堡可持续发展首脑会议通过了《约翰内斯堡可持续发展宣言》(*The Johannesburg Declaration on Sustainable Development*),该宣言明确指出,“消除贫困和保护自然资源均是可持续发展的核心目标,也是可持续发展的根本要求”②。

(二)生态理念融入贫困治理的具体实践

致力于全球摆脱贫困的世界银行(World Bank)和致力于促进亚太地区社会和经济进步的亚洲开发银行(Asian Development Bank, ADB)主要从制定政策和具体实践两个方面为生态理念融入贫困治理进行了尝试。

世界银行成立于1945年12月27日,自20世纪80年代后其核心业务集中于消除贫困,并且从之前以投资为主导的发展观变为强调可持续发展。2001年世界银行通过了《作出可持续承诺:世界银行的环境战略》,明确提出:“以平衡兼顾经济增长、社会粘合力和环境保护为基础的可持续发展对于世行的核心目标,即持久地减少贫穷来说,具有根本的意义。”并指出,制定环境战略的目标“就是促使人们把环境的改善作为发展和减少贫穷战略及行动的基本内容之一”。同时,鉴于不同社会集团、不同国家的可持续发展观并不完全相同,在面对经济、环境和社会目标的取舍和平衡时,难免会出现因不同价值判断而作出有差异的抉择,世界银行在消除贫困的过程中首先就是帮助其客户国家确定该国的环境重点事项和挑战并为其就此采取的行动提供支持。在贯彻注重贫穷问题的环境议程时,“需要更多地强调全球环境挑战涉及的地方因素,重视减少全球共同环境退化对发展中国家造成的影响,并强调精心确定干预措施的目标,以便使发展中国家和地方社区受惠。”③ 在具体实践方面,针对贫困者往往采取不可持续的方式开发资源从而进一步陷入恶性循环的旋涡,世界银行的自然资源管理项目越来越多地依靠社区在项目设计和实施阶段发挥作用。世界银行在项目中赋予社区在管理其自然资源方面的权力,鼓励人们逐步采用更适合于具体条件和更可持续的方式来利用资源。这样做的结果

---

① 《关于持久性有机污染物的斯德哥尔摩公约》,《中华人民共和国全国人民代表大会常务委员会公报》2004年第5期。

② 《约翰内斯堡可持续发展宣言》,《环境保护》2002年第10期。

③ 世界银行:《作出可持续承诺:世界银行的环境战略》,http://www-wds.worldbank.org/external/default/WDSContentServer/WDSP/IB/2004/03/04/000012009_20040304135454/Rendered/PDF/279480PAPER0Ch1mmary0see0also023084.pdf。

是既对生物多样性给予了更多保护，也使当地人民获取了更多收入并提高了生活质量。

亚洲开发银行立于1966年，作为亚太地区最大的区域性政府间开发金融机构，其宗旨是通过发展援助帮助亚太地区发展中成员国家消除贫困，促进亚太地区的经济和社会发展。从20世纪70年代起，亚洲开发银行开始关注地区环境污染和环境治理问题，认识到环境保护对于社会经济发展的重要意义，并于1979年发表了名为《银行运行中的环境考虑》的报告。亚行在此份报告中明确要求："所有亚行项目都应该涵盖环境保护的内容，为环境保护提供法律保障，以确保亚行发展项目的实施不会对自然环境造成危害或将对自然环境的危害降低到最低程度。"[①] 据亚洲开发银行的统计数据显示，截至20世纪90年代初，其环境协助项目（包括建立环境保护制度、保护热带森林及物种、解决能源污染问题、农药、汽车尾气公害问题等）的总数超过50件；对具有环境效益项目的贷款金额从80年代早期的每年不足0.1亿美元上升到1991年的5.5亿美元；环境规划和评价已经完全纳入了项目的规划、设计及执行中。[②] 然而仅仅在经济援助项目中融入对环境保护的考量并不足以切断广大亚太地区贫困与环境问题之间的恶性循环。2002年11月，亚洲开发银行又通过了一项新的环境政策，该政策包括五个方面的内容：一是加强环境干预以消除贫困者；二是在经济增长方面更多考虑环境因素；三是建立全球和地区生命支持系统；四是建立合作关系；五是亚洲开发银行运作过程中增加考虑环境因素。[③] 该环境政策的出台，标志着亚洲开发银行将环境保护视为消除贫困不可或缺的工具之一，并且从强调"不对援助项目实施地的环境造成不利影响"的环境政策转变为"对援助项目实施地的环境和贫困状况产生有利影响"的环境政策。包括会员国环境机构设立、环境政策、战略及相关法律法规的建立在内的能力建设是亚洲开发银行新的环境政策关注的重点。

---

① 任世丹：《贫困问题的环境法应对》，中国检察出版社2012年版，第101页。

② Annette Bingham、苗润生：《亚洲开发银行的环境计划促进污染防治》，《世界环境》1995年第2期。

③ 任世丹：《贫困问题的环境法应对》，中国检察出版社2012年版，第102页。

第二节　制度理念：国内贫困治理的变革

以1978年12月中国共产党十一届三中全会的召开为标志，我国的贫困治理步入了一个崭新的历史阶段，我国贫困治理领域的两项重要制度——扶贫开发制度与农村最低生活保障制度开始产生并逐步发展，最终构成了我国贫困治理的制度体系。

一　国内贫困治理的历史轮廓

纵观1978年以来的30余年，我国的贫困治理大致经历了政策实施阶段（1985—1993年）和法制发展阶段（1994年至今）两个大的历史阶段，以及体制改革推动反贫困阶段（1978—1985年）、大规模开发式反贫困阶段（1986—1993年）、《国家八七扶贫攻坚计划》实施阶段（1994—2000年）、《中国扶贫开发纲要（2001—2010年）》实施阶段（2001—2010年）、《中国扶贫开发纲要（2011—2020年）》实施阶段（2011年至今）五个阶段性的历史时期。

（一）政策实施阶段（1985—1993年）

1978年年底，中国共产党十一届三中全会召开，将党的工作重心转移，强调了经济建设的重要性，并将其作为今后全国各项工作不可动摇的中心任务。随后，我国政府开始大刀阔斧地在各方面进行重大改革。自此，我国进入了制度变革作用下的大规模反贫困阶段。在这一阶段，我国真正意义出现了扶贫开发和农村最低生活保障制度，并有所发展。

1. 体制改革推动反贫困阶段（1978—1985年）

1978年，我国的贫困者约为2.5亿人，约占农村总人口的1/3。[①] 面对严峻的反贫困形势，我国政府率先对农村经济体制进行了一系列重大改革，包括解散人民公社、建立家庭联产承包责任制、改革购销体制和农村商品流通体制等，并在《中共中央关于加快农业发展若干问题的决定》

① 赵立雄：《农村扶贫开发新探》，人民出版社2009年版，第67页。

中第一次明确提出,[①] 我国存在较大规模贫困者，真正意义上把反贫困列为一项重大任务。

随着农村改革的不断深入，我国农村的贫困者数量大幅减少。但是由于自然、历史等多种原因，地区之间、个人之间开始出现收入的不均衡现象，贫困问题也随之凸显，引起了我国政府的关注。因此，在这一阶段，我国政府针对经济发展明显落后、贫困者较为集中的地区，采取了以下措施：第一，我国自 1980 年起设立了一系列专项资金帮助贫困地区改变面貌，如 1980 年专门为扶持贫困地区所设立的发展基金。第二，针对甘肃、宁夏部分地区极度贫困的状况，我国政府于 1983 年开始实施对甘肃省的河西走廊地区和以定西为代表的中部干旱地区、宁夏的西海固地区（简称"三西"地区）进行综合性的经济开发，拉开了我国区域性反贫困的序幕，之后我国政府的反贫困开始由局部扩大到全国范围。[②] 第三，1984 年，中共中央、国务院联合发布了专门的反贫困规范性文件——《关于帮助贫困地区尽快改变面貌的通知》，要求各级党委和政府高度重视农村经济发展不平衡的状况，采取措施帮助贫困地区人民脱贫。我国各民主党派、工商联也积极利用其自身的人才、智力优势，展开"智力支边"活动，为日后全社会共同参与反贫困做出了示范。

与此同时，在国家的鼓励下，一些地区开始探索实行农村定期定量救济，对孤老病残等农村生活困难的贫困者，按期给予固定数额的救济金或救济粮等，满足其基本生存的需要，这便是我国农村最低生活保障制度的前身。但是由于没有明确的标准和经费来源，这种定期定量救济的规范性较差且随意性较大。

这一阶段，我国初步形成了适合我国国情和社会生产力发展要求的农村经济体制，在反贫困领域，扶贫开发和农村最低生活保障制度也初露峥嵘。正是在农村经济体制改革的影响下，我国农村贫困者的数量大幅度减少。按照国家统计局的贫困标准测算，1978—1985 年，我国贫困者的数量下降了 1.25 亿人，平均每年减少 1786 万人,[③] 使我国的贫困状况有了

---

① 《中共中央关于加快农业发展若干问题的决定》，http://www.people.com.cn/GB/shizheng/252/5089/5103/5206/20010428/454999.html。

② 赵曦：《中国西部农村反贫困模式研究》，商务印书馆 2009 年版，第 97 页。

③ 张磊：《中国扶贫开发政策演变（1949—2005）》，中国财政经济出版社 2007 年版，第 64 页。

大规模的缓解。

2. 大规模开发式反贫困阶段（1986—1993 年）

随着农村制度性变革推动经济发展释放力的逐步减弱，以及我国的改革重点开始由农村和农业向城市和工商业转移，农村经济增长对减缓贫困的影响日趋减弱，继续采用原有的反贫困战略已经很难有效地对减缓贫困发生积极的作用。同时，我国贫困者的数量依然十分庞大，基于严峻的形势，我国政府从 1986 年起开始实施开发式反贫困战略，彻底改革了过去那种单纯依靠生活救济开展反贫困工作的方式。

这一时期，在扶贫开发方面，第一，国家确立了开发式反贫困的方针。1986 年，全国人大批准了“七五计划”，扶持老、少、边、穷地区尽快脱贫作为一项重要内容被列入其中，① 第二年，国务院又有一个专门的反贫困规范性文件——《关于加强贫困地区经济开发工作的通知》发出，明确指出我国的反贫困开始进入一个新的阶段。第二，国家成立了专门的反贫困机构。1986 年，国务院新成立了一个议事协调机构——国务院贫困地区经济开发领导小组（1988 年 7 月 18 日国务院决定将“三西”地区农业建设领导小组并入其中），这一机构就是后来国务院扶贫开发领导小组办公室的前身。第三，根据当时中国的贫困状况确定了贫困标准。1986 年，国家统计局经过调查、测算，确定我国 1985 年的农村贫困标准为年人均收入 206 元。第四，确定了国家重点扶贫区域。1986 年，国务院核定了国家重点贫困县，分别由中央政府和省级政府两级重点扶持。同时，随着农村定期定量救济探索的不断深入，我国的农村最低生活保障制度开始萌芽。1992 年，农村最低生活保障制度最早由山西省在大同市的左云县开始试点。取得经验后，又在阳泉市扩大了试点范围。②

这一阶段，我国的扶贫开发制度逐渐形成，农村最低生活保障制度开始萌芽，经过 8 年的不懈努力，到 1993 年，我国农村贫困者的数量由 1.25 亿人减少到 8000 万人，平均每年减少 640 万人。③

---

① 《中华人民共和国国民经济和社会发展第七个五年计划（摘要）》，http：//www. npc. gov. cn/wxzl/gongbao/2000-12/26/content_ 5001764. htm。

② 申海羡：《统筹城乡居民最低生活保障制度建设研究》，硕士学位论文，山东农业大学，2007 年，第 19 页。

③ 《中国农村扶贫开发白皮书》，http：//www. people. com. cn/GB/shizheng/16/20011015/581680. html。

（二）法制发展阶段（1994年至今）

1993年12月28日，国务院扶贫开发领导小组正式更名，在该机构的指导下，自1994年起，我国先后颁布并实施了《国家八七扶贫攻坚计划》（1994—2000年）、《中国扶贫开发纲要（2001—2010年）》和《中国扶贫开发纲要（2011—2020年）》，扶贫开发与农村最低生活保障制度的相关立法工作也逐步展开，我国的贫困治理进入了一个法制化发展的新阶段。

1.《国家八七扶贫攻坚计划》实施阶段（1994—2000年）

随着我国经济的增长、综合国力的提高以及反贫困力度的加大，我国的农村贫困分布呈现出明显的地缘性特征，集中分布在中西部自然环境较为恶劣的地区。1994年4月15日，国务院下发了我国第一部专门性的扶贫开发行动纲领——《国家八七扶贫攻坚计划》，明确提出，1994—2000年，用7年的时间，基本解决8000万农村贫困者的温饱问题。1997年，国务院办公厅下发了《国家扶贫资金管理办法》，在一定程度上改革了反贫困专项资金的使用管理方式，加大了对反贫困专项资金的审查、监督力度。这一阶段，各地开始探索关于扶贫开发的地方立法，《广西壮族自治区扶贫开发条例》（1995）和《湖北省扶贫条例》（1996年颁布，已废止）成为我国最早的两部扶贫开发地方性法规，对我国的反贫困立法具有里程碑式的重大意义。

与此同时，农村最低生活保障制度继续发展，1994年，第十次全国民政工作会议明确提出要"在农村初步建立社会保障制度"的任务，① 农村最低生活保障制度的试点范围进一步扩大。1995年12月，广西壮族自治区南宁市武鸣县颁布了第一个关于农村最低生活保障制度的规范性文件——《武鸣县农村最低生活保障线救济暂行办法》。1996年，民政部在对各地的试点工作进行调研的基础上，陆续出台了《民政部关于加强农村社会保障体系建设的意见》和《农村社会保障体系建设指导方案》两个指导性的文件，为全国的农村最低生活保障制度建设确立了发展目标和努力方向。在民政部和各地政府的推动下，到1997年年底，我国已有997

① 民政部政策研究中心：《第十次全国民政会议大事记》，《中国民政》1994年第6期。

个市县建立了该项制度。[①] 1999 年，广东省人民政府颁布了《广东省城乡居（村）民最低生活保障制度实施办法》，这是我国农村最低生活保障领域的第一部地方政府规章，标志着我国农村最低生活保障制度法制化进程的开启。

经过 7 年的艰苦努力，我国农村的贫困者数量下降到了 3200 万人，[②] 再一次缓解了我国农村的贫困现象，实现了“八七”扶贫规划的目标，我国农村的贫困状况也开始从普遍性、区域性和绝对性的贫困向点状分布和相对贫困演变。

2. 《中国扶贫开发纲要（2001—2010 年）》实施阶段（2001—2010 年）

经过 20 多年的经济快速增长，进入 21 世纪后，我国的社会、政治和经济发展开始步入一个多元矛盾交织互动的复杂时期。在经济增长的强力推动和国家反贫困战略的强势干预下，随着我国的农村贫困阶层化、返贫率高以及分布日益分散等特征的进一步呈现，我国政府于 2001 年颁布了《中国扶贫开发纲要（2001—2010 年）》，在这一纲领性文件的指导下，我国进入了绝对贫困与相对贫困并重、城乡统筹发展的综合性反贫困阶段。

这一时期的扶贫开发开始向贫困村瞄准，并开始加大对贫困地区教育投资和劳动力培训的力度，提高贫困地区和贫困人口的自身发展能力。同时，中央层面的扶贫开发立法已经启动，2009 年，国务院扶贫办组织起草了“扶贫开发法”的初稿，各地也继续探索关于扶贫开发的地方立法，《黑龙江省扶贫开发条例》（2002）、《重庆市农村扶贫条例》（2010）等地方性法规的出台，极大地促进了我国扶贫开发的法制化建设。

我国的农村最低生活保障制度在这一时期全面启动。据统计，在农村税费改革前，全国共有 20 个省份探索过农村最低生活保障制度。[③] 农村税费改革全面实施后，农村最低生活保障制度资金投入严重短缺，虽有制度之名而无制度之实，开始逐步萎缩。针对这一情况，2003 年 4 月，民政部下发《关于进一步做好农村特困户救济工作的通知》，在这一文件中提

① 多吉才让：《中国农村最低生活保障制度研究与实践》，人民出版社 2001 年版，第 232 页。

② 中华人民共和国国务院新闻办公室：《中国的农村扶贫开发》，《新华月报》2001 年第 11 期。

③ 樊小钢：《公共政策：统筹城乡社会保障》，经济管理出版社 2009 年版，第 27 页。

出，在尚不具备条件的中西部地区，继续实行与之类似的农村特困户救助制度，自此，该项制度的影响范围进一步扩大，到2006年年底，全国的农村最低生活保障对象达到1509万人。[①] 2006年10月，党的十六届六中全会第一次提出在全国"逐步建立农村最低生活保障制度"的要求。[②] 2007年，国务院印发了《关于在全国建立农村最低生活保障制度的通知》，这标志着该项制度进入了全面推进的新阶段。在这一时期，我国各地的农村最低生活保障制度立法工作全面推进，共制定地方性法规3部，地方政府规章19部，极大地推动了我国农村最低生活保障制度的法制化进程。

在这一时期，我国农村的贫困者数量下降到2688万人，十年来，共有6734万人摆脱了贫困，[③] 我国的反贫困工作取得了巨大的成就，同时也促进了世界反贫困进程的加快。同时，随着农村反贫困的逐步深入，扶贫开发与农村最低生活保障制度长期孤立进行的局限性日益突出，因此，2008年，党的十七届三中全会明确提出了"实现农村最低生活保障制度和扶贫开发政策有效衔接"的要求。[④] 2009年，国务院扶贫办发布了《关于开展农村最低生活保障制度与扶贫开发政策有效衔接试点工作的通知》，后来发布了具体的指导意见，提出了两项制度衔接的具体思路。自此，对两项制度衔接问题的探索逐渐展开。

3.《中国扶贫开发纲要（2011—2020年）》实施阶段（2011年至今）

2011年12月，《中国扶贫开发纲要（2011—2020年）》正式颁布，纲要明确指出了我国新阶段扶贫开发"两不愁、三保障"的总目标，即到2020年，要稳定实现扶贫对象不愁吃、不愁穿，保障贫困者的义务教育、基本医疗和住房，扭转贫困地区和全国发展差距逐步扩大的趋势，同时，纲要第47条针对当前扶贫工作中法制建设严重滞后问题，明确指出：

---

① 民政部社会救助司、财政部社会保障司编著：《农村最低生活保障工作读本》，中国社会出版社2009年版，第17页。

② 《中共中央关于构建社会主义和谐社会若干重大问题的决定》，人民出版社2006年版，第8页。

③ 国家统计局住户调查办公室：《2011中国农村贫困监测报告》，中国统计出版社2012年版，第11—12页。

④ 《中共中央关于推进农村改革发展若干重大问题的决定》，人民出版社2008年版，第10页。

“加强法制化建设。加快扶贫立法，使扶贫工作尽快走上法制化轨道。”[①]根据这一要求，在国家层面，2012 年，十一届全国人大农业与农村委员会对扶贫开发立法的情况进行了调研，农村扶贫开发法已列入十二届全国人大常委会立法规划，“农村扶贫开发法”即将出台。[②] 在地方层面，广东省、甘肃省、陕西省、内蒙古自治区、贵州省、云南省纷纷结合自身实际，出台了关于扶贫开发的地方性法规，有力地推动了扶贫开发的法制化进程。

同时，我国农村最低生活保障制度经过近 20 年的发展，到 2013 年年底，全国的农村低保户共有 2931.1 万户，农村贫困者的受益人数已经达到了 5388 万人，[③] 国家层面的农村最低生活保障立法虽然还没有出台，但在地方层面，已经通过了 23 部农村最低生活保障的立法文本。

二　国内贫困治理的变革方向

当前，我国西部的贫困治理仍然存在自然环境恶劣、生存环境脆弱和自然灾害频发等困难，再加之贫困治理存在反贫困法律缺位、决策系统多元、政策扶持主导、纵向传递机制、参与程度不高、缺乏监督机制等制度障碍，国内的贫困治理亟须变革。综观国内外贫困治理的发展历程，我们的变革应当秉承生态理念和制度理念，在保护环境的同时制定明确的法律法规，以促进我国贫困治理体系与治理能力的现代化。

（一）国内贫困治理的变革应当秉承生态理念

所谓生态理念，从本质上说，其最重要的是应考虑人与自然的协调，考虑人与资源的协调，考虑人类的发展与自然生态系统维持人类发展所需质量间的协调。从人类与自然界的关系角度，生态理念的特征有：（1）整体性，把生物圈看成一个整体，认为生物圈的整体功能比起各个部分的功能都重要；（2）关联性，生物圈各构件之间存在着密不可分的联系，一物的存在依赖于他物的存在，一物的状态影响着他物的状态；（3）进化

① 《中国农村扶贫开发纲要（2011—2020 年）》，人民出版社 2011 年版，第 5 页。

② 《关于农村扶贫开发工作情况的报告——2013 年 12 月 25 日在第十二届全国人民代表大会常务委员会第六次会议上》，http：//www.npc.gov.cn/npc/xinwen/2013-12/26/content_1820963.htm。

③ 《2013 年社会服务发展统计公报》，http：//www.mca.gov.cn/article/zwgk/mzyw/201406/20140600654488.shtml。

性，生物圈中每一物体是它和其他物体与环境适应的关系的总和，每一物体与其环境都在进化着。

我国西部地区的贫困人口大都生活在生态环境脆弱、依靠自然资源生存的农村山区，农村道路、灌溉系统（尤其是大坝、水库）等基础设施的建设，以及贫困地区的经济活动（过度垦荒、滥伐森林、自然资源开发、缺乏污染治理措施的乡村小型工业等）往往造成对自然生态环境的破坏和污染。再加之贫困地区的自然条件恶劣、资源贫乏、生态破坏严重、土地生产率低下，人口压力加剧了贫困与环境之间的恶性循环。在帮助贫困地区发展经济的过程中，如果忽视环境的可持续发展，生态的破坏和环境的污染会成为地区经济发展和改善生活质量的制约因素。

生态理念要求我们在发展贫困地区的经济时应遵循生态规律，首先应放弃大规模地破坏生态环境的"恶性增长"，提倡有利于生态环境和生态平衡的"健康增长"，要合理利用自然资源，应用对环境无害的技术体系，大力推进生态经济和环保产业的发展步伐，使经济增长和自然生态的发展相协调。

（二）国内贫困治理的变革应当秉承制度理念

正义是制度理念的核心，正像真理是思想体系的首要价值一样。[①] 正义可分为形式正义和实质正义两大类，在社会制度运行的过程中，形式正义应当具有优先的地位，因为任何社会目标的最终实现首先应当从制度本身的实现入手，只有在民主的环境下，一项制度本身对于社会上每一个人都是平等的和一视同仁的，才能避免人们对该项制度的形式公正性的怀疑，才能使该制度具有原初的、表面上的正义，使人们对该项制度的服从具有最基本的合理性。每个人都被平等地对待，社会给予每个人的机会都是均等的。然而，这种过程的公平却因为每个人禀赋、环境以及社会政策等影响因素的不同而无法实现结果的公平，甚至会导致贫富严重不均等不公正现象的出现。鉴于此，人们开始呼唤实质正义，以期实现正义的最终诉求。

法律的实质正义价值应该包括以下三层含义，即社会强势群体、强势者的权力与过度膨胀的利益需求应得以抑制和平衡；私权利，尤其是基本

① ［美］约翰·罗尔斯：《正义论》，何怀宏、何包钢、廖申白译，中国社会科学出版社1988年版，第8页。

的生存和发展权利，应该得到充分的尊重和保护；包括贫困者在内的弱势群体的利益应得到特殊关切与保障。因此，贫困治理秉承的制度理念就要在应对贫困问题的制度选择和架构上确保公众环境利益诉求的平衡。尤其是针对贫困者等弱势群体，通过制度设计为他们的利益表达和实现提供渠道和保障。同时，要通过合理的法律制度促使决策和执行部门能够在包括环境资源在内的公共资源配置中充分考虑贫困者的需求，并为环境保护做出牺牲的人们进行补偿。

第二章

兼具“生态理念”与“制度理念”的生态型反贫困概述

第一节　生态贫困的内涵界定

随着我国反贫困事业进入攻坚期，以及国内外环保与可持续发展理念的兴起，越来越多的学者开始关注生态因素在反贫困实践中的重要作用。虽然目前关于生态型反贫困的研究还处于破题阶段，甚至大部分还囿于生态学和经济学领域，但是在生态型反贫困基本范畴方面还是向我们呈现出了不少新鲜的观点。本章将通过对这些观点的梳理和分析，解答什么是生态贫困、什么是生态型反贫困以及它们的特征与联系。

一　生态贫困的概念

目前，学术界关于生态贫困的论述主要有以下几种：

戴维·皮尔斯、李瑞丰·沃福德（1996）发现，居住在全世界自然恢复能力最低，环境破坏最严重的地区的那部分人口是全世界最贫困人口。一般来说，越贫困的地区，其对自然资源与环境的依存度就越高。世界上最贫困的人们直接依赖自然资源以获取他们必需的食物、能源、水和收入，通常他们生活在世界上恢复能力较低、环境破坏最严重的地区。[①]

Sanjose、CostaRica 提出由于自然资源的开发利用不当，导致与之紧密

① ［英］戴维·皮尔斯、杰端米·沃福德：《世界无末日：经济学·环境与可持续发展》，张世秋译，中国财政经济出版社 1996 年版，第 325 页。

联系的生态系统功能受到损害，给当地居民的经济发展与生活环境带来了负面的影响。①

何运鸿（2001）认为："生态贫困是指某一地区生态环境不断恶化，超过其承载能力，造成不能满足生活在这一区域的人们的衣、食、住等基本生存需要和难以维持再生产的贫困现象。"②

陈南岳（2003）在研究农村生态贫困问题时提出，通常不同贫困地区在众多的致贫因素中总有一种因素起着主导作用，因此把这种主要是由于生态环境太恶劣，或是生态环境恶化引起的这种贫困称为生态贫困。③

刘艳梅（2005）指出中国西部地区多为环境制约型贫困，而过度的开发会使其生态环境进一步恶化，恶化的生态环境会导致新一轮的贫困。西部贫困落后的根本原因是自然禀赋的生态环境，是人为恶化的生态贫困。④

于存海（2006）认为生态贫困是特定的人与环境的动态变化的过程和结果。即"生态贫困是指由于低质量的原初的生态环境，或由于生态环境的内在演化和人类社会活动对生态环境的副作用，导致生态环境质量下降，进而引起人口基本生存条件衰变或丧失，使人们的基本生活需要因缺乏必要的客观物质基础而处于贫困的状态"⑤。

杜哲（2007）认为生态贫困是指由生态环境恶劣所引起的经济不发展，或经济发展受到阻碍，农民生活困苦而造成的贫困。生态环境的恶化，不仅包括自身的，而且也包括人为的破坏。⑥

杨一斐（2009）认为生态贫困作为贫困的一种主要类型，是指由于自然和人为因素引发或导致生存环境恶化而引发的贫困现象。主要是由于人们对生态环境的破坏及对生态资源的不合理利用，使生态环境不断恶

---

① 鲍青青、唐善茂、王瑛：《生态贫困初探》，《资源与产业》2009 年第 10 期。

② 何运鸿：《消除生态贫困的有效途径》，《农村经济与技术》2001 年第 2 期。

③ 同上。

④ 刘艳梅：《西部地区生态贫困与生态型反贫困战略》，《哈尔滨工业大学学报》（社会科学版）2005 年第 11 期。

⑤ 于存海：《论内蒙古农牧区生态安全、生态贫困与生态型反贫困特区建设》，《内蒙古财经学院学报》2006 年第 5 期。

⑥ 杜哲：《生态贫困实证分析及生态型反贫困的路径选择——以定西地区为例》，硕士学位论文，兰州大学，2007 年，第 13 页。

化，超过其承载能力，造成不能满足生活在这一区域的人们的衣食住等基本生存需要和难以维持再生产的贫困现象。①

鲍青青等（2009）分别从生态承载力、发展模式与马斯洛需要层次理论三个角度去理解生态贫困。提出由于粗放式发展模式导致生态环境的恶化，人类负荷超过其生态承载力引起了生态赤字，人类的生态需要得不到正常满足，就是生态贫困状态。②

李虹（2011）认为生态贫困是低质量（或脆弱）的生态环境与过度的（或不适当的）人类经济活动相结合，引起的生态环境的恶化，进而威胁到当地的可持续发展与居民的基本生存环境，使当地居民同时面临生态与经济的双重贫困。③

杜明义、余忠淑（2013）认为可以把主要由于恶劣的天然生态环境或由于人们生产生活对生态环境破坏而导致人们的生存、生产、发展空间不足问题称为生态贫困。④

通过梳理分析可以看出，上述观点都认为在生态贫困中恶劣的自然生态是导致贫困与否的直接因素和主要因素，并且这种恶劣的生态环境又分为两个方面：一是由于环境自身禀赋原因而呈现出的生态恶劣；二是由于人为影响而导致环境后天性的生态恶劣。但值得注意的是，若在定义中仅把典型的生态恶劣作为生态贫困的诱因，未免过于狭窄，因为有些低质量的或因政策限制开发的生态区域同样也能造成生态贫困，比如环境优美但山高谷深交通不便的贫困地区，比如江河上游具有重要水土涵养功能的林区因被限制开发而形成的贫困。因此，生态贫困或可定义为：由不适宜的生态环境主导且直接导致人类经济缺乏的现象。按照不适宜生态的先天性和后天性又可以把生态贫困分为两种类型：一是原初就不适宜的生态环境造成的人类贫困。在这种贫困类型下人们即使善意和勤劳也无法获得较好的生存条件和资源，不得不陷入贫困。二是由于人类破坏环境或对环境过

① 杨一斐：《民勤县生态贫困问题研究》，硕士学位论文，甘肃农业大学，2009 年，第 3 页。

② 鲍青青、唐善茂、王瑛：《生态贫困初探》，《资源与产业》2009 年第 10 期。

③ 李虹：《中国生态脆弱区的生态贫困与生态资本研究》，博士学位论文，西南财经大学，2011 年，第 6 页。

④ 杜明义、余忠淑：《生态资本视角下的生态脆弱区生态贫困治理——以四川藏区为例》，《理论月刊》2013 年第 2 期。

度或粗放型开发而导致人类赖以生存的环境资源破坏或消失所形成的贫困。

二 生态贫困的特征

（一）生态不适宜是贫困形成的主导性和直接性因素

形成贫困的原因是复杂和多元化的，主要有生态条件不适宜、地区经济发育迟滞、人口智力素质偏低以及公共产品供应不足等方面。这些因素在贫困的形成过程中都能觅得其踪迹，并且各自都起到了或直接或间接、或主要或次要的作用。生态贫困就是多种致贫因素复合作用的结果，只不过相对于其他因素而言，不良的生态环境在生态贫困的形成过程中起到了更为重要和更为直接的作用。中国的贫困，贫在西部。西部的贫困，贫在自然环境。新疆南疆三地州集中连片特困区降雨稀少、风沙肆虐、土地荒漠化严重；六盘山片区上质疏松、雨量不均、水土流失严重；西藏和四川省藏区高寒缺氧、冻土广布、生态极其脆弱；滇桂黔、武陵山以及乌蒙山片区石漠化问题严重、土壤贫瘠，地势陡峭、自然灾害频发；滇西边境和秦巴山片区交通条件差，地形复杂、泥石流高发。很显然，无论上述哪方面的生态不适宜都决定性和直接性地导致了本区域生产力低下、生产成本畸高、发展疲软无力，人民生活最终因生态环境而陷入贫困。我国扶贫事业的起步不可谓不早，成果也不可谓不丰硕，但在中东部基本实现脱贫的今天，自然条件恶劣的西部地区至今还盘布着大量的连片特困地区，单这一点也足见生态因素在贫困中根深蒂固的诅咒。

（二）人与人、人与自然之间双重交困关系明显

贫困有绝对贫困与相对贫困之分，但无论哪种其本质上都是人与人之间的一种不平等和不公平。与非贫困人群相比，贫困者没有享受到均等的公共产品供给，没有获得合理的资源开发红利，没有国家良好的智力赋予，他们所在的区域自然条件复杂，基础设施落后，经济市场发育迟滞，教育医疗条件差、抵御风险能力低，所有这些厚此薄彼的制度设计悄无声息地引发了贫困的发生，使得当地群众陷入贫困的泥沼而不能自拔。当然，生态贫困不仅仅表现着人与人之间的紧张关系，更重要的是它还深刻反映了人与自然之间征服与报复的消耗。人类是自然之子，本应与自然母亲相依为命、绕膝成长，但在生态贫困中，两者的关系却处得相当紧张。人类为了生存，淡忘了对自然的敬畏与感恩之心，一味无节制甚至是强盗

式地向自然索取，吃饱当下的同时也断送了将来的青山绿水。最后，自然再也无力承担人类生存发展所需，哺育链条逐渐陷入崩溃，人与自然的和谐状态也就随之被打破。

（三）生态与贫困之间存在恶性循环

靠山吃山，靠水吃水。生态环境是人类生存的基础，是人类发展的摇篮。一般来说，越是贫困地区的人们对生态的依存度就越高，这一点在生态贫困地区表现得尤为明显。生态贫困地区没有成熟的市场、较高的发展能力和社会公共产品供给，生活在这里的人们只能本能地向当地的山水生态来索取最基本的水、食物、生产生活资料以及发展所需的资源。然而当这种索取表现为长期、粗放、无节制甚至是破坏的时候，青山绿水也不可避免要走向山穷水尽。原本作为生产力的生态环境开始以另一种狰狞的面孔反作用于人们的生存发展，生态脆弱、灾害频发、疾病滋生，人们生活的乐园就此消失，生活朝着更贫困的深渊一步步滑去。为了生存，人们以反贫困之名继续歇斯底里地开发生态，生态进一步恶化，人们生活进一步贫困。索取索取再索取，贫困贫困更贫困，“贫困—开发—生态破坏—更贫困”的怪圈最终形成，成了生态贫困地区挥之不去的噩梦。

第二节　生态型反贫困的概念界定

一　生态型反贫困的概念

关于生态型反贫困的概念，目前学术界还没有一个明确的界定。当对一个事物的概念概括不准或者模棱两可时，我们首先想到的就是梳理归纳其外延，最终找出其内涵所在。因此在对生态型反贫困的概念界定之前我们有必要先梳理一下其表现形式。就目前的资料来看，当前对生态型反贫困措施方面的研究成果还是相对丰硕的。比如克鲁提拉博士（Dr. krutilla）认为在孟加拉国的反贫困实践中，农业起到了很好的作用，特别是稻米种植，因此提倡大力发展生态农业。[①] Kimberlr Soffar 阐述了如何从环境信息

---

① United Nations Develo pment Programe, *Investing in Environmental Wealth for Poverty Reduction*, New York: First Kiss Creative LLC, 2005, p. 14.

中获得财富来减少贫困环境。[①] M. A. O. Aluko 提出生态环境与人类发展共生，工业化与产业化引起环境的污染，生态的退化，贫困问题随之产生。非洲的人口增长迅速，可更新资源和不可更新资源都面临耗尽，这又加剧了贫困。所以污染控制、环境修复是解决贫困的有利途径。[②] 董锁成、吴玉萍、王海英以定西为例对黄土高原生态脆弱贫困区生态经济发展模式进行了研究，他们指出定西地区人民在长期的实践中，创造出了以小流域为单元的生态环境综合治理与开发、“121 集雨灌溉工程”、因地制宜分类指导的扶贫开发模式，以及定西国家农业高科技园区创造的旱作农业产业化开发等多种成功的生态经济型反贫困模式。[③] 刘艳梅在谈及生态型反贫困战略时强调，该战略可以有两种方式：一是西部生态系统的重建；二是发展生态经济。[④] 李奕苇、郭新荣建议健全农业灾害风险保障体系、生态移民工程、转移支付、生态富民建设和发展劳务经济。在我国中西部地区尤其是西部地区，受生态制约而无法提高经济发展的地方有很多。不同的地区的生态问题不同，具体的生态型反贫困战略也不相同。[⑤] 宁夏西海固地区生态环境恶劣，通过水土保持、防沙治沙和林草建设，在生态型反贫困中取得了不错的成果。[⑥] 宁南地区生态型反贫困的主要内容是治理水土流失，在水土流失较轻的地区，实施封山育林育草，在水土流失严重的地区，进行植被重建。[⑦] 广西石山区石山多，石头多，通过建立六大基础工程与石山生态农业体系，生态型反贫困效果明显，提倡积极推广任豆树和

---

① Report No. 69, *Mapping Poverty for Rural Bangladesh: Implications for Pro－poor Development Price*, http://www.cpd.org.

② Government of Malaysia, *Eighth Malaysia Plan*. 2001—2005, Kuala Lumpur: National Printing Department, 2001, pp. 59－60.

③ 董锁成、吴玉萍、王海英：《黄土高原生态脆弱贫困区生态经济发展模式研究》，《地理研究》2009 年第 9 期。

④ 刘艳梅：《西部地区生态贫困与生态型反贫困战略》，《哈尔滨工业大学学报》（社会科学版）2005 年第 11 期。

⑤ 李奕苇、郭新荣：《西部农村生态型反贫困路径分析》，《知识经济》2008 年第 1 期。

⑥ 米文宝：《西海固地区看持续发展中的生态环境问题及对策》，《中国人口·资源与环境》2000 年第 3 期。

⑦ 杨蓉、米文宝、陈丽：《宁夏南部山区的生态贫困与反贫困》，《水土保持研究》2005 年第 4 期。

竹子。[1] 王映雪分析了云南岩溶地区的致贫原因，建议进行生态型反贫困，发展生态产业。[2]

综上可以看出，生态型反贫困的措施概括起来主要有三种：一是生态产业模式，如生态农业、旅游业；二是生态工程治理模式，如小流域筑坝屯田治理模式、风沙治理模式；三是移民搬迁模式，对于环境异常恶劣就地扶贫代价高或者具有重要生态功能价值的贫困区进行退人还生态，异地安置扶贫。因此，我们在给生态型反贫困下定义时应该把反贫困模式的生态理念和生态建设的产业理念融入其中。

较早提出生态型反贫困并对之有较全面概括的学者是于存海教授，他在论及“生态型反贫困特区”时指出，当一个贫困地区生态系统失衡情况严重，或生态环境问题突出地阻碍了经济社会发展，使贫困问题难以解决或贫困问题不能得到稳定的解决时，通过优先进行生态环境建设和保护，提高生态环境质量，为经济社会发展创造条件，或采取措施实施人类社会活动转移恢复生态环境，进而促进贫困问题的缓解或消除贫困的形态即是生态型反贫困特区。[3] 剥去“特区”这一名词，我们或可认为前面的就是对于生态型反贫困的阐述。刘艳梅对生态型反贫困也有比较深入的研究，她虽没有给出新的定义，但就生态型反贫困的基本思路做了明确的阐释。刘艳梅认为，西部地区生态型反贫困战略的基本思路，就是要把生态环境建设与保护作为扶贫政策的中心，并依据此中心调整西部生态贫困地区的反贫困措施，大力发展生态经济，使该地区经济性和社会性协调统一发展。也就是说，当一个贫困地区的生态系统状况虽然不良、生态问题较为突出，但在进行生态环境建设的同时，可以进行适度的经济开发，或适当的经济开发活动本身可以成为生态环境建设的方式时，可以在保护和建设生态系统的前提下，通过生态经济的形式，发展贫困地区的经济，保护生态环境。[4]

综合上述分析，生态型反贫困可以定义为以可持续发展为理念、以环

---

① 李玉田：《论石山区的生态反贫困》，《广西民族研究》1999年第2期。

② 王映雪：《云南生态型反贫困实证分析》，《管理观察》2009年第2期。

③ 于存海：《论内蒙古农牧区生态安全、生态贫困与生态型反贫困特区建设》，《内蒙古财经学院学报》2006年第5期。

④ 刘艳梅：《西部地区生态贫困与生态型反贫困战略》，《哈尔滨工业大学学报》（社会科学版）2006年第11期。

保法律制度为准绳、以打破“生态—贫困”恶性循环为突破口、以生态保护、修复和生态产业开发为内容的经济发展行动。

生态型反贫困应该包括以下几个方面的含义：一是可持续发展理念贯穿其中。生态型反贫困是对过去重视经济忽略环境、重视眼前而忽略长远的片面反贫困模式的纠偏。生态型反贫困要求发展的同时必须对生态环境给予足够的关照，反贫困工作应与自然承载力相协调，以可持续的方式使用自然环境和环境成本，保证资源环境的持续供给能力。二是生态型反贫困具有广泛的实用性，其不必然仅适用于生态贫困地区，在那些非因生态因素主导形成的贫困中同样可以使用，比如在一些普通贫困地区落地反贫困项目前同样需要进行严格的环境评价和“三同时”制度等。三是生态型反贫困需要有法律制度的支撑。生态与反贫困孰轻孰重这是个问题。在长期重经济发展轻生态保护的语境里注入对生态的关照，既需要观念的转变也需要利益的考量，生态与反贫困之间注定要进行一场博弈，这就必须利用法律制度的规范与强制性来保障生态型反贫困的顺利推行。四是生态与反贫困之间可以有着良性循环。保护生态并不排斥反贫困，如果统筹科学、政策合理、措施得当，“生态—贫困”的怪圈不仅能够被打破，而且还能重建良性循环系统，实现生态保护与扶贫开发的共赢。

二　生态型反贫困提出的意义

贫困问题已经不是一个新问题了，以前只是针对贫困来解决贫困，没有从贫困的根源出发，因此只起到了治标不治本的作用，而要彻底解决贫困问题，就必须从它的根源入手。而生态型反贫困就是从它的根源入手，找到贫困的原因，进而研究其解决途径。具体而言，提高政策力度，积极发展生态型反贫困策略，大力开发生态产业，积极实施生态工程和项目，是西部地区人民最终解决生态贫困的手段。[①] 因此，生态型反贫困的提出和运用有着重要的意义：其一，生态型反贫困能够有效纠正过去片面的反贫困思路，让反贫困行动更加科学和有效。我国过去的贫困基本上都是绝对性贫困，贫困群体吃不饱穿不暖，生存都面临着威胁。为救人民于水火，保障其基本的生存生活条件，我国先后实行了救济式和开发式扶贫，

---

① 杜哲：《生态贫困实证分析及生态型反贫困的路径选择——以定西地区为例》，硕士学位论文，兰州大学，2007 年，第 22 页。

相继都取得了可喜的成绩。不可否认，之前所采取的以发展经济为主的扶贫模式有着重要的客观必要性，但是应该看到在这些反贫困模式推进的同时也出现了不少忽视环境甚至牺牲环境以求经济增长的问题。如今，绝对贫困得到了根本的改善，人民整体生活水平有了极大的提高，贫困也由原来的全国范围向中西部环境恶劣地区紧缩。贫困地区也由谋生存转向谋发展，由忽视环境转向保护环境，由掠夺自然转向敬畏自然、与自然和谐相处。如果当前依然不顾情势之变化，依然沿用以牺牲环境换取经济增长的老的反贫困模式，那么必然会跌入“生态—贫困”的恶性循环，葬送来之不易的反贫困成果。生态型反贫困是对过去反贫困实践忽视生态做法的教训总结，是在分析当前贫困地区生态特点基础上提出来的，是现代可持续发展观念的重要体现。如果过去破坏环境尚有为了贫困者生存这一借口的话，那么现在无论如何也找不出任何可以破坏环境的幌子了。其二，生态型反贫困有助于打破“生态—贫困”恶性循环，重建生态与经济可持续发展之路。在典型的生态贫困地区，普遍存在着“生态—贫困”的恶性循环，其链条表现为：贫困—人口增长、掠夺自然资源—环境破坏—承载力下降、灾害频发—更加贫困。贫困群体深陷自己诱发的旋涡之中，想通过人口增加和尽可能多地向自然索取来摆脱贫困，无奈却越挣扎越贫困，越渴望越失望，最后精疲力竭，深陷命运的死循环而不能自拔。其实，生态与贫困之间并非只有这一条循环链条，保护生态与发展经济之间也并不存在不可逾越的鸿沟，倘若把循环链中的动力因素处理得好，恶性循环不仅能够被打破，而且还能够转向新的良性循环系统，这个良性动力因素就是生态型反贫困。在恶性循环链中嵌入生态型反贫困动力因素，就是要通过推进生态工程建设、大力发展生态产业、因地制宜实施生态移民等措施，从根本上改变旧有循环的动力性质和方向，从而打破恶性循环，另建生态与经济协调发展的良性系统。

第三节　生态型反贫困的理论基础

任何制度的构建都不是凭空设想的，在制度的背后都存在着特定的理论基础作为支撑。生态型反贫困制度的构建也一样，离不开特定的理论体系作支撑。只有在科学和严密的理论指导下构建的生态型反贫困制度，才能准确地反映自然和社会发展的客观规律，满足环境保护和贫困治理的双重需要。

一 生态型反贫困的哲学基础

生态型反贫困的哲学理论基础，是指在哲学中所蕴含的对构建生态型反贫困制度起指导作用的基本观点和方法。在中国古代传统哲学和近代西方哲学思想中蕴含着丰富的生态型反贫困的理论基础。

（一）中国传统哲学对生态型反贫困的启示

人与自然的关系问题一直是中国传统哲学所关注的重点，许多哲学家都对这个问题进行了精辟的著述。生态型反贫困倡导环境保护与贫困治理的共同发展，这同中国古代先贤倡导的“天人模式”有着异曲同工之妙，“天人模式”是中国古代思想中最受推崇的观念，也是中国古代哲人们最为重要的哲学命题。“天”在中国古代一直被认为是至高无上的，“畏天命，获罪于天，无所祷也”①，人们对于天有着敬畏之情，天是人间的最高主宰者，是人生的终极所往。而人，按照《周易》的说法，“夫人者，与天地合其德，与日月合其明，与四时合其序”②。《吕氏春秋》认为：“人与天地也同，万物之形虽异，其情一体也。故古人之治身与天下者，必法天地也。”③ 可见人是自然属性和社会属性的统一体。“天人合一”的思想起源于《周易》，在八卦中，上象征天，下象征地，中间则是象征着人，天地人就是《周易》中的三才，也是“天人合一”的最早说法。随着“天人合一”思想的不断发展，在“天人模式”思想中又分为了三个流派，分别是以孔子、孟子为代表的儒家“仁爱万物”思想，以老子为代表的“天人交融”思想和以荀子为代表的“天人相分”思想。

孔子提出“仁爱万物”的思想，主张把人对自然的态度作为善恶评价的一个尺度。孟子继承和发展了“仁爱万物”的思想，提出“亲亲而仁民，仁民而爱物”。他主张君子之爱应该从对亲人的爱扩展到对百姓的爱，再延伸至对自然的爱。老子不同于儒家学者以人道体悟天道，而是通过天道来推论人道，将人道和天道交融在一起，也就是天人交融思想，认

---

① 张燕婴译注：《论语》，中华书局2006年版，第56页。

② 郭彧译注：《周易》，中华书局2006年版，第360页。

③ 张双棣等译注：《吕氏春秋》，中华书局2006年版，第166页。

为人类社会的性质是完全的自然化，人类社会的发展要按照自然法则去运行。在天人之间的关系上，老子提出，人要按照大自然的规律来善待自然万物，人类的活动要遵循“道生之，德蓄之，长之育之，亭之毒之，养之覆之”，并且要“辅助万物之自然而不敢为”。[①] 人类的发展需求要和自然和承载能力相切合，要“知足常足，知止不殆”，是自然界本身具有的生机或功能，不是孔子、孟子讲的上天所为。荀子的“天人观”是在总结先秦时代的天人观，并且评判性地吸收儒道两家的天人理念的基础上产生的。荀子的天人相分和人定胜天的思想，把人从天命主宰之下解放了出来，肯定了人的主体性，蕴含着天人合一的思想却又突破了儒家的天人合一论和老子的天人相融论，在承认客观规律的同时肯定了人的主观能动性。[②] 在小农经济发展的古代社会，对于冲破对自然的蒙昧，探索未知的世界有着积极的作用，也是与生态型反贫困所追求的环境保护和贫困治理相统一相一致的。

中国古代的天人观思想是萌芽性的宗教意识的一种反映，体现了对于自然的崇拜和依赖，这与当时的人们的自身能力和生产方式有关系。人作为自然的产物，应当完全屈服于自然。中国传统的天人观念对于人类发展的自我思索和生态文明建设的积极倡议对构建生态型反贫困制度有着重要的作用。孔子从世俗化的角度出发，提出自然同人类的生活需要之间存在一致性，人类在生产中要达到与自然的和谐发展。他主张的“天人合一”的自然胜天观和生命与万物兼爱的生命伦理观。庄子在很大程度上关注的是如何在现实行动中达到人与自然之间的和谐，是一种朴素的实践主义的观点，主张通过自然无为的生态实践观，重塑人类的崇尚自然、尊重自然、顺应自然的生态理念，真正达到“天地与我并生，而万物与我为一”的状态。而荀子从人的本性出发，将人和自然统一在有区分的体系中，对于自然的发展和人类社会的进步之间的辩证统一关系有着清醒的认识。中国多维度的天人模式，从不同的侧面起到了探索人和自然界之间和谐的社会功能，虽然不同的流派有着不同的生态文明理念，但是这种寻求人和自然和谐共生的理论探索，对于当前社会发展所带来的问题的解决方案有着

---

① 王孺童:《道德经讲义》，中华书局 2013 年版，第 116 页。

② 陈业新:《是“天人相分”，还是“天人合一”——〈荀子〉天人关系论再考察》，《上海交通大学学报》（哲学社会科学版）2006 年第 5 期。

启发性的意义。中国古代天人合一的思想不仅仅是中国文明的瑰宝，更是人类对于同自然之间关系的和谐关系构建的有益尝试，对于多维度的“天人”模式的借鉴体现了生态型反贫困模式中对于传统文化的积极传承。

（二）近代西方哲学对生态型反贫困的启示

人与自然环境关系问题一直受到西方哲学家们的普遍关注，但是，直到近代以来，西方哲学中对环境问题与人类活动之间关系的思考才日渐兴盛。近代西方哲学的各个流派，特别是在功利主义哲学、分析实证主义哲学和效益论哲学的思想中蕴含着丰富的生态型反贫困的理论基础。

功利主义哲学观起源于19世纪初的英国，其代表人物主要有杰里米·边沁（Jeremy Bentham）和约翰·斯图亚特·穆勒（John Stuart Mill）。边沁认为：“功利是指任何客体的这么一种性质：由此，它倾向于给利益有关者带来实惠、好处、快乐、利益或幸福（所有这些在此含义相同），或者倾向于防止利益有关者遭受损害、痛苦、祸患或不幸（这些也含义相同）；如果利益有关者是一般的共同体，那就是共同体的幸福，如果是一个具体的个人，那就是这个人的幸福。”① 他进一步认为，政府的职责就是通过避苦求乐来增进社会的幸福，他指出：“法律的全部作用可以归结为下述四个方面：供给口粮、达到富裕、促进平等和维护安全。”② 穆勒认为：“承认功用为道德基础的信条，换言之，最大幸福主义，主张的‘是’与其增进的幸福成比例，行为的‘非’与其趋于产生的不幸成比例。”③ 生态型反贫困制度的现实目的在于更好地保护、开发和利用生态资源以保障贫困者的权利，以达到环境保护和贫困治理的双重目标。从这个目的来看，生态型反贫困制度的构建带有明显的功利主义意味。一方面，生态型反贫困在平等关注各个相关主体利益的同时，更应当关注国家的长远利益；另一方面，在设计生态型反贫困的具体制度时，要注意在个人和社会之间达到一种平衡，尤其是在自然资源的开发利用方面，更要实现贫困者的个人利益和社会利益之间的平衡。

分析实证主义哲学观起源于19世纪中叶，是以西方实证科学作为基

① ［英］边沁：《道德与立法原理导论》，时殷弘译，商务印书馆2012年版，第58页。

② ［美］埃德加·博登海默：《法理学：法律哲学与法律方法》，邓正来译，中国政法大学出版社2004年版，第114页。

③ ［英］约翰·穆勒：《功利主义》，徐大建译，商务印书馆2014年版，第74页。

础的哲学流派。实证主义认为，哲学应以自然科学的方法建立清晰明白的系统，知识应以现象和经验为基础，它要求从观察和经验事实出发，摒弃抽象的形而上学原则，倡导清晰、实证、准确的思维方式。从19世纪下半叶开始，实证主义开始渗透到包括法律科学在内的社会科学的各个分支学科。分析实证主义的代表人物是约翰·奥斯丁（John Austin），他认为：“政府的正当目的或者意图是最大可能地增进人类的幸福；此外，功利原则是立法机关制定法律的基本指导原则。”① 其后，罗斯科·庞德（Roscoe Pound）进一步指出：“法律秩序和制度应该保护的利益可以划分为直接涉及个人生活并以个人生活名义所提出的主张、要求或愿望的个人利益，涉及政治组织社会的生活并以政治组织名义提出主张、要求或愿望的公共利益和涉及文明社会的社会生活并以这种生活的名义提出的主张、要求或愿望。”② 分析实证主义哲学观对于生态型反贫困具体制度的构建有很强的指导意义，一方面，对于我国已有的反贫困制度不能一味地否定，要看到已有制度的合理性，也不能盲目照搬国外的经验，要对我国当前的生态贫困状况进行深入的了解，对现有的制度进行辩证的分析，在对发达国家的先进经验进行思考的基础上，设计出符合我国国情、满足贫困者需求的具体制度；另一方面，构建生态型反贫困的具体制度要充分考虑生态环境利益、社会公共利益以及各个相关主体的利益，如果只注重发展贫困地区的经济，不注重保护环境，必然会导致生态环境的继续恶化，危及生态环境利益和社会公共利益。

效益论哲学观兴起于20世纪60年代，主张追求行为和规则所带来的效益。效益论者罗伯特·保罗·沃尔夫（Robert Paul Wolff）认为：“效益论是一种道德理论，主张每个人私下的个人或立法的政府，总是应该试着为最大多数人创造最大的幸福。”③ 理查德·波斯纳（Richard Allen Posner）是效益论哲学观的代表，其揭示了法律的内在经济逻辑和宗旨，将经济效益原理普遍化，认为“生活世界是一个资源稀缺的世界，行为主

① ［英］约翰·奥斯丁：《法理学的范围》，刘星译，北京大学出版社2013年版，第294页。

② ［美］埃德加·博登海默：《法理学法律哲学与法律方法》，邓正来译，中国政法大学出版社2004年版，第147页。

③ ［美］罗伯特·保罗·沃尔夫：《哲学概论》，郭实渝译，广西师范大学出版社2005年版，第96页。

体必须对有限的资源作出理性选择”[1]，主张将法律制度解释为促进有效益地分配权利资源的努力，并对主要的法律部门逐一进行分析和验证。效益论哲学观为生态型反贫困具体制度的构建提供了一定的指引，一方面，生态型反贫困具体制度的构建应当立足于对当前已有反贫困制度的改革和完善，减少立法成本，追求效益；另一方面，生态型反贫困具体制度的构建要体系化、规范化，减少运行中不必要的成本。

（三）马克思主义哲学对生态型反贫困的启示

马克思主义哲学科学地吸收了历史发展经验，真实地反映了自然和人类社会发展的客观规律，其理论对我们构建科学的生态型反贫困具体制度具有非常重要的指导意义。

马克思主义哲学认为事物的联系是普遍存在的，事物内部诸要素之间以及事物之间是相互影响、相互制约和相互作用的。具体到物质世界中，人与自然环境之间不是孤立存在的，而是相互联系、相互影响的。人的生存和发展离不开自然环境，人类的活动又时时刻刻都改变着自然环境的存在状态和品质；反过来，自然环境又深刻地影响着人类的生存和发展。马克思主义哲学很早就认识到了人与自然的关系问题，马克思认为，人类与自然密切相关，人类发展的历史“可以从两方面来考察，可以把它划分为自然史和人类史，但是这两方面是不可分割的，只要有人存在，自然史和人类史就彼此相互制约”[2]。恩格斯认为，人与自然的关系是从人类出现就开始形成，并随着人类劳动实践活动而发展，“全部人类历史的第一个前提无疑是有生命的个人的存在。因此，第一个需要确认的事实就是这些个人的肉体组织以及由此产生的个人对其他自然的关系”[3]。马克思、恩格斯认识到对自然的掠夺会导致发展的不可持续性。马克思批评了人们在劳动中对土地、森林、矿藏等自然资源的破坏，这种破坏使人们的生存受到直接威胁。[4] 恩格斯告诫人们，无论人类多么强大，始终都是自然界的一部分，并且与自然相互作用、紧密相连。自然界为人类社会的发展与进步提供了必要的物质基础，因此人类必须与自然界和谐相处。人类在满足

---

① 顾培东：《效益：当代法律的一个基本价值目标》，《中国法学》1992 年第 3 期。

② 《马克思恩格斯选集》第 1 卷，人民出版社 1995 年版，第 66 页。

③ 同上书，第 67 页。

④ ［德］马克思：《资本论》第 1 卷，人民出版社 2008 年版，第 552—553 页。

自身需要的同时，必须注意保持生态的平衡，否则就会受到自然界的惩罚。① 正是由于这种普遍联系的存在决定了人类发展过程中，不能无视人与自然环境的密切联系而只顾其自身的发展。撇开自然环境的状况谈发展是不现实的，更是有害的，必将遭到自然资源和自然环境自身的发展规律的惩罚。在贫困治理的过程中，我们也要注重对生态环境及自然资源的保护、开发和利用，结合我国贫困地区生态环境的实际情况，设计具体的生态型反贫困制度。

马克思主义哲学认为，任何事物都是辩证的、矛盾的，在唯物辩证法中，矛盾是反映事物内部或事物之间对立和统一关系的哲学范畴，斗争性和同一性是矛盾的两种基本属性，同一性是指矛盾双方互相依赖、互为存在前提、互相渗透，存在着由此及彼的桥梁，这种关系的建立使事物保持着稳定、联合、团结、统一的状态，它是有条件的、暂时的、相对的；斗争性是指对立双方相互排斥、相互否定、相互对立的性质，这种性质的存在使得事物呈现出动荡、不稳定、变革的状态，其贯穿于过程的始终，是无条件的、绝对的。事物正是在矛盾的对立统一中以螺旋式前进，不断发展。具体到生态保护和贫困治理中，治理贫困就需要发展经济，而发展经济可能会破坏生态环境，保护生态环境又会暂时制约经济发展，使得贫困者脱贫的速度变缓，这是矛盾的对立面。构建生态型反贫困的具体制度必须注意处理好两者之间的关系，发展经济必须控制在生态环境承载力的范围之内，否则，生态环境受到破坏后，经济发展也会无以为继，更不利于贫困地区摆脱贫困。在保护生态环境的同时，又必须最大限度地满足经济发展的需求，充分地利用生态环境，否则也会造成发展滞后，既不利于贫困地区的发展，也在很大程度上对环境保护形成掣肘。

二 生态型反贫困的伦理学基础

在人类发展的历史长河中，人类对自然的态度经历了“依赖自然—改造自然—征服自然—善待自然”的过程。② 伴随着人类与自然关系的不断转变，再加之 19 世纪末 20 世纪初环境问题的严重性，许多环保人士开始审视人与自然之间的关系，从而出现了有关环境伦理的著作，环境伦理经

① 《马克思恩格斯选集》第 4 卷，人民出版社 1995 年版，第 383 页。

② 倪瑞华：《可持续发展的伦理精神》，中国社会科学出版社 2004 年版，第 262 页。

历了从孕育、创立到全面发展的过程，并作为一门独立的学科而出现。虽然我国的古代哲学始终将自然观、认识论、人生观和伦理观融为一体，[①]但我国古代环境伦理思想也主张尊重自然、敬畏生命、兼爱万物的伦理原则，尤其强调爱护生物，尊重一切生命的价值，并以此作为衡量人的行为善恶的准绳。上述理论和观点都为人类认识和处理人与自然的关系问题提供了一个崭新的视角，也为生态型反贫困具体制度的构建提供了理论基础，下文中，我们将主要从西方的环境伦理学中探寻生态型反贫困的伦理学基础。

（一）"生态中心主义"伦理观对生态型反贫困的启示

"生态中心主义"伦理观是在"非人类中心主义"伦理观的基础上发展起来的，在对"人类中心主义"伦理观进行批判的同时，倡导将人类社会的道德关怀扩展到整个生态系统，包括无生命的存在物，其主要观点是强调自然界中物与物之间的联系，把人与整个自然界的关系放在一个整体中予以考虑，进一步扩大了人类道德关怀的范围。该理论的代表观点是奥尔多·利奥波德（Aldo Leopold）的"大地伦理（the Land Ethics）学"[②]，简单地说就是要将道德关怀的范围扩展到"大地"，包括土壤、气候、水、植物、动物、微生物等，用利奥波德的观点来看即是"土地伦理是要把人类在共同体中以征服者的面目出现的角色，变成这个共同体中的平等的一员和公民。它暗含着对每个成员的尊敬，也包括对这个共同体本身的尊敬"[③]。

除了"大地伦理学"之外，"生态中心主义"伦理观的代表观点还有挪威哲学家阿伦·奈斯（Arne Naess）的"深层生态学"（Deep Ecology）与美国学者霍尔姆斯·罗尔斯顿（Holmes Rolston）的"自然价值论"。"深层生态学"从整体主义出发，认为人与自然密不可分，应以平等和自我实现的原则为准则，其主要观点是：认为生态系统中的任何事物都处于一个相互联系的整体之中；承认自然界具有内在价值；不仅仅看到表面的污染现象，还要探求污染的根源，所以倡导人类应该从思想、生活方式等

① 汪劲：《环境法律的理念与价值追求》，法律出版社 2000 年版，第 179 页。

② 曾建平：《自然之思：西方生态伦理思想探究》，中国社会科学出版社 2004 年版，第 52 页。

③ ［美］奥尔多·利奥波德：《沙乡年鉴》，侯文蕙译，吉林人民出版社 1997 年版，第 193 页。

多个层面彻底地改变同自然界之间的对立状态，才能解决生态危机。“自然价值论”主要强调的是整个生态系统的内在价值，而不仅仅局限于只看到自然界的工具价值，所以，提倡人类有保护自然界的义务。

通过“生态中心主义”伦理观的主要观点我们可以看出，该理论从整体主义的角度出发，认为整个自然界是一个相互联系、相互作用的整体，号召人类重新认识人与自然的关系，将过去那种征服自然、改造自然的态度和做法转化为尊重自然，对自然承担道德责任的态度和做法。在生态型反贫困具体制度的创设中，我们应当以“生态中心主义”伦理观为指导，在贫困治理的同时，尊重生态环境，不能只注重经济效益而忽视生态效益，同时，针对贫困治理中资源浪费和破坏环境的现象，有必要创设一定的强制性义务，促成资源的节约和环境的保护。

（二）可持续发展伦理观对生态型反贫困的启示

1987 年，在世界环境与发展委员会（World Commission on Environment and Development，WECD）所发表的著名研究报告——《我们共同的未来》（*Our Common Future*）中，首次全面系统地提出了可持续发展理论，即可持续发展是“既满足当代人的需要，又不对后代人满足其需要的能力构成威胁的发展。它包括两个重要的概念：一是‘需要’的概念，尤其是世界贫困人民的基本需要，应将此放在特别优先的地位来考虑；二是‘限制’的概念，技术状况和社会组织对满足眼前和将来的需要的能力施加的限制”①。“人类享有以与自然相和谐的方式过健康而富有生产成果的生活的权利，并公平地满足今世及后代在发展与环境方面的需求，求得发展的权利必须实现。”②

可持续发展伦理观是一种在认真分析自然、社会、经济、生态环境等各种关系的基础上提出来的新的伦理观，其内涵主要表现在两个方面：一是发展经济与保护环境并重。可持续发展伦理观首先强调发展经济，没有经济的发展就没有人们物质生活水平的提高，社会只能原地踏步甚至退步。同时，经济增长不能以牺牲环境为代价，不应采取耗竭资源、破坏生态环境的方式来追求发展权利的实现，而应该在发展经济的同时，重视环

---

① 世界环境与发展委员会：《我们共同的未来》，王之佳、柯金良译，吉林人民出版社 1997 年版，第 19 页。

② 《关于环境与发展的里约宣言》，《世界环境》1992 年第 4 期。

境保护，实现经济效益和环境效益同步增长。二是代内公平与代际公平并重。可持续发展伦理观认为，必须考虑在对后代负责的基础上改变社会或经济发展模式，要求当代人在追求自己利益满足的基础上，也要给后代子孙以满足其利益的机会，不能由于当代人的自私和无限度地开发利用自然资源而使人类发展的链条中断。可持续发展伦理观也特别强调当代人在利用自然资源、满足自身利益上机会平等，强调公平地享有地球，将大自然看成人类共同栖居的家园，因此它的利益公平原则还指向空间和地域上不同国家和民族在谋求发展和生存上的平等。

生态型反贫困就是在可持续发展理论指导下提出来的，其中既包含“发展经济，不断提高贫困者的物质文化生活需要”，但同时又注重对环境的保护，对满足需要的能力加以“限制”；既强调当代人的发展，又注重对后代人公平地过上幸福生活的能力不构成威胁，从而实现代内公平和代际公平的有机统一。因此，可以说，生态型反贫困的终极目标就是要实现贫困地区的可持续发展。可持续发展伦理观是构建生态型反贫困具体制度最直接、最现实的伦理基础。

三 生态型反贫困的经济学基础

经济学是研究人类经济关系的学科。西方经济学起源于古典政治经济学，它是建立在逻辑演绎基础之上的一种理论，其基本特征是从基本前提假设出发，通过数学演绎推理，得出结论。探索生态型反贫困背后的经济学基础，对生态型反贫困具体制度的构建具有重大的指导意义。

（一）“经济人”理论对生态型反贫困的启示

“经济人”理论是近代西方自由主义经济学、制度经济学及政治经济学的理论基石。一直以来，许多经济学家、政治学家们都试图在“经济人”假设前提下，努力探索找到一套制度。这种制度一方面充分尊重人的自利动机，尊重人的自由选择、自由权利，同时，通过制度激励约束功能的发挥，使人在自主选择的基础上自主行动，能够在实现自我利益最大化的同时，实现社会利益的最大化，实现公共利益和私人利益的完美和谐。“经济人”的思想内涵是由亚当·斯密（Adam Smith）最先完整地表述出来的，其后，约翰·穆勒（John Stuart Mill）根据亚当·斯密的表述提炼出了“经济人”假设。那么，什么是“经济人”呢？“经济人通常是指在工具主义意义上的理性人，在它的理想情形下，经济行为者具有完全充分有序的偏好（在其可行的行为结果的范围内）、完备的信息和无懈可击的计算能力。在经过深思熟虑之后，他会选择那些能够比其他行为更好地满足自己的偏好（或至少不会比现在更坏）的行为。”① 可见，“经济人”并不是现实世界中真正存在的某一类人，而是一种人性假设，是将现实中人的各种社会属性全部抽象掉以后，根据人的深层动机而进行的一种假设。

具体而言，“经济人”理论中包含着三种基本人性特征：第一，人是自利的，人行为的动机是为了满足自己的需要。第二，人有追求自身利益最大化的天然倾向。利益最大化的范围是非常广泛的，不仅限于如食物、住房、金钱等物质利益，也包括追求快乐、闲暇、权力、名誉、地位、尊重等精神上的利益。第三，人是理性的。人们行为总是处于一定的社会环境中，在各种约束条件包括正式或非正式的制度的约束下，人们总是会根据自己的知识、信息，通过成本一一进行分析，仔细权衡方案，然后作出理性选择，从而实现自己利益最大化。

在生态型反贫困具体制度的构建中，一方面，应当对“经济人”的概念做扩大解释，“经济人”不仅包括“经济个人”，还应当包括“经济组织”，必要时可以将社区纳入经济组织的范畴。生态型反贫困不仅仅需要以个体形式存在的个人的积极参与，还需要以群体形式存在的组织发挥主导作用。另一方面，各社会主体应当主动地关注其他主体的环境利益。假如各社会主体在追求自身利益最大化的同时不考虑其他主体的利益，那么自身的利益也难以实现最大化。

（二）“外部性”理论对生态型反贫困的启示

外部性（externalities），又称外在性、外部效应、外部经济和外部不经济等。它是普遍存在的经济现象。它贯穿于社会经济发展之中，并对企业的生产和居民的生活产生重要的影响。外部性问题的存在不仅意味着资源配置没有达到帕累托最优，而且经济学界认为外部性是导致资源破坏和环境污染的根源。因此，克服和解决外部性问题就成为众多经济学家研究的热点问题之一。尽管众多学者对外部性问题进行了热烈的讨论，但至今并没有形成统一的定义，正如美国斯坦福大学的蒂博尔·希托夫斯基教授

① ［英］伊特韦尔等：《新帕尔格雷夫经济学大辞典》第 2 卷，经济科学出版社 1996 年版，第 57 页。

(Tibor Scitovsky) 所指出的那样,“外部经济的概念是经济学文献中最难以捉摸的概念之一”。

“外部性”是英国经济学家阿尔弗雷德·马歇尔(Alfred Marshall)于1890年在《经济学原理》一书中首先提出来的概念,而最先系统论述外部性理论的则是福利经济学创始人阿瑟·塞西尔·庇古(Arthur Cecil Pigou)。不同的经济学家对外部性给出了不同的定义,其中可以归结为两类,一类是从外部性的产生主体角度来定义的,例如保罗·萨缪尔森(Paul Samuelson)和威廉·诺德豪斯(William Nordhaus)指出:“外部性指的是企业或个人向市场之外的其他人所强加的成本或收益。”① 厉以宁教授也认为:“外部性是指个人(包括自然人和法人)经济活动对他人造成了影响而又未将这些影响计入市场交易的成本与价格之中。”② 另一类是从外部性的接受主体的角度来定义的,例如美国经济学家阿兰·兰德尔(Alan Randal)认为外部性是用来表示“当一个行动的某些效益或成本不在决策者的考虑范围内的时候产生的一些低效率现象;也就是某些效益被给予,或某些成本被强加给没有参加这一决策的人”③。虽然这些定义的角度不同,但它们在本质上是一致的。一般而言,经济学领域的外部性是指某经济主体的活动对其他经济主体产生的外部影响,而这种影响未能通过市场交易或价格体系反映出来,也即行为人的私人成本与社会成本、私人收益与社会收益不一致的情形。其中,正外部性意味着边际社会收益大于边际私人收益,社会从私人经济活动中得到的额外收益并未通过一定手段或途径转移到私人手中;负外部性则是指边际私人成本小于边际社会成本,私人并未承担超过私人成本部分的成本。简而言之,“正外部性是指某个经济行为主体的活动使他人或社会受益,而受益者又无须花费代价;负外部性是指某个经济行为主体的活动使他人或社会受损,而造成负外部性的人却没有为此承担成本”④。

具体而言,在生态型反贫困具体制度的构建中,一方面要促进外部性的内化,在市场失灵的领域,尤其是生态环境领域,需要政府利用经济手

① [美]保罗·萨缪尔森、威廉·诺德豪斯:《经济学》(第十六版),萧深等译,华夏出版社1999年版,第165页。

② 厉以宁:《西方经济学》(第二版),高等教育出版社2005年版,第238页。

③ [美]阿兰·兰德尔:《资源经济学》,施以正译,商务印书馆1989年版,第155页。

④ 厉以宁:《西方经济学》(第二版),高等教育出版社2005年版,第238页。

段解决外部性。政府可以通过对有负外部性的物品征税和给有正外部性的物品补贴来把外部性内部化。此外，对于不容易划分产权的水资源等生态资源，地方政府可以代表本区域与其他区域政府就相互的生态环境外部性问题进行谈判，甚至可以在谈判的基础上建立环境交易市场，以补偿的形式进行大气及水污染权利互购。另一方面要促进负外部性的内化，在西部地区，一些生态脆弱区往往陷入“贫困落后—环境退化”的恶性循环中不能自拔，由于生态脆弱地区往往是区域经济系统的生态屏障，其经济活动的负外部性影响是大经济区域实现可持续发展的障碍，也不利于生态脆弱地区自身实现可持续发展，针对这种现状，最重要的不是内化机制的科学性、合理性，而是对生态脆弱地区传统、落后的经济结构和生产、生活方式的调整和改造，以及人们环保意识的增强。

四　生态型反贫困的法理学基础

在构建生态型反贫困的具体制度之前，有必要深入探讨生态型反贫困背后所蕴藏的法理学基础。生态型反贫困具体制度的本质是促进生态保护与贫困治理协调发展的法律制度，其功能是通过一系列的制度设计，赋予贫困者更多的权利与机会，切断贫困与环境问题之间的恶性循环，从而实现贫困治理和生态保护之间的良性互动，并通过矫正失衡的利益分配制度，实现环境利益的公平分享以及增进包括贫困者自身利益在内的社会整体利益。从其本质和功能上看，法的价值理论对生态型反贫困有不可替代的指导意义。

（一）法的秩序价值对生态型反贫困的启示

“秩序”一词在汉语中是“秩”和“序”的合成，古汉语里这两个词都含有“常规”“次第”的意思。西汉学者毛亨明确地解释说：“秩，常也”。东汉经学大师郑玄注释道：“序，第次其先后大小。”“秩序”作为独立词语，较早地见于西晋文学家陆士衡的《文赋》一文，其中写道：“谬玄黄之秩序，故渶涊而不鲜。”可见，秩序一词在汉语中出现是很早的，这大概同古人推崇常规、次第等规矩和观念有关。[①] 现代汉语把秩序解释为“有条理、不混乱”的情况，这一解释也没有超出古汉语对秩序厘定的界限。具体而言，在人类面前有两种秩序：一是自然秩序；二是社

① 吕正伦、文正邦：《法哲学论》，中国人民大学出版社 1999 年版，第 363 页。

会秩序。自然秩序是由自然界的规律表现出来的一切自然现象的发生、发展和运作的秩序。春夏秋冬的依次转换，日月星辰的有序嬗变，金木水火土各自依其性能发生独立的和相互制衡的作用，这些数不尽的自然现象有序地存在和运行着，表现出自然秩序的恒久的伟力。社会秩序则是连接和维系人类社会关系的纽带。家庭和国家、公司和社团的循规而立，生产和消费、经商和劳作的分工选择，权力的归属、行使和制约平衡，权利资源的配置和义务的分担，这些缤纷多彩的社会现象有序地发生、存在和不息地运行着，显示出社会秩序须臾不可或缺的功用。[①] 过去，人们认为自然秩序和社会秩序没有交叉和相互影响，从而造成了人类社会和自然界的严重对立，造成生态系统失衡，从而产生了当代的生态问题。后来，人们通过反思，逐渐认识到人类与自然界不是对立的，是同一的，是属于同一个生态系统的，人类与自然界是相互影响、相互作用、相互依赖的，所以在生态化社会，法律所维护的秩序绝不仅是人类社会的秩序，同时还包括自然秩序。这就需要法律在保障人类权利得到实现的同时，适当限制人类的权利，使其负担一定的保护自然界中其他物种的生存义务，以维护生态系统的平衡和人类社会的可持续发展。基于以上论述，笔者认为，生态型反贫困的价值目标中应包含秩序价值，它是生态型反贫困具体制度得以存在的基础。

在生态型反贫困具体制度的构建中，首先应当满足人类对于秩序的心理需求。心理学研究认为，人类对秩序的需求有着心理层面的原因。主要可以追溯至两种欲望或冲动。这两种欲望或冲动似乎深深地根植于人的精神之中：第一，人具有重复在过去被认为是令人满意的经验或安排的先见取向。第二，当出现一些受瞬时兴致、任性和专横力量控制的，而不是受关于权利义务对等的、合理稳定的决定控制的情形时，人会作出逆反反应。由此可见，秩序对于个人生活和人类社会生活来说，具有极其重要的意义。[②] 其次，生态型反贫困具体制度的设计应当秉承权利义务对等、合理稳定的原则。只有在权利义务对等，合理稳定的生态型反贫困制度的规制下，人才不会作出逆反的反应，生态环境的保护、自然资源的开发和利

① 周旺生：《论法律的秩序价值》，《法学家》2003 年第 5 期。

② ［美］罗斯科·庞德：《法理学》，邓正来译，中国政法大学出版社 2004 年版，第 26—27 页。

用以及贫困治理的有序进行才可能实现。最后，生态型反贫困的制度设计要谨慎。诚如博登海默所言：“尽管为了在社会中确保法治的实施，一个由概念和规则构成的制度是必要的，但是我们必须永远牢记，创制这些规则和概念的目的乃是应对和满足生活的需要，而且我们还必须谨慎行事，以免毫无必要地、毫无意义地强迫生活受一个过于刻板的法律制度的拘束。”①

（二）法的效益价值对生态型反贫困的启示

效益，就是利益和效果，其原本是经济学领域的一个术语，指的是投入与产出，即成本与收益之间的比较。只有当收益大于成本时才是有效益的；或者说，它指的是结果的有效性、利益性。从纯粹数值上来考察，效益可能表现为数量的增加，可能表现为速度的加快，不管以什么形式存在的效益，都必须是有效的，对主体是有益而无害的。效益包括经济效益，但不限于经济效益。有的效益是以经济效益存在的，并可以用经济增长的量来衡量，有的效益却并不局限于经济性指标，也无法用经济指标衡量。后者即人们所谓同经济效益相对应的社会效益，比如权力运作效率的提高，经济发展对环境、人文精神的影响等。这是效益和效率的最大区别。效率是指消耗的劳动量与所获得的劳动效果的比率。效益重在产出的有效性结果，是正向和静态的，包括量和质的统一；而效率重在过程中的比例关系，可以单纯以量来计算，是动态的，同时其正向性也是不一定的。效益和利益也不同，不能把效益和利益混同。“利益”是比效益更宽泛的概念，利益主要指主体对人类活动中的利益的占有和支配，效益主要指人类活动带来的利益量。② 利益注重的是人与人之间分配发展成果的关系，效益则不仅注重产出的有效性成果，而且对产出的投入予以关注，即投入的有效性。因此，我们又可以把效益定义为有效产出减去投入后的结果，从而把代价论引入人类的发展。在经济学中，代价被看作生产成本、机会成本、各种损耗和日常消费，正如效益不局限于经济性指标，人类发展所付出的代价也不限于此，人口增加、资源枯竭、能源匮乏、环境污染和生态失衡等都是人类发展所付出的代价。

① ［美］罗斯科·庞德：《法理学》，邓正来译，中国政法大学出版社 2004 年版，第 259 页。

② 恽希良：《经济利益概论》，四川人民出版社 1991 年版，第 27 页。

效益被引入法律领域导源于亚当·斯密以来的经济学对法律的渗透，庞德就明确指出："以往50年中，法学思想方面发生了一种转向于强调经济的变化，把寻求最大限度地满足需要作为重点。"① 经济学所要解决的核心问题是在资源有限的前提下，如何才能充分有效地利用自然资源，最大限度地增加社会财富总量，这就是经济学的效益学原理。从人类社会诞生开始，相对于人们精神的、物质的和其他方面的需要，可资利用的资源总是呈现稀缺状态。随着法律对社会经济生活影响的日益加深，法学家不仅要考虑法的正义性，而且还要考虑法的效益性，运用经济学的理论和方法分析法律，从而使效益与正义等范畴共同成为当代法律的基本价值目标。有学者把法律效益定义为"法律的社会目的与法律的现实结果之间的比值。当然目标与结果之比不一定具有计量性，它只要求我们必须将所获取的法律作用的信息与社会目标进行比较，通过比较来确定法律的作用效益"②。法律的效益价值也可以归结为庞德所言的一种社会工程学的价值，即通过法律对人们行为的控制和安排，给予整个利益方案以最好最佳的效果。

在构建生态型反贫困具体制度的过程中，一方面要体现效益价值理念。生态型反贫困是对现有的反贫困制度进行改革完善的过程，每一项改革措施都会产生成本问题，具体包括立法的成本、运行的成本、对现有反贫困法律制度所造成的影响等。生态型反贫困具体制度的构建应该选择适当的改革方式，尽量减少改革所带来的直接成本。另一方面经济效益、生态效益和社会效益要三者并重，生态型反贫困要改变过去那种只注重开发和利用生态资源的经济价值，而忽视其生态价值的做法。生态型反贫困具体制度的构建应以经济效益、生态效益和社会效益为评价标准，体现三者并重的原则。

（三）法的公平价值对生态型反贫困的启示

公平是法的永恒价值命题，"是社会的政治利益、经济利益和其他利益在全体社会成员之间合理而平等的分配，它意味着权利的平等、分配的

---

① ［美］罗斯科·庞德：《通过法律的社会控制》，沈宗灵译，商务印书馆2010年版，第65页。

② 汪全胜：《立法价值效益观》，中国法制出版社2003年版，第51页。

合理、机会的均等和司法的公正”①。早在古希腊时期，卡里克利斯就提出了差别对待的公平原则，认为“优者比劣者多得一些是公正的，强者比弱者多得一些也是公正的”②。亚里士多德认为公平就是穷人和富人“处于相同的地位，谁都不做对方的主宰”③。比利时当代法哲学大师佩雷尔曼（Chaim Perelman）提出了“凡属同一范畴的人应受同等待遇”④ 的形式公平正义原则，约翰·罗尔斯（John Bordley Rawls）在他作为公平的正义理论中提出了“最广泛的平等自由”及“机会的公平与差别”两大原则。其要义是：在基本权利与义务的分配与拥有上要绝对平等，并且应最大限度地扩大基本权利与义务的范围；同时，应尽可能公平地分配社会合作所产生的利益与负担，并且社会为给利益最少受惠者以补偿为目的的不平等分配（即差别分配）是许可的。⑤ 先贤们的种种精深论说，不乏启迪人类理性的真知灼见，但最后都没有达到理论归一的美好境地，却殊途同归于理论的困惑与矛盾之中。恩格斯指出了其症结所在：“在法学家和盲目相信他们的人们眼中，法权的发展只在于力求使获得法律表现的人类生活条件愈接近于公平理想，即愈接近于永恒公平。而这个公平却始终只是现存经济关系在其保守方面或其革命方面的观念化、神圣化的表现。”⑥ 这就为我们揭去了千百年来笼罩在公平之上的神秘莫测的面纱，为我们正确理解法与公平的关系指明了方向。

公平的内涵应该主要包括以下几个方面：第一，公民的基本权利的平等。每一个社会成员都应平等地享有自我发展或自我实现所必需的基本权利，不能因为财产和出身的差别而带来享有的权利的差别。一个公平的社会必须努力保证每一个社会成员都能够平等地享有生存权、劳动权以及社会保障权等这些基本的权利。第二，实现机会平等。机会平等就是指每一个社会成员都能够普遍地参与到社会发展当中并能够分享到由此而产生的成果。机会平等要求社会形成开放的流动机制，社会成员能够在不同地域

① 俞可平：《和谐社会面面观》，《马克思主义与现实》2005年第1期。

② 张宏生、谷春德：《西方法律思想史》，北京大学出版社1992年版，第5页。

③ 同上书，第21页。

④ 张文显：《当代西方法哲学》，吉林大学出版社1987年版，第186页。

⑤［美］约翰·罗尔斯：《正义论》，何怀宏、何包钢、廖申白译，中国社会科学出版社2001年版，第56页。

⑥《马克思恩格斯选集》第4卷，人民出版社1995年版，第538页。

间自由流动，也可以在社会地位、工作、财富等方面自由平等地流动。第三，保证结果平等。结果平等是指通过合理的利益分配机制，实现社会成员在社会实践结果分配上的平等，保证社会成员同劳同酬，从而使各阶层、各种职业的社会成员能够依据自己付出程度的差异获得有差别的但公平合理的利益回报。应当实现按劳分配，从而保证社会主体活动成果的差异主要取决于个人努力的程度，这体现了公平。第四，保障社会的调剂互助。必须通过税收政策和建立社会保障制度来对社会财富的初次分配进行调整，保障贫困群体的权益，从而保证使全体社会成员都能够分享到社会发展产生的成果。总体来说，公平是一种对社会成员之间的权利和利益的分配是否合理的评价，它能够增强社会成员对其社会的认同感和凝聚力，有助于社会稳定。

法的公平价值对于构建生态型反贫困具体制度有很强的指导意义，在生态型反贫困具体制度的设计中应当保证每个贫困者都能得到公平的对待，公平地享有生态环境所带来的利益，这就需要在进行社会化财富分配时，如果不得不产生某种不公平的话，这种不公平应该有利于最少受惠者。同时，生态型反贫困要注意实现“代内公平”和“代际公平”，既要确保各个社会主体能够公平地享有生态资源及其所带来的利益，又要为后代人能享有足够的生态资源利益创造条件。

（四）法的正义价值对生态型反贫困的启示

正义是社会制度的首要价值，正像真理是思想体系的首要价值一样，一种理论，无论多么精致和简洁，只要它不真实，就必须加以拒绝或修正；同样，法律和制度，不管它如何有效率和有条理，只要它们不正义，就必须加以改造或废除。作为人类活动的首要价值，真理和正义是绝不妥协的。[①] 早期，学者们将“平等”作为正义的核心，如亚里士多德认为，“政治学上的善就是正义，正义以公共利益为依归，按照一般认识，正义是某种事物的平等观念”[②]。托马斯·阿奎那（Thomas Aquinas）对正义的认识与亚里士多德相类似，即“按照人们的地位而将不同的东西分配给不同的人”，隐含在正义观念中的“平等并不是一种机械的平等，而是一种

① ［美］约翰·罗尔斯：《正义论》，何怀宏、何包钢、廖申白译，中国社会科学出版社1988年版，第1页。

② ［古希腊］亚里士多德：《政治学》，商务印书馆2009年版，第148页。

比例的平等”。美国社会学家莱斯特·沃德（Lester Frank Ward）主张，正义存在于“社会对那些原本就不平等的社会条件所强行施予的一种人为的平等之中”。[①] 比利时法学家佩雷尔曼认为，“不管人们出自何种目的，在何种场合使用‘正义’的概念，正义总是意味着某种平等”。[②] 与承袭亚里士多德观点的传统不同，自19世纪的英国哲学家赫伯特·斯宾塞（Herbert Spencer）起，“自由”开始成为正义的核心。斯宾塞认为正义是“每个人都可以自由地干他所想干的事，但这是以他没有侵犯任何其他人所享有的相同的自由为条件的”。康德提出了类似的观点，认为正义是“一些条件之总和，在那些条件下，一个人的意志能够按照普遍的自由法则同另一个人的意志结合起来”。[③] 一些极端推崇自由主义的学者甚至将保障自由作为实现正义的唯一途径。例如，在哈耶克看来，自由意味着“我的所作所为不依赖于任何人或者任何权威机构的批准，只能为同样平等适用于人人的抽象规则所限制。”他将“集体性行动”视为一种“权宜性措施”。[④] 哈特也认为：“仅仅根据更为简单、功利的原因就能知道，对个体自由的干涉是一种邪恶，它必须要有正当的理由。”[⑤]

上述对于正义的表述不是以“平等”为核心，就是以“自由”为核心，学者将这两类表述分别称为“平等论”和“自由论”。为了更为准确地表达正义的内涵，有些学者试图沟通正义的“平等”和“自由”两个侧面。在这一过程中，苏格兰哲学家威廉·索利提出了一种协调自由与平等的方案，主张用一种普遍的教育制度来发展和指导人的精神力量与物质力量；提供各种获得生产资料与工具的途径，以使人们得到适当的职业；创设有助于个人发展的物质环境和社会环境。[⑥] 美国哲学家约翰·罗尔斯

---

① ［美］埃德加·博登海默：《法理学：法律哲学与法律方法》，邓正来译，中国政法大学出版社2004年版，第252—253页。

② 张文显：《法哲学范畴研究》，中国政法大学出版社2001年版，第202页。

③ ［美］埃德加·博登海默：《法理学：法律哲学与法律方法》，邓正来译，中国政法大学出版社2004年版，第255页。

④ ［英］哈耶克：《自由秩序原理》（上册），邓正来译，生活·读书·新知三联书店1997年版，第79页。

⑤ ［英］哈特：《法律、自由与道德》，支振峰译，法律出版社2006年版，第23页。

⑥ ［美］埃德加·博登海默：《法理学：法律哲学与法律方法》，邓正来译，中国政法大学出版社2004年版，第255页。

的正义理论将正义的“平等”和“自由”两个侧面的协调推向了一个新的高度，并概括出了正义原则的两个层次：第一个层次是：每个人对与所有人所拥有的最广泛的平等的基本自由体系相容的类似自由体系都应有一种平等的权利（平等自由原则）。第二个层次是：社会和经济的不平等应这样安排，使它们在与正义的储存原则一致的情况下，适合于最少受惠者的最大利益（差别原则）；依系于在机会公平平等的条件下职务和地位向所有人开放（机会平等原则）。对于这三个原则的适用顺序，罗尔斯认为，第一层次的原则优先于第二层次的原则，第二层次的原则中的机会平等原则又优先于差别原则，只有在充分满足了前一原则的情况下才能考虑后一原则。[①] 这一理论为生态型反贫困具体制度的构建提供了有益的指导。

首先，生态型反贫困必须符合正义的理念，体现正义的价值。一方面，生态型反贫困制度作为一项具体的政治制度和法律制度，正如庞德所言，必须要与社会理想相符合；另一方面，生态型反贫困制度肩负着保障贫困者利益、实现贫困者脱贫愿望的责任。所以，我们所构建的生态型反贫困具体制度必须符合正义的理念，体现正义的价值。其次，法的正义价值理论为构建生态型反贫困具体制度提供了理论依据。我国现行的反贫困制度已经不能满足生态保护和贫困治理双重目标的需要，在现行的经济运行环境下，更是显得无力。构建更加科学、合理，能够彰显正义理念的生态型反贫困制度既是社会的要求，也印证了社会正义的重新觉醒。

---

① ［美］约翰·罗尔斯：《正义论》，何怀宏、何包钢、廖申白译，中国社会科学出版社2001年版，第61—62页。

第三章

西部地区生态型反贫困制度体系的基本构成

制度，作为人们从事社会活动和处理社会关系的行为准则，对国家机关、社会组织以及个人行为都产生了直接而重要的影响。从西部地区的生态型反贫困进程来看，生态型反贫困制度已经存在并有所发展，但是并没有形成相应的制度体系，随着西部地区生态型反贫困工作的不断推进，内在地要求政府在制度体系方面有所完善和创新。

第一节　“社区赋权”与“个体补偿”：生态型反贫困制度体系的基本架构

生态型反贫困制度体系是一个庞大的制度系统，我们要在了解西部地区与生态型反贫困相关的具体制度的运行状况，确立适当的分类标准、掌握适当的分类方法的基础上，从制度选择的逻辑起点、目标体系和基本理念三个方面出发，层层递进，逐步深入，完成对该制度体系的基本架构。

一　生态型反贫困制度选择的逻辑起点

生态型反贫困制度的最终目的是保护环境和消除贫困，为了实现这一目的，我们必须确定从什么逻辑起点出发进行相应的制度选择与构建，这也是生态型反贫困制度提出的基础与前提。

通俗而言，制度选择的逻辑起点是指一项制度的“开端”或者“出发点”，要研究生态型反贫困制度选择的逻辑起点，我们必须追溯包括法学在内的社会科学研究的逻辑起点。马克思、恩格斯在社会历史的宏观背景下将社会科学研究的逻辑起点归于“人”，而且是“有经验的、现实的个人”。[①] 马克思、恩格斯指出：“全部人类历史的第一个前提无疑是有生命的个人的存在。因此，第一个需要确认的事实就是这些个人的肉体组织以及由此产生的个人对其他自然物的关系……任何历史记载都应当从这些自然基础以及它们在历史进程中由于人们的活动而发生的变更出发。”[②] 作为马克思主义理论的重要组成部分，马克思主义法学也高度重视人的研究，将人视为法律的核心问题，也就是把人定位在法律的基点这一位置之上，认为法律必须是对个人正常生活方式的维持以及对人的善良本性的保障。马克思、恩格斯指出：“既然人是从感性世界和感性世界中的经验中汲取自己的一切知识、感觉等，那就必须这样安排周围的世界，使人在其中能认识和领会真正合乎人性的东西，使他能认识到自己是人。”[③] 也就是说，只有在行为人相信“别人加在他身上的外部强力就是他自己加在自己身上的强力”[④] 的时候，法律的存在才是一种合乎人性的存在。可见，从马克思主义法律思想来看，在制度选择上，“人”处于核心的位置。

国内外许多学者也持有相同或相近的观点，非常重视“人”的地位，如美国学者赞恩就曾指出：“社会本能导致了永远与人同在的根深蒂固的倾向性，向其同伴的行为看齐，取悦于与其每日相处的同伴以及被后者所取悦的欲望。这种倾向极为简单，却绝对是一切社会动物的指导规则。它是一切法律的基础。”[⑤] 美国当代著名法学家伯尔曼也曾指出：“法律不只是一整套规则，它只是在进行立法、判决、执法和立约的活生生的人。它

---

① ［德］马克思：《〈政治经济学批判〉导言》，载《马克思恩格斯选集》第 2 卷，人民出版社 1995 年版，第 1 页。

② ［德］马克思、恩格斯：《德意志意识形态节选》，载《马克思恩格斯选集》第 1 卷，人民出版社 1995 年版，第 67 页。

③ ［德］马克思、恩格斯：《神圣家族》，载《马克思恩格斯全集》第 2 卷，人民出版社 1995 年版，第 166—167 页。

④ 同上书，第 229 页。

⑤ ［美］约翰·麦·赞恩：《法律的故事》，刘听、胡凝译，江苏人民出版社 1998 年版，第 22 页。

是分配权利与义务，并据以解决纷争，创造合作关系的活生生的程序……法律能够为社会提一种结构，一种完型，它需要维持内部的聚合，它一贯与无政府状态为敌。”① 可以说，法律产生与发展的动力，都来源于人类本身，它并非凭单个人的智力就能完成的制度构造，在法律历史的长河中，人们以自己的智慧、行为对法律产生做出了巨大的贡献。在国内，杜飞进先生曾指出，“现代法学应当是人学”，人的需要是法的依据、法的出发点，也是法的目的、法的归宿。“只有从人入手，以实现人的目的为法学的最高目标，以推动人的全面解放和自由发展为法学的价值取向，以人的多方面多层次的不同需要为建构现代法学体系的内在逻辑依据，法学才能真正达到科学的境界。”② 胡玉鸿先生也曾指出：“只有将人作为法学研究的逻辑起点，才能够真正彰显人的主体地位，也才能够使法律真正成为保障人的自由的制度建置。”③ 因此，生态型反贫困制度选择的逻辑起点也应当是“人”。

包括法学在内的社会科学的研究必须以“人的类型”作为研究的出发点，那么，生态型反贫困制度选择逻辑起点的“人的类型”是什么呢？我们较为赞同理性选择理论的创始人美国学者詹姆斯·S. 科尔曼教授所提出的“理性人”假设，即生态型反贫困制度选择的逻辑起点应当为“理性人”。“理性人”的含义是指“对于行动者而言，不同行动（在某些情况下是不同的商品）有不同‘效益’，而行动者的行动原则可以表达为最大限度地获取效益”④。“而这种‘效益’并不只局限于狭窄的经济领域中，还包括政治的、社会的、文化的、情感的等众多内容。其价值取向不一定是经济目的或者自私自利，也可以包括利他主义、社会公平、爱国主义等价值观。”⑤ 针对“理性人”假设，有些学者认为并非所有的行动都是合理性的，还存在着一些其他的行动，如习惯性行动、由感情冲动引起的行动等。科尔曼认为，在理解“理性人”概念时，必须从行动者的角

① ［美］伯尔曼：《法律与宗教》，梁治平译，生活·读书·新知三联书店 1991 年版，第 38 页。

② 杜飞进：《论现代法学之重构》，《天津社会科学》1995 年第 1 期。

③ 胡玉鸿：《法学方法论导论》，山东人民出版社 2002 年版，第 353 页。

④ ［美］詹姆斯·S. 科尔曼：《社会理论的基础》，邓方译，社会科学文献出版社 1999 年版，第 18 页。

⑤ 同上书，第 19—20 页。

度来理解他们的行动，即“局外人认为行动者的行动不够合理或理性，并不反映行动者的本意。用行动者的眼光来衡量，他们的行动是合理的”①。然而，由于“理性人”假设并不排除经济因素，甚至把经济因素作为重要的考量因素，但是不能将其等同于经济学领域的“经济人”假设，两者存在一定的差别，尤其在核心内涵上，“经济人”的产生是对个人能力的认可和人的解放，以及对政府权力的限制，对政府“守夜人”的角色定位，这就决定了在人们的社会经济活动中，“经济人”的行为以“个人本位”为主导；而“理性人”建立的深层次基础则是将个人视为社会性存在，视为紧密社会关系网的构成部分，具有深厚的社会连带色彩，在适用理性人判断案件的过程中，理性人行为以“集体本位”为主导。当个人利益与集体利益相冲突时，“经济人”倾向于前者，而“理性人”倾向于后者。

詹姆斯·S. 科尔曼教授的“理性人”假设对于分析贫困者的行动具有指导意义，在科尔曼教授看来，个体行动的动因在于获得利益（不仅仅包括私利，还可能包括非私利的其他利益），并在此基础上将个体的行动划分为不同的类型，包括：“（1）个体为了满足个人利益而控制其能够从中获利的资源；（2）个体控制能使其获利最多的资源；（3）个体控制着能使自己获利的资源，但是却对这种控制实行单方转让。”② 从“理性人”的角度来看，一方面，为了生存而破坏性地利用自然资源是贫困者的理性选择，而另一方面，在生存权和发展权无法得以维系的情况下，放弃保护环境的努力，也是贫困者的理性选择。

制度的构建过程实质上是一个利益衡量的过程，是一个不同利益集团、利益主体的矛盾冲突和博弈的过程。马克思曾明确指出“人类奋斗所争取的一切，都同他们的利益有关”③。而以人为基础，边沁曾指出：“每个人总是追求他所认为的幸福。所以，立法者的职责是在公共利益和私人利益之间造成调和。”④ 由此可见，在进行生态型反贫困的制度选择时应

① ［美］詹姆斯·S. 科尔曼：《社会理论的基础》，邓方译，社会科学文献出版社 1999 年版，第 22 页。

② 周长城：《科尔曼及其社会行动理论》，《国外社会科学》1997 年第 1 期。

③ ［德］马克思、恩格斯：《第六届莱茵省议会的辩论（第一篇论文）》，载《马克思恩格斯选集》第 1 卷，人民出版社 1995 年版，第 82 页。

④ ［英］伯特兰·罗素：《西方哲学史》，马元德译，商务印书馆 2006 年版，第 329 页。

以“理性人”为逻辑起点，在对每个人基本权利和尊严尊重与保障的基础上，通过以人为本的制度安排影响个体的理性选择，实现保护环境和消除贫困的双重目标。

二　生态型反贫困制度选择的目标体系

通过制度构建来应对生态贫困的问题，既体现了对生态型反贫困政策稳定性的保障，同时也体现了制度对于贫困者及其他弱势群体的人文关怀，我们认为，构建西部地区生态型法律保障制度体系的目标要求主要反映在两个方面：一是法律的实质正义价值；二是实现利益的共生与共进。

正义是社会制度的首要价值，正像真理是思想体系的首要价值一样。[①]正义可分为形式正义和实质正义两大类。在社会制度运行的过程中，形式正义应该具有优先的地位，因为任何社会目标的最终实现首先应当从制度本身的实现入手，只有在民主的环境下，一项制度本身对于社会上每一个人都是平等的和一视同仁的，才能避免人们对该项制度的形式公正性的怀疑，才能使该制度具有原初的、表面上的正义，使人们对该项制度的服从具有最基本的合理性。[②] 每个人都被平等地对待，社会给每个人的机会都是均等的。然而，这种过程的公平却因为每个人天赋、环境以及社会政策等影响因子的不同而无法实现结果的公平，甚至会导致贫富严重不均等不公正现象的出现。鉴于此，人们开始呼唤实质正义，以期实现正义的最终诉求。

法律的实质正义价值应该包括以下三层含义，即社会强势群体、强势者的权力与过度膨胀的利益需求应得以抑制和平衡；私权利，尤其是基本的生存和发展权利，应该得到充分的尊重和保护；包括贫困者在内的弱势群体的利益应得到特殊关切与保障。上述价值追求在宪法、经济法以及劳动与社会保障法之类的部门法中体现得较为明显，而反贫困法制更多地应当属于经济法的范畴。经济法是以社会为本位，以国家干预为手段，以最终实现社会整体经济可持续发展为目的的法律部门。[③] 反贫困所要求的公

---

① ［美］约翰·罗尔斯：《正义论》，何怀宏、何包钢、廖申白译，中国社会科学出版社2001年版，第8页。

② 白杨：《经济法对实质正义的实现》，《重庆科技学院学报》（社会科学版）2010年第14期。

③ 肖顺武：《论经济法的精神》，《经济法论坛》2005年刊。

平协调发展和社会整体利益正好与经济法的目标、宗旨和价值相契合。贫困表现为不平等、不均衡和能力的被剥夺，反贫困实质就是政府运用相关手段对社会资源的再分配、对不平等权利的矫正、对缺失能力的补强，其最终追求的目标是实现社会整体利益的公平与协调，而所有这些也正是经济法实质公平和协调可持续目标的重要表现。

因此，法律的实质正义价值就要求在构建西部地区生态型反贫困制度体系的过程中确保公众利益诉求的平衡。尤其针对贫困者等弱势群体通过制度设计为他们的利益表达和实现提供渠道和保障。同时，积极促进行政的民主化，通过合理的制度促使决策和执行部门能够在公共资源配置中充分考虑贫困者的需求。

立足个体层面而言，由于每个人，或者说不同社会阶层的人的需求和幸福观不同，人与人之间存在多样的利益需求。然而，生存利益是每个人最基本的诉求。在满足了基本生存需求之后，继而产生发展的需求、体面生活的需求等。而发展需求，人们对体面生活的追求，首先涵盖了在生存需求基础上的利益追求，即我们的生活应足以让我们生存下去；在满足了这一需求的基础上，继而开始对发展利益的追求。从大的角度看，利益还可以分为三大类，即个人利益、公共利益和社会利益。多元主体拥有更加多样化的利益，而且利益之间会产生冲突与矛盾。

法学家耶林认为，法律的最高任务是平衡各种利益。利益是权利的基础，是法律产生的原因。正如亚里士多德所指出的："要使事物合于正义(公平须有毫无偏私的权衡。法律恰恰正是这样一个中道的权衡。"① 贫困问题之所以复杂，正是因为它涉及的多元利益抉择与冲突更加复杂与尖锐。生存利益与发展利益，都是反贫困需要权衡并协调的利益关系。

生存利益与发展利益之间就本质而言并不存在冲突，在基本生存都得不到保证的情况下，对发展利益的追求简直就是奢谈，两者之间不仅不冲突，而且在顺序上有先后，在保证了生存利益的前提下，才能追求发展利益。构建西部地区生态型反贫困制度体系的基本目标之一就是实现两者的和谐共存。

① ［古希腊］亚里士多德：《政治学》，吴寿彭译，商务印书馆 1997 年版，第 159 页。

三　生态型反贫困制度选择应遵循的基本理念

理念是人们认识事物、处理矛盾所一贯依靠的内心确认。反映到生态型反贫困制度选择上开发与最低生活保障制度衔接领域，理念就是贯穿整个具体环节的最高思想指引。具体而言，生态型反贫困制度选择过程中应遵循的核心理念主要包括公平理念、秩序理念、人权理念与生态理念。

第一，公平理念。公平主要是指公正，一般而言，公正即不偏不倚地对一切有关的人公正、平等地对待，但是在反贫困领域，这种公正却体现为一种补偿性的公平，是对社会发展进程中不同利益和相对力量不同的行为主体的利益变化结果的一种纠偏，改变的结果是要更利于实现社会公平。具体到生态型反贫困制度选择过程中，主要表现为通过国家给予某种补偿，实现对贫困者生存、发展权利的保障。

第二，秩序理念。从一般意义上说，秩序主要指社会秩序，是表示人类社会处于有序状态的一个概念，即人类社会生活中存在的规律性、稳定性和有条不紊的状态。可以说，一定的秩序既保障着人的生存，也保障着人的发展，社会一旦从有序转入无序之中，人的生产劳动就会被干扰甚至被迫停止，人的发展也就会相应减缓或停滞。在生态型反贫困制度选择过程中，要秉承秩序理念，既要充分考虑贫困者的生存需要，为社会有序运行奠定基础，又要考虑贫困者的发展需要，最终促进社会的稳定和有序发展。

第三，人权理念。通俗来说，人权就是人所应当享有的权利，在反贫困领域，这种人权被具象化为生存权和发展权，而在生存权与发展权的保障中，又产生了许多具体的权利。在生态型反贫困制度选择过程中，秉承人权理念，所面临的关键问题就是，通过生态型反贫困的具体制度，明确贫困者的生存权与发展权所派生出来的，贫困者所应当享有的具体的权利。

第四，生态理念。生态理念是指人类对于自然环境和社会环境的生态发展以及生态保护的观念，涉及的人类社会环境与自然环境的相互关系。它是以自然规律为标准，以资源环境承载力为基础，以可持续发展为目标的资源节约型、环境友好型、尊重自然、爱护自然的生态文明的观念。在生态型反贫困制度选择过程中，我们要秉承生态理念，通过生态型反贫困的具体制度设计，提高贫困者保护环境的意识，引导贫困者主动保护环境。

第二节　以"社区赋权"为中心的生态型反贫困基本制度

社区（community），通常是指在一定的地理区域范围内由同质人口组成的具有价值观念一致、关系密切、出入相友、守望相助等特征的社会群体。伯纳德·亚克（Bernard. Yack）指出，社区主要包括四个方面的特征：一是组成共同体的个体在一些重要方面具有差异性；二是共同体的成员分享某种共同的东西；三是共同体成员所从事的活动与其共享有关；四是共同体的成员之间存在维系的纽带。[①] 赋权（empowerment）是赋予个人或群体权力或权威的过程。在现实生活中，由于社会利益的分化和制度安排等原因，处于社会底层或社会边缘的弱势群体总是缺乏维权和实现自我利益主张的权力和能力。[②] 赋权与"去权"（disempowerment）和"无权"（powerlessness）密切相关。"去权"是指受外部要素制约，某些个体或人群未能享受其应有的社会资源。[③] "去权"概括为三个层面：贫困者相较于他人无法获得生活必需资源的社会层面"去权"，无明确纲领和发言权的政治层面"去权"，以及贫困者屈从于权威、自觉毫无价值且已内化的心理层面"去权"。[④] 阿马蒂亚·森（Amartya Sen）从权利方法视角将贫困、饥荒视为"权利失效"的结果。[⑤] 森认为，贫困、饥荒的出现并不仅仅是因为粮食供给的匮乏，而是对贫困者支配粮食的能力具有决定作用的权利失败的发生。"如果一群人无法确立支配足够数量食物的权利，

① Bernard Yack, *The Problems of a Political Animal: Community, Conflict, and Justice in Aristotelian Political Thought*, University of California Press, 1993, p.29.

② 范斌：《弱势群体的增权及其模式选择》，《学术研究》2004 年第 12 期。

③ 郑广怀：《伤残农民工：无法被赋权的群体》，《社会学研究》2005 年第 3 期。

④ ［加］约翰·弗里德曼：《再思贫困：赋权与公民权》，《国际社会科学杂志》（中文版）1997 年第 2 期。

⑤ ［印］阿马蒂亚·森：《贫困与饥荒》，王宁、王文玉译，商务印书馆 2001 年版，第 25 页。

那么他们将不得不面临饥荒。"[1]"去权"的历史和社会过程导致了弱势群体的无权状态，要想改变这种状况，只能通过权力赋权的途径进行重新再分配。[2]然而，在生态型反贫困的过程中，基于贫困者自身的情况，我们如果仅仅将权力赋予贫困者，而不加以引导的话，相应的权力必将被束之高阁，无法在反贫困过程中发挥其应有的作用。为了避免这种情况发生，我们应当加强贫困社区的建设，赋权于贫困社区，在贫困社区的主导下开展有序、充分的反贫困活动。通过这一过程，贫困社区能够支配和利用影响他们生存与发展的资源，并享有控制和决定这些资源利用方式和管理方式的决策权。这意味着贫困社区在有关政府部门和非政府组织的支持和帮助下，将对任何发展项目的提议、规划、实施、管理、维持和评估等履行主体的权利、义务和责任。为了达到这一目标，我们必须加强自然资源物权制度、生态资源社区共管制度和生态产业制度等以"社区赋权"为中心的生态型反贫困基本制度的建设，赋予贫困社区在管理自然资源和发展生态产业方面的权力，引导社区的贫困者逐步采用更适合于本地具体条件和更可持续的方式来利用资源，在保护本地生态环境的同时，使贫困者获取更多的收入并提高生活质量。

一　"社区赋权"的实践基础：自然资源物权制度

人类社会的发展离不开自然资源的开发利用，因此，自然资源的归属问题不容回避。那么，如何界定自然资源？蔡守秋教授认为"自然资源是自然形成的可供人类利用的一切物质和能量的总称"[3]。自然资源具有自然性、有限性、经济性及生态性等特点。诸如土地、森林、草原以及矿藏等自然资源既具有经济价值，又具有生态价值，人类自古以来更多地依赖自然资源的经济价值以谋求或改变自己的生存状况。随着人类生产力的发展，自然资源的有限性和稀缺性日益受到人们的重视，尤其是对于主要依靠自然资源获取生存利益的贫困者而言，自然资源的权利获取及可利用状况与他们的生存发展休戚相关。尽管如此，为了私利滥用及破坏自然资源

---

① ［印］让·德雷兹、阿马蒂亚·森：《饥饿与公共行为》，苏雷译，社会科学文献出版社2006年版，第24页。

② 陈树强：《增权：社会工作理论与实践的新视角》，《社会学研究》2003年第5期。

③ 蔡守秋主编：《环境法教程》，高等教育出版社2004年版，第273页。

的现象愈演愈烈，“公地的悲剧”屡见不鲜。究其原因，在产权划定不明晰的情况下，仅仅依靠各自为政的单项自然资源立法，无法实现对自然资源的持续利用及有效保护。大批经济学家和法学家的研究成果以及国外的实践经验证明，设立自然资源物权制度是明晰产权的必然选择。

（一）自然资源物权概述

所谓物权者，系指特定之物归属于一定权利主体之法律地位而言的。[①] 2007 年 3 月 16 日，第十届全国人民代表大会第五次会议通过的《物权法》明确规定：“物权，是指权利人依法对特定的物享有直接支配和排他的权利，包括所有权、用益物权和担保物权。”《物权法》调整的物权关系，主要包括三个方面：一是物属于谁，即通过明确物的归属来明晰产权；二是物的权利人对物享有哪些权利，即明确权利人对物的支配和排他权；三是怎样保护物权，侵害物权者要承担哪些民事责任。《物权法》第 8 条的规定“其他相关法律对物权另有特别规定的，依照其规定”为自然资源物权法律制度留下了空间。有不少学者提到了“自然资源物权”的概念，界定了土地使用权、矿业权、林权等概念，但对“自然资源物权”这一概念至今没有形达成统一、明确的共识。

彭万林教授认为，自然资源物权是指以自然资源为客体的物权，是权利人为满足其权益需要，对自然资源依法或依合同所享有的直接支配与排除妨碍的权利。[②] 剧宇宏认为，自然资源物权的内容不仅包括早期的对于自然资源的占有、使用、收益和处分，还包括后来用于对自然资源的保护、改善、合理、利用和可持续开发利用。[③] 宋宗宇与胡海容认为，自然资源物权是一组性质有别的权利总称，实际上是指与自然资源的开发、利用密切相关的一类权利的总称，而不是属性相同的单一权利的称谓。[④] 该观点说明自然资源物权不是某单一权利的概括，而是一系列权利的结合，不同类型的自然资源形成的是不同类型的自然资源物权。崔建远教授认为，自然资源物权，并非单一的物权类型，而是以自然资源为标的物的一

---

① 谢在全：《民法物权论》（上册），中国政法大学出版社 1999 年版，第 14 页。

② 彭万林：《民法学》，中国政法大学出版社 1999 年版，第 233 页。

③ 剧宇宏：《论自然资源权——以可持续发展为视角》，中国法学会环境资源法学研究会 2003 年年会论文。

④ 宋宗宇、胡海容：《自然资源物权制度研究》，中国法学会环境资源法学研究会 2004 年年会论文。

群物权的总称。同时，他认为难以就自然资源物权的积极特征立论，即便硬性地抽象、概括出所谓的一般理论，对于部门法来说实在的意义有限，不如注重类型化的思考和研究，分别探讨自然资源所有权、探矿权、取水权、养殖权、捕捞权等具体的自然资源物权，可能更具实效。[①] 黄锡生教授借用我国《物权法》中“物权”的定义，将自然资源物权定义为“自然资源物权是权利人为满足其权益需要，对自然资源依法或依授权所享有的直接支配与排除妨碍的权利”[②]。周珂教授并没有直接给出自然资源物权的定义，而是先定义了自然资源物权化，认为自然资源物权化是指在尊重自然资源的自然属性和经济规律的基础上，通过国内立法赋予自然资源物权人依法或者依合同取得、在法律规定的范围内按照自己的意志支配法定自然资源、享受其利益并排除他人干涉的特定民事权利的过程。[③]

可见，尽管学者们经常提到“自然资源物权”，但是其概念仍不明确，学者们的观点也不尽相同。学界对于“自然资源物权”至今未形成通说的根本原因在于与民事物权之间的差异令其难以准确界定。由于自然资源具有经济性和生态性双重属性的特点，在资源可持续利用的宗旨和前提下，自然资源物权难以满足民事物权的全部特性。自然资源物权人占有、使用、支配自然资源，行使权利的同时还必须履行对自然资源的生态利益进行保全的义务，同时自然资源物权人的自由转让权利也是受到约束的。从增进公共利益和公众福祉的角度出发，国家有必要采取转让登记等措施适当干预，以确保新的自然资源物权人合理开发利用自然资源。设立自然资源物权制度对于环境保护以及对生态型反贫困实践的基础性意义就在于明晰产权，因此，我们认为，在生态型反贫困制度的框架下，自然资源物权是贫困者权利与义务的统一体，是指在尊重自然资源的本质属性和经济规律的基础上，贫困者依法享有支配法定自然资源、享受其利益并排除他人干涉的权利，依法负有生态环境保护与促进自然资源可持续利用的义务。

具体而言，自然资源物权的特征主要表现在以下几个方面：一是权利

---

① 崔建远、彭诚信、戴孟勇：《自然资源物权法律制度研究》，法律出版社 2012 年版，第 5 页。

② 黄锡生：《自然资源物权法律制度研究》，重庆大学出版社 2012 年版，第 36、37 页。

③ 周珂、翟勇、阎东星：《中国和平崛起与自然资源物权化》，http：//www. jcrb. com/zyw/n452/ca326160. htm。

属性的用益性。自然资源的用益物权属性在《物权法》第三编“用益物权”中得以确认，第122条、第133条分别规定了几种常见的用益物权，确定了自然资源物权的用益性。虽然这些资源客体较为特殊，但是按照《物权法》的制度安排，都直接适用传统的用益物权制度。[①] 虽然《物权法》没有进一步明确使用“自然资源用益物权”这个名称，但是自然资源物权的用益物权属性确得到了确立。二是独立性。自然资源物权的独立性主要表现在两个方面：其一是适用法律的独立性，自然资源物权的权利主体、效力、类型和内容由专门的法律加以规定，只有在自然资源法律没有规定的时候，才能适用民法、物权法等一般法的相关规定；[②] 其二是权利义务的统一性。即获得权利的同时背负义务，权利主要表现为独立支配权、绝对保护权，包括占有、使用、收益、处分、保护、改善、管理、可持续利用等。而义务主要表现在四个方面：其一是对自然资源所有权人的义务，不得随意改变自然资源的用途；其二是市场需求与政府规划的限制，自然资源物权人应当按照市场对自然资源产品的需求量来利用自然资源，同时根据市场供求关系的变化，政府也会出台相应的规划防止市场失灵，权利人的行为也受到该规划的限制；其三是“物权社会化”的限制，自然资源物权的行使不得侵害或者危及他人权利之行使；其四是合理有效地利用自然资源、保护生态环境，保持自然资源可持续利用的义务。三是权利配置的二元性。自然资源物权的初始配置是行政配置，由政府代表国家与市场主体通过谈判、协商、拍卖、招投标等形式，对特定自然资源的利用与保护达成一致意见，以行政合同的形式规范双方的权利义务，这是由我国公有制为主体的经济基础所决定的，也是防止国有资产流失的必然要求。自然资源物权的二次配置是市场配置，自然资源物权人依照法定条件和程序，将所持有的自然资源物权通过转让、赠与、出租、担保等形式获得收益，是自由意志的体现。行政配置与市场配置共同构筑了我国自然资源物权制度基本框架，保障自然资源的合理利用、永续利用、生态环境品质的优化。[③] 四是权利主体的双重性。我国的自然资源归国家或集体所

① 刘婷：《自然资源开发利用权的市场化研究》，硕士学位论文，山东师范大学，2009年，第27页。

② 章鸿：《自然资源物权制度研究》，硕士学位论文，福州大学，2006年，第30页。

③ 同上。

有，也就是说自然资源物权的所有权人是国家或集体，这一点是毋庸置疑的。然而，在相关制度滞后的情况下，一方面，自然资源国家所有权实际上是由各级政府或者政府的各个部门行使，由于地方利益和部门利益的存在，在主体和利益统一的自然资源国家所有权主体之下，出现了有着不同利益的多个权利行使主体，这些权利行使主体的行为在实践中往往会严重背离自然资源所有权主体的利益目标，于是，国家所有的自然资源所有权在行使中，其所有权主体实际上被虚化，权利主体利益被地方化或部门化。另一方面，自然资源集体所有权主体虚位的现象更加突出，以现行法律规定的农村土地的所有权主体——农民集体为例，农民集体不是某个具体的人，而是作为人的集合体存在，但在现实中，这个集合体尚未形成一个实体，不符合民事主体的要求，不能成为所有权的主体，这就产生了自然资源集体所有权的主体虚位现象。针对这一问题，在用益物权模式下，承认自然资源为国家或者集体享有所有权，其他组织或个人通过设立用益物权来实现对自然资源的占有、使用和收益的方式较为可行，这样就促使了作为自然资源物权显性权利人的国家或集体与作为隐性权利人的其他组织或个人双重权利主体的出现。

（二）自然资源物权制度对于生态型反贫困的价值

贫困者需要利用自然资源以谋求生存和发展，而强势群体往往从自身利益出发以保护环境为名忽视贫困者的生存和发展权益，因此，只有设立自然资源物权制度，通过贫困社区统一管理，进一步确立赋予贫困者平等享有自然资源和利益的权利，才能彰显对贫困者生存权利和发展权利的优先考虑，以及对贫困者群体基本需求和基本权利的人文关怀。所以，通过完善自然资源物权制度，将权利赋予贫困者和贫困社区，是“社区赋权”得以实现的基础性制度。

第一，自然资源物权制度是生态型反贫困的基础制度支撑。自然资源物权制度是对现有制度中的国家所有权保留，并对集体所有权进行改造。可以说，其克服了当前对于自然资源保护的法律杂乱无章、保护及利用落实不尽且多为债权性保护的现状，是对我国现行的自然资源的国家所有和集体所有的二元所有制结构的一种合理改造。具体到生态型反贫困的制度框架下，这种改造将贫困地区的自然资源收益回归贫困社区，并进一步返给贫困者，使普遍的贫困个体均能获益，促进了反贫困目标的实现。

第二，自然资源物权制度是生态型反贫困的价值追求方式。自然资源物权制度包括政府、市场与公众三元主体参与，这在很大程度上丰富了反贫困的主体，与以往的自然权属相比，增加了市场参与、公众参与，扩大了主体范围，更能体现反贫困的社会性。具体而言，正是由于单靠市场、政府以及个人的力量无法从根本上解决由于生态环境破坏而衍生出来的贫困问题，所以生态贫困问题逐渐为人们所重视，“生态型反贫困”的概念也应运而生，旨在通过具体制度促成政府、市场与贫困者个人的相互协调与合作，引导全社会的共同参与，彻底解决生态环境恶化所引发的贫困问题。在生态型反贫困的具体制度框架下，一方面，自然资源物权制度能够赋予自然资源物权人开发利用自然资源的权利，促进社会共同福利的获得，进而实现社会共同发展；另一方面，自然资源物权的权利人承担的生态义务，更是为了社会公共利益之实现，维护环境资源公共利益，进而达到生态型反贫困的目的。

第三，自然资源物权制度是生态型反贫困的权能协调手段。一般而言，权能是一种手段，是指权利人为了实现其权利背后的利益而采取的手段。具体到所有权而言，其权能主要包括积极权能和消极权能两个部分，其中积极权能包括所有权人对自己的动产或不动产所依法享有的四大权能，即占有、使用、收益和处分权能，消极权能与之相对应，指为排除他人干涉的权能。由于自然资源使用权能独立，与其所有权权能分离，所以自然资源物权不具有普通所有权所具有的处分权能，再加之行政命令在其中发挥的巨大影响，使得自然资源物权内容不稳定，完整的物权效力也无法得以充分发挥。为此，只有明确自然资源物权中使用、收益和处分等积极权能的范围，兼顾其经济价值和权利人的利益，在合理运用国家权力的基础上，明确自然资源物权的法权性，理顺权利流转的具体路径，提高各权利主体的积极性，才能最终确保自然资源开发、保护、改善和管理权能的实现。这不仅是自然资源物权自身价值得以实现的基本途径，也是实现生态型反贫困基本理念的协调手段。

（三）设立自然资源物权制度应遵循的原则

基于自然资源物权的特征和对于生态型反贫困的价值，在自然资源物权制度的设立过程中，可以在国家或集体基于法律规定对自然资源原始取得的基础之上，通过民法所认可的各种所有权移转方式，实现作为交易客体的特定部分自然资源的所有权由国家或集体向贫困社区或贫困者个人的移转。同时，在自然资源物权制度的设立过程中，应当遵循以下原则：

1. 自然资源利用与保护并重原则

生态文明是一种新的生存和发展理念，其标志是自然资源的永续利用和良好的生态环境，它强调人与人、人与自然和人与社会之间的和谐共生。自然资源具有有限性，而人类社会的需求具有无限性，两者之间存在尖锐的矛盾冲突。为了解决这一矛盾，有不少学者提出了“绿色民法”的概念。所谓绿色民法，就是说在民法中将具有强烈公益性质的生态性理念与具有同样强烈私益性质的自治性理念相结合，将环境保护的意识、义务贯彻到民法当中去。① 自然资源物权制度的设立需要同时兼顾自然资源的经济价值和生态价值，实现物权的“绿化”。因此，利用与保护并重原则是自然资源物权制度设立过程中必须遵循的基本原则，禁止对自然资源的浪费性使用，保护自然资源的永续利用，实现经济效益、生态效益和社会效益的统一。

具体而言，自然资源利用与保护并重原则包括三层含义：第一，对自然资源物权的生态限制。所谓对自然资源物权的生态限制，是指物权人应当在生态环境容量许可的范围内进行自然资源的开发与利用，并将自然资源的开发利用活动限制在一个不损害当代人与后代人共同利益的秩序下进行。第二，对自然资源的可持续利用。经济的发展离不开对自然资源的开发和利用，关键是要走可持续发展的自然资源利用之路。所谓可持续利用是指以持续的方式利用自然资源，保持自然资源的再生和永续能力，即使再生性资源能保持其再生能力、非再生性资源不至于过度消耗并能得到替代资源的补充、环境自净能力能得以维持。第三，对自然资源的保护并行。为了实现生态文明，自然资源保护工作是发展进程中的一个不可分割的整体。经济的发展不得以破坏、牺牲环境为代价。为构建人与自然的和谐关系，应在促进经济社会发展的同时注重对环境资源的保护，应当对自然资源使用人的权利进行生态限制，即要求权利人在不损害他人对资源合理利用的前提下，在生态环境可容许的范围内进行开发利用活动；要求权利人以可持续的方式开发利用自然资源从而确保资源的永续利用能力，即使对于可再生的自然资源，也确保在其维持其再生能力的基础上开发利用，要求权利人在利用的同时附加履行自然资源保护义务。

---

① 吕忠梅：《沟通与协调之途——论公民环境权的民法保护》，中国人民大学出版社 2005 年版，第 26 页。

2. 经济效益与社会生态效益并重原则

当前，人类共同追求的发展是以人为本的“自然—经济—社会”复合系统的持续稳定发展，要达到这一目标，在自然资源物权制度设立的过程中，要充分考虑和尊重自然与生态演变的规律，综合有效地利用自然资源，实现资源的优化配置，达到最大的经济效益、社会效益和生态效益。

经济效益与社会生态效益并重原则的内涵包括以下三个方面：一是尊重自然规律和社会经济规律。在自然资源物权制度设立的过程中，应当时刻以生态规律来斟酌调整人类的某项具体规定的设计，在考虑保护当代人自身利益的同时，还必须考虑保护人类的生存条件即生态系统，考虑到人类近期或者长期利益的实现还需要有众多的环境条件作支撑，这样才能使人类的行为符合生态系统平衡的要求，才能保存人类世代的利益。二是降低物权交易经济与社会生态成本。在自然资源物权制度设立的过程中，还应通过设定具体的规定降低物权交易的经济与社会生态成本，使资源对人的效用得以最大限度的发挥，使有限的资源能够无限利用，保护人与自然之间的和谐平衡的稳定发展。三是实现自然资源的综合有效利用。所谓自然资源综合利用，是指人们在开发利用自然资源的过程中，必须注意对自然资源的综合利用和多目标开发；开发利用活动要全面规划，合理布局，开源节流，达到物尽其用，减轻或消除对人类健康和环境的危害，为人类社会和经济的可持续发展创造条件。当前，随着经济的迅猛发展，人类对自然资源的需求数量越来越大，而自然资源具有稀缺性，在一定的时空范围内能够被人们利用的资源有限，自然资源短缺紧张的问题日益突出。生态文明要求合理利用自然资源、提高资源利用率、达到资源的最有效利用，当今大多数环境污染问题是由于不合理开发利用自然资源造成的。因此，在自然资源物权制度设立的过程中，应通过具体制度的设置来解决因自然资源利用所产生的各种权利（或利益）冲突与纠纷，从而为物之效益的充分发挥和资源的优化配置提供可靠的基础和前提，让自然资源物权在生态型反贫困中的作用得以充分发挥。

3. 公平配置与平等享有并重原则

公平与平等是正义的核心理念，自然资源的公平配置和平等享有是实现环境正义的本质要求。正如日本学者户田清所说，“所谓‘环境正义’的思想是指在减少整个人类生活环境负荷的同时，在环境利益、享受环境资源以及环境破坏的负担受害上贯彻‘公平原则’，与此同时达到环境保护和社会公正这一目的"①。部分人用贫困守护我们赖以生存的地球，他们为了最基本的生存需求而陷入贫困与环境退化的恶性循环，这样的权利义务配置方式无论如何也不是正义的。

生存需求是维持和延续生命的基本需要，它是由人的自然属性决定的。为了生存所需，每个人均有利用自然资源的平等权利，因此，在自然资源物权制度设立时，亦应当遵循公平配置的原则，把握代际之间、地域之间以及社会发展的平衡点。具体而言，一方面，要保证每个公民能够公平地利用自然资源并享有其利益，对于那些由于生存所需而又同时被排除在权力体系之外的贫困者，务必要确保他们的自然资源利用和利益获取权得到特别的保障。同时，还要保障自然资源物权获取方面的机会公平，英国学者马歇尔就认为，"民事权利和政治权利的融合，它不只是试图消除社会最底层中穷人的苦恼，而且要致力于纠正社会政治和经济不平等的分配模式，将机会平等的正义原则提上了议程"②，强调"无论在社会处于什么位置，每个人都有资格享受一种积极而丰富的生活，都有权获得合理的收入"③。另一方面，就我国的具体国情而言，由于各地的地理、自然资源、经济、政治、文化、历史、传统、习惯和人文景观等均具有其独特的一面，在自然资源物权设立时，还应当关注区域公平和城乡公平，实现自然资源利益的公平配置、平等分享。

二　"社区赋权"的运行方式：生态资源社区共管制度

生态资源是经济与社会发展的重要物质基础，更是贫困社区中的广大贫困者赖以生存和发展的重要物质保障。在我国的西部地区，大多贫困社区有着独特的自然景观和自然资源，与我国政府设立的自然保护区相重合，但贫困社区的主要劳动对象是自然生命体，这就使得贫困社区给自然保护区的生物多样性带来了严重的威胁，在严重制约经济和社会发展的同时，加剧了该贫困社区的贫困程度，而社区的贫困又反过来加剧了生态资

① Robyn Eckersley, *Environmentalism and Political Theory: Toward an Eccentric Approach*, Albany: State University New York Press. 1992, p. 57.

② ［英］T. H. 马歇尔：《公民权与社会阶级》，刘继同译，《国外社会科学》2003年第1期。

③ ［英］安东尼·吉登斯：《社会学》（第四版），赵旭东等译，北京大学出版社2003年版，第432页。

源的恶化。生态资源社区共管制度的设立是为了从具体运行方面对社区赋权，缓解社区贫困成员的生存、发展利益与生态保护之间的冲突，兼顾生态与反贫困的双重效益。

（一）生态资源社区共管制度概述

所谓“社区共管”，是指社区共同体成员共同参与有关共同体公共利益的决策和执行，管理公共事务的活动，而生态资源社区共管则更为具体，是指与生态资源相关的利益群体（主要包括生态资源的保护管理部门、地方政府、周边社区）共同参与本区域内生态资源的保护与管理，以及社区发展中各项决策的制定、实施、评估与反馈的过程，使社区内的生态资源得到有效保护的同时得以科学规划、合理利用，从而促进社区经济发展和人民生活改善的一种方式。其具体包括以下几层含义：第一，它是对传统的自然资源封闭式保护模式的革新，改变了过去以自然保护区为主要形式的孤岛式发展模式；第二，它使得与生态资源相关的社区组织、社区成员都参与到有关切身利益的生态资源管理决策中，政府不再唱“独角戏”；第三，它确保了社区成员成为生态资源利用和保护真正的“主人”，共享自然资源保护的惠益。[①] 总之，生态资源社区共管制度的概念可以理解为：以实现生态资源的永续利用以及人与自然、人与人之间的和谐共生为目的，根据社区成员生存和发展的需要，把除生态资源管理机构以外的其他利益相关者也视为同等的生态资源的管理者，把孤立的生态系统变为开放的经济社会生态系统，以各种途径和方式来促进生态资源管理机构与社区组织、社区成员等各利益相关者积极参与到生态资源保护与管理方案的制定、决策、运行、评估和利益共享的过程。

作为一种新兴的管理模式，生态资源社区共管无论是在参与主体的数量、主体参与的方式，还是在效益的分享方面都比传统的生态资源管理模式更具优势，其特点主要表现在以下几个方面：第一，多元性。在我国，传统的生态资源管理模式表现为政府设立自然保护区进行管理，而生态资源社区共管制度更为强调的是参与主体的多元化，主要包括了当地政府、社区成员和保护区管理机构等主体，同时所倡导的就是这三大类主体在尊重各方意愿的基础上积极主动、自觉参与到生态资源的各项管理工作中

① 刘超：《自然保护区的社区共管问题研究——基于青山垸社区共管实践》，硕士学位论文，中南大学，2013年，第7页。

来。传统的生态资源管理模式太过于强调和依靠政府职能部门的管制作用，没有将周边社区成员的力量充分发挥出来，更多是将社区成员视为被管理对象或生态资源的破坏者。而生态资源社区共管制度就是要通过社区成员的自身努力，建立起符合自己意愿的社区组织，通过社区积极参与到生态资源的管理与发展思路或决策中，成为生态资源最直接的受益群体，享受到新兴管理模式所带来的生态效益与经济效益的提升。第二，互利性。在当前的反贫困实践中，大多是通过项目扶贫的方式帮助贫困社区发展社会经济，保障贫困者的生存权，而生态资源社区共管制度的目标并不仅仅是保障贫困者的生存权，而是要在保护生态资源与促进社区发展的过程中达到两个目标：一方面，既能带动地区经济的发展，保障贫困者的生存权；另一方面，也能使社区成员的生态保护意识得到充分提升，让他们了解到科学与合理的生态保护将能够更好地促进地区经济的发展，最大限度地调动社区成员参与保护区管理活动的积极性，让他们更加自觉地投身到保护区与社区的各项管理与保护工作中来，从而使社区成员的发展权得到保障，最终达到一种生态效益与经济效益“双赢”的效果。第三，开放性。不论是在决策、交流还是管理方面，生态资源社区共管制度都更具开放性，以更为包容的态度来接受各方力量的参与。我国传统的生态资源管理模式往往都只是由学者和相关科研人员对当地情况进行详细的调研，并在此基础上提出切实可行的发展方案，然后直接推荐给当地主管部门，其决策方式属于典型的“自上而下”型，在这种方式中，周边社区成员完全无法参与到管理方案的设计和制定中去，他们的想法和利益诉求也根本无法在管理方案中得到重视与体现，只能是简单地扮演着被动参与者的角色。而在生态资源社区共管制度中，开放性的特点表现为它可以使得各相关利益群体自主地形成合作与协调的促进关系。保护区与社区、社区居民、资助机构等社会各阶层通过信息上的平等交流，技术中的相互帮助，经验上的相互传授，建立起良好的合作机制，形成良性的“自下而上”的决策形成方式，积极带动各方力量来为生态资源的保护和发展做出贡献。

我们若想要成功赋权于贫困社区，提高自然资源社区共管的水平，促进生态型反贫困的发展，需要培育贫困社区的社会资本、提升贫困社区综合发展的能力及观念，以贫困者为主体管理本地生态资源，促进贫困社区发展，同时参与政府、自然保护区管理局等部门的决策、管理和监督，实现真正意义上的民主参与、自我管理、公平监督的自然资源社区共管。一是在选择社区发展项目时，可以采取参与式的方法，通过贫困社区的引导，让贫困者充分参与其中；二是在组建社区共管的组织时，要充分运用“公平、公正、公开”的“三公”原则，提高贫困者的主人翁意识，凸显贫困者的主体地位，促使贫困者自发、自觉参与，凝聚社区群体精神；三是保障作为贫困者利益代表的贫困社区与政府、自然保护区管理局等部门直接对话、平等交流、充分沟通与谈判，切实维护贫困者的利益，推动自然资源共管与贫困社区建设的综合发展；四是多方参与订立社区共管章程、公约，促进社区贫困者或直接参与资源管护，或通过社区共管组织行使资源管理重要事务的决策、规划、实施、监督、收益分配权利。

（二）生态资源社区共管制度对于生态型反贫困的价值

在生态型反贫困的进程中，生态资源社区共管制度的出现和发展有着其必然性，这一制度不仅是促进生态资源保护的重要手段，更是各方利益得以协调的首选之路。生态资源社区共管制度对于生态型反贫困的价值主要体现在以下几个方面：

第一，生态资源社区共管制度与生态型反贫困之间存在不可分性。当前，为了更好地保护生态资源，我国成立了为数不少的自然保护区，这些自然保护区与社区成员之间存在着天然不可分的联系，社区成员传统的生活方式对自然保护区形成依赖，而自然保护区也是在社区成员祖祖辈辈生存的土地上建立起来的。强行限制当地社区对生态资源的利用，社区成员的生存权和发展权很难得到好的保障，很容易使社区成员陷入贫困，也很容易引发自然保护区管理机构与当地社区成员的矛盾。同样，如果没有当地社区成员，特别是在保护区内或周边居住的社区成员的参与，自然保护区管理体制是不够高效的。因此，自然保护区在确定土地权属和利用生态资源时，与当地社区尤其是贫困社区合作，让社区成员尤其是贫困者参与保护区的管理，在保护生态资源的同时不失为一种有效的反贫困方式。

第二，生态资源社区共管制度是应对现有生态资源利用、管理模式弊端的必由之路。在已有的生态资源利用和管理模式中，生态资源的利用主体和管理主体存在着不一致的情况，在这样的情况下，利用主体迫于生存会对资源进行掠夺式开发，破坏生态环境，也使得自然保护区的管理工作陷入困境，同时，自然保护区采取的是封闭式管理体制和无偿（或低价补偿）的强制性征地政策，在很大程度上损害了在保护区内或周边居住的社区成员的利益。在世界自然基金会（WWF）和全球环境基金（GEF）的援助下，我国自1995年起，在部分自然保护区开展通过社区共管制度实现自然保护区与当地社区协调发展的试点工作，取得了较好的生态效益、经济效益和社会效益。由此，生态资源社区共管制度被学界认为是解决生态资源保护的有效手段，该制度以社区为主，与当地发展尤其是社区的利益有着密切的联系，且管理成本较低，改变了过去单纯依赖行政和法律手段进行管理的旧格局，自然保护区管理机构与社区成员之间由过去的管理者和被管理者的关系发展为平等的伙伴关系，自然保护区开展环境教育宣传，对社区的经济事业提供帮助，形成一种社区成员主动参与自然保护区保护和管理的良性的互动模式。

第三，生态资源社区共管制度有着巨大的制度优势。该制度既满足了社区成员，尤其是贫困者参与到关系其自身利益决策中的诉求，赋予了其知情权和决策权，又以一种更容易接受的方式来要求社区成员采取有利于保护生态环境的生产方式，更好地实现了社区成员的生存权和发展权。与政府相比，社区成为多元利益主体的最佳合作场所和协商平台，在这里更容易达成一致性的行动，从而更有利于广泛的权利人参与进来，尤其是那些传统上被边缘化的贫困者。由于具有强大的协商、参与、化解冲突的能力，所以在它的框架下能够逐步形成“本土化”的制度，同时纳入地方性的知识、经验与创造力，包括生态、文化、社会、政治与制度等方面，并且还可以整合多方面的信息与知识，包括跨生态的和跨领域的，增加沟通性和透明度，化解对项目的误解，增加社区成员的责任心、形成问责机制，而不再是“那是他们的项目”，或者与政府做“警与匪”的游戏。由自我决策、参与决策所产生出的规则在执行方面将更加有效，社区成员也更乐观与负责任。

（三）设立生态资源社区共管制度应遵循的原则

我国建立自然保护区，保护生态资源的目的是维护整个人类社会可持续发展的资源基础，而通过生态资源社区共管制度对生态资源进行有效的管护正是实现这一要求的具体体现。根据社区共管的内在要求和实践经验，设立生态资源社区共管制度应当遵循以下原则：

1. 公平原则

生态资源社区共管制度在本质上就是不同利益主体之间的一场博弈，这场博弈关乎生态资源的所有者、管理者和使用者之间利益的协调和分配。没有公平原则，生态资源社区共管这一场明显存在地位不平等的博弈将没有任何意义，将有可能导致更为严重的社会矛盾。当前，自然保护区的建立本身就或多或少地给当地社区成员的正常生活带来一定的影响，如何尽可能地避免不利影响，如何更好地在不同利益主体之间寻求一个平衡，这是社区共管需要解决的问题。公平原则，是生态资源社区共管的坚实基础，在权益划分时充分尊重公平原则，切实保障当地社区成员的合法权益，给当地社区成员提供更多参与生物多样性保护工作的权利。当地社区成员通过参加社区共管的工作或活动，有利于他们改变对生态环境和生物多样性保护的态度，增强在自然保护区保护与管理中的自觉性，促进我国环境保护的发展，同时发挥社区共管在促进当地社区经济发展上的巨大优势，减轻当地社区对自然资源的依赖程度，在较大程度上改善当地社区成员的生活，实现自然保护与社区发展的双赢。

2. 民主原则

民主最基本的要义是人民主权与民选政府，表现为人民与统治阶级之间的力量制衡，环境民主同样体现出的是一种力量的制衡，它能鼓励人们积极参与到环保事业当中，赋予人们对破坏和污染行为依法进行监督的权利。它是公民环境权在权能上的要求。生态资源社区共管制度运行的实质就是制衡，该制度是国家权力与社区权力两者的制衡，在运行中充分地保障社区成员的参与权，寻求两者权利义务的平衡，体现出环境民主化的趋势。当地社区是自然保护区保护的重要力量，生态资源社区共管制度就是要赋予当地社区双重身份，使社区成员不仅是自然资源的使用者，而且是自然资源的管理者，让他们拥有充分的参与权和发挥作用的机会。因此生态资源社区共管制度要求每一个利益相关者，不论贫富、性别和年龄的差异都可以广泛地参与其中。生态资源社区共管的每一步骤都是以民主决策为基础的，民主思想在生态资源社区共管制度实施和运行的每一个角落都有所体现。所以在生态资源社区共管制度中应当体现民主原则的相关规定。

3. 协同原则

生态资源社区共管制度充分体现出生态资源管理机构与当地社区成员的协同作战。缺少任何一方的支持与参与，生态资源社区共管制度都不能良好地运行。在生态资源管理机构的引导和监督下，生态资源社区共管制度强调周边社区成员与管理机构之间的相互合作和协商管理，以此来促进生态环境保护和社区经济的协调发展。整个生态资源社区共管制度的运行应该始终坚持协同理念。首先，生态资源管理机构要进行身份的转换，由原本的主宰者变成生态资源管理的指导者、协调者和监督者。在共管的初始阶段，通过选择试点社区和制定社区规划的过程，体现协同的思想。其次，在生态资源社区共管制度运行的计划阶段，制订社区资源管理的计划，建立生态资源社区共管委员会，在这些过程中体现出协同的思想。最后，在生态资源社区共管方案的审批和实施阶段，共同起草共管协议或者共管合同，也体现了协同的思想。由此可见，生态资源社区共管制度在每一个阶段都注重使用各方的协商，进而达到有效实施的目的。

4. 扩大性参与原则

我国《环境保护法》第5条明确规定："环境保护坚持保护优先、预防为主、综合治理、公众参与、损害担责的原则。"环境法以立法原则的形式将公众参与原则进行明确的规定。环境法作为部门法，是生态资源社区共管制度的基础，其立法中规定的立法原则也是我们在生态资源社区共管制度中应遵循的基本原则和理念。环境法的公众参与原则体现出了民主原则，除此之外，结合制度自身的特殊性和具体化，还应坚持扩大性参与原则。

生态资源社区共管制度的一项主要目标就是促进所有的利益相关者能够积极地参与自然保护区内或者是周边一些特定区域的生态资源的规划和管理。尽量扩大社区成员的参与对共管的成败具有的重要意义不言而喻。参与生态资源社区共管是一个过程，在这个过程中利益相关者可以对社区活动产生影响，并且对这些影响具有一定的控制力。生态资源社区共管项目要在实施和运行的各个环节和阶段，不论是项目的开始论证阶段，还是项目的计划、确定、设计以及运行实施和后期评估阶段，都应当为当地社区提供参与的机会，以此来鼓励当地社区成员参与到社区共管项目的所有活动中。在参与过程中，不仅要注意让当地社区参与战略性的决策，还要注意让社区成员能参与项目的日常管理工作。生态资源社区共管制度的相关项目还要利用当地的知识和技术优势，促进当地的组织机构对项目的参与，获得他们对共管项目的认同和支持。

三　"社区赋权"的发展路径：生态产业制度

随着我国经济发展水平的不断提高，人们更为依赖生态资源，对其消耗程度不断上涨。然而，我国的生态资源总量有限的现状无法改变，其与人们日益膨胀的资源需求之间的矛盾和冲突愈演愈烈。随着人类从消极的环境保护发展到积极的生态建设阶段，由预警性的环境运动发展到自觉性的社会行动，生态产业不断发展，并开始给人们提供越来越多的生态资源，在很大程度上提高了人们的生态利益和经济收益，并促使了生态产业制度的产生。

（一）生态产业制度概述

随着我国社会经济的高速发展，物质产品极大丰富，物质短缺的时代已经过去，但生态资源短缺的时代已经到来，生态恶化已成为制约经济社会可持续发展的最大瓶颈，生态资源的短缺阻碍了社会成员生态利益的切实享有，阻碍了生态利益对于社会成员尤其是贫困者的有效供给。生态产业制度要求把产业发展建立在生态环境良性循环的基础上，从而实现生态利益与经济利益的相互协调，实现生态利益的正向供给。①

国内目前对于“生态产业”的概念尚无定论，相关学者的定义大都局限于产业学和经济学的视角，主要有以下几种观点：毛德华、郭瑞芝认为，“所谓生态产业是按生态经济原理和知识经济规律组织起来的基于生态系统承载力、具有高效的经济过程及和谐的生态功能的网络型进化型产业”②。王如松认为，“生态产业是指按生态经济原理和知识经济规律，以生态学理论为指导，基于生态系统承载能力，在社会生产活动中应用生态工程的方法，突出了整体预防、生态效率、环境战略、全生命周期等重要概念，模拟自然生态系统，建立的一种高效的产业体系”③。陈效兰认为，“生态产业是依据产业生态学原理、循环经济理论及五律协同原理组织起来的基于生态系统承载能力，并具有较高的自然、社会、经济、技术和环境等五律协同的产业”④。李周认为，“生态产业在宏观层次上可以制定生态产业发展战略以及相应的法律、法规和政策，确立国家发展目标和企业行为规范；在中观层次上可以建设生态产业园区，打造企业或产业集群化、融合化和生态化的平台；在微观层次上可以展开生态技术创新和推广

① 任洪涛：《论我国生态产业的理论诠释与制度构建》，《理论月刊》2014 年第 11 期。

② 毛德华、郭瑞芝：《我国生态产业发展对策》，《湖南师范大学自然科学学报》2003 年第 3 期。

③ 王如松：《复合生态与循环经济》，气象出版社 2003 年版，第 170 页。

④ 陈效兰：《生态产业发展探析》，《宏观经济管理》2008 年第 6 期。

应用的管理，使每项任务都细化为具体的行动”①。彭宗波认为，“生态产业是按生态经济原理和知识经济规律，以生态学理论为指导，基于生态系统承载能力，在社会生产活动中应用于生态工程的方法，突出了整体预防、生态效率、环境战略、全生命周期等重要概念，模拟自然生态系统，建立的一种高效的产业体系”②。

结合生态型反贫困制度选择的基本理念，以及生态与产业两个关键，我们可以在生态型反贫困制度框架内将生态产业制度定义为，贫困者立足于贫困社区，基于社区内生态资源的承载能力和可再生资源的持续利用，而推进生态利益与经济利益协调发展的一种产业制度。可以说，生态产业制度是“社区赋权”的发展路径，是生态与经济的紧密联动、相互促进及相互作用形成的。一方面，经济活动中生态比重日渐加大，形成了广泛的经济生态化；另一方面，生态环境中经济现象日益明显，形成了广泛的生态经济化。生态产业涉及两个过程：一个是生态产业的生产过程，即将生态产业作为能够制造出满足人类物质和精神需求产品的生产活动，要求生产主体对生产工艺实行严格的控制与管理，在产品的制造过程中实现资源的低消耗、环境的零污染及生态的零破坏；另一个是生态产业的消费过程，即将生态产业作为一种产品或服务，社会成员提供者利用先进的生态技术和管理优势，为人类提供更为环保、安全和永续的产品或服务，以满足人们对生态利益的无限追求。

生态产业是把经济建设融于生态建设之中，在生态恢复和环境重建中发展经济产业，在发展经济产业的过程中实现生态资源的经济价值和生态功能。作为一个跨专业、跨领域、跨地域的产业制度，生态产业制度与其他经济部门相互交叉又相互渗透，是一个综合性的新兴产业制度，具有如下显著特点。第一，正外部性。生态产业具有正外部性是由其提供的生态产品或生态服务的公共物品属性决定的，正外部性是指一项经济活动会给社会其他成员带来好处，但却不能因此得到补偿，比如城市公园的建设提升了周边地区的房价，但却没有得到周边地区的经济补偿。③ 生态产业作

① 李周：《生态产业发展的理论透视与鄱阳湖生态经济区建设的基本思路》，《鄱阳湖学刊》2009年第1期。

② 彭宗波：《生态产业发展的理论透视与鄱阳湖生态经济区建设的基本思路》，《华南热带农业大学学报》2005年第1期。

③ 胡胜国：《资源环境产权制度研究》，《中国矿业》2010年第12期。

为准公共物品，它的主要目标是创造环境效益，具有消费的非竞争性和受益的非排他性，即社会成员不用承担生态成本，也可以自动享受到因公共物品带来的正外部效应。第二，前瞻性。生态产业制度的前瞻性主要体现在生态产业运营过程中的生态保护和可持续发展理念。一方面，生态产业制度要求人们在发展经济过程中必须注意对生态环境的保护，并将不可避免的环境污染和生态破坏限制在其自净能力范围内，使生态环境与经济发展相协调。生态产业在生产过程中，要求人们尽量选用绿色无污染的生产资料作为开发利用的对象。比如，选择水能、太阳能、风能、潮汐能等可再生资源，而对煤、石油、天然气等不可再生能源有限度地使用。另一方面，生态产业是可持续发展理论的重要实践内容。生态产业不是只顾眼前的利益，用“掠夺”的方式促进经济暂时的“繁荣”，而是以“可持续”为核心的方式保持其健康、持续、协调发展。生态产业不仅反映了人与自然和谐的关系，更反映了人与人和谐的社会关系。生态产业制度注重提高资源的利用效率，即物尽其用、地尽其力、人尽其才，实现资源的循环再生，使整个区域呈现出生机勃勃的态势。生态产业制度以生态资源的可持续使用为重点，最终反映的是人的可持续性发展的能力。第三，综合性。生态产业制度的经济效益、社会效益和生态效益的高度融合。生态产业制度把生态环境从一个被人类征服和改造的对象提升为与人类发展休戚相关的伙伴，充分体现了人与自然和谐发展的新理念。具体而言，生态产业是产业结构的调整方向和社会成员消费观念与方式的转变，是经济社会和生态环境永续发展的物质保障和技术基础。一方面，生态产业通过提供有利于人类健康的优质环境提高人类生活质量，通过保护生物多样性等途径增进社会效益，通过衡平生态资源的代内和代际的公平利用，提高生态资源的利用效益；另一方面，生态产业的发展是建立在生产技术和生产力提高的基础上的，技术创新不断地改进生态产品或服务的质量，显著增强了生态产业的市场竞争力，强烈影响了生态产业的发展前景。

（二）生态产业制度对于生态型反贫困的价值

生态产业制度作为生态资源供给的重要制度，其兴起和发展不仅是科技的进步和经济结构调整的共同作用，还是人类探索生态文明的生产、生活方式的重要举措。在反贫困进程中，生态产业制度是破解贫困社区资源耗竭与环境恶化的重要实践，是一种遵循物质循环和能量循环理念的技术创新和组织创新，可以说，生态产业制度是“社区赋权”的发展路径。

第一，生态产业制度是理顺“社区赋权”中生态资源配置的重要手段。随着生态资源配置的不断完善，生态产业制度也逐渐衍生并逐步推进，其不仅追求经济利益，还追求生态利益，要解决我国生态资源配置中存在的不平衡问题，必须打破原有的生态资源运行范式，引入贫困社区等非国有经济体参与生态资源的经营，最终形成多元化的生态产业模式。同时，生态产业制度不仅追求经济利益，还追求生态利益，能够有效地促进当地的生态资源产业化经营，推动贫困社区多元化生态产业模式的产生和发展，提高贫困社区生态资源的利用程度，达到优化生态资源配置的目的。

第二，生态产业制度是保障“社区赋权”中生态利益供给的重要手段。自生态利益进入人类视野以来，人类已不仅仅关注社会的经济发展，而是关注整个社会经济、政治、文化、生态环境等领域的全面发展。生态利益是指全体社会成员在生态环境中获取的维持生存和发展的各种益处，包含经济价值和生态功能两种利益形态。[①] 生态资源蕴含着生态利益，且多以森林、草地、湖泊、海洋等自然形态存在，面临着供需矛盾和合理开发利用的问题。由于历史、立法、管理体制等因素的影响，生态资源在我国不同地区、不同主体间的分配和实现过程中，存在着不公平与不合理之处。生态产业是化解我国生态利益供给矛盾的有效方式。人类由最初的采集、狩猎经济过渡到种植业、游牧经济，再到当今的工业生产经济，随着人口增长与生态资源短缺矛盾的加剧，产业结构和技术升级的要求也愈发的强烈。生态产业制度是化解贫困社区生态利益供给矛盾的有效方式，其通过市场调节的方式重新配置生态资源，将需求信息准确传递给生态利益的提供者，最大限度地平衡人们对生态利益的动态需求。可以说，生态产业制度是符合生态经济原理和知识经济规律的一种高效经济制度，也正是在这种制度的保障下，各方面的生态利益和需求才得以衡平，贫困社区才能得到更好的发展。

第三，生态产业制度是提供“社区赋权”中生态关系修复的重要途径。生态关系修复是指在人工主导下生态环境破坏方对生态环境本身予以修复，并且对由此带来的生态环境受损方环境权益以及生存和发展权予以

---

① 黄锡生、任洪涛：《生态利益公平分享的法律制度探析》，《内蒙古社会科学》（汉文版）2013年第4期。

赔偿和补偿的行为。[①] 生态关系修复实质上是一种生态建设，是对受损的生态系统一定程度的恢复和修养，以达到生态系统的再次平衡。由于我国一些地区的生态环境具有脆弱性和独特性的特点，再加之本地人口与生态环境之间存在一定的不协调性，使得贫困社区在生态关系的修复中面临生态资源紧缺和修复时间漫长等诸多问题。生态产业制度是生态修复有效实施的重要途径。生态产业制度就是在环境、人口、资源压力不断增大的外在压力下萌发而来的，该制度的施行，能够有效地促使贫困社区为实现生态资源利用方式的变革而进行科学的思辨，进而实现生态关系修复的专业化和精细化。

（三）设立生态产业制度应遵循的原则

作为“社区赋权”的发展路径，生态产业的建设与经济发展有着高度契合性，在生态产业制度设立的过程中要始终遵循可持续发展原则，因为可持续发展原则是在对“环境优先论”与“经济优先论”反思的基础上生成的均衡发展观、和谐发展观、有效发展观，是经济发展与生态环境博弈的结果，可持续发展是生态、经济、社会三个系统的综合发展，强调生态持续、经济持续和社会持续的统一。[②] 其中，生态持续是基础，经济持续是条件，社会持续是目的，脱离了三者之间的有机统一，只会陷入“无发展的增长”的泥淖中去。此外，还应遵循平衡原则和公共利益原则，平衡经济效益、社会效益和环境效益，平衡个人利益和社会整体利益，平衡环境权与发展权之间的冲突，以维护和实现公共利益为出发点和依归。

1. 可持续发展原则

从法律规范和制度的角度看，可持续发展是贯穿生态产业制度始终的一项基本原则。无论是构建生态产业制度还是发展生态经济，其最终目的都是缓解人与生态资源之间的矛盾，它一方面要求在制定经济和其他发展计划时切实考虑保护生态环境的需要，另一方面要求在追求保护生态环境目标时充分考虑发展的需要。[③] 具体而言，人类社会的生存与发展必然要

---

① 吴鹏：《浅析生态修复的法律定义》，《环境与可持续发展》2011年第3期。

② 高毅：《生态化产业结构法律制度构建——可持续发展理念下的路径探析与制度选择》，《中国石油大学学报》（社会科学版）2007年第3期。

③ 王曦编著：《国际环境法》，法律出版社1998年版，第111页。

以从自然界获取资源和能量为前提，从根本上讲，人类所需的一切都来源于大自然。环境资源是人类生存和发展所不可少的物质基础，因此，人类在开发利用环境资源、以满足经济发展的需要时，必须保证和维护自然界的生态平衡，以可持续的方式利用环境资源；也只有在生态可持续的前提下，讨论环境保护和经济发展的关系才具有现实意义。总之，设立生态产业制度的目的是构建发展结构优化、技术先进、清洁安全、附加值高、吸纳就业能力强的生态产业体系，在保护生态环境的同时，带动贫困社区的经济发展，保障贫困者生存权和发展权更好地实现。

2. *利益平衡原则*

生态产业制度所遵循的利益平衡原则要求尽量减少生态利益与经济利益之间的冲突，尽可能保持经济利益与生态利益体系的稳定和格局的均衡，避免利益失衡。任何社会都存在与其政治、经济和文化等环境相关的不同利益主体，包括利益个体和利益群体，同时也存在一定的利益差别和反映不同利益关系的利益体系。这些构成了特定社会的利益格局。在这个格局中，各利益个体和利益群体存在着相对稳定的利益关系。一般来说，"在一定的社会条件具备的情况下，多元利益体系是一个对立统一的、保持相对平衡的相对稳定的利益体系，它是保持社会稳定的稳定剂。相对稳定的利益体系致使在利益的分配上构成一个相对稳定的利益格局"①，相对稳定的利益体系也维护了一定利益格局的平衡。在这种利益平衡中，每一利益主体都在利益体系中占有一定的利益份额，各利益主体间存在一定的相互依赖的利益关系。这种平衡对建立与相对稳定的利益格局相适应的利益制度和利益体制，协调各种利益主体间的利益关系，具有重要作用。在设立生态产业制度的过程中，要探索建立调和性的制度，衡平贫困者与企业的利益，兼顾公正与效率、环境保护与经济发展，它既不同于"经济优先"发展模式提出的轻环保、先污染后治理的观念，也不同于"环境优先"发展模式提出的"零增长"的悲观论调，而看到了环境保护与经济发展之间相互制约、相互冲突的一面，又看到了两者之间相互依存、相互促进的一面，在它们之间实现经济效率与社会公平正义之间的平衡，实现经济效益、社会效益和环境效益可持续地协调发展。

---

① 王伟光：《利益论》，人民出版社2001年版，第208页。

3. 环境优先原则

环境优先原则是指在环境管理活动中，应当将环境保护放在优先的位置加以考虑，在社会的生态利益和其他利益发生冲突的情况下，应当优先考虑社会的生态利益。① 环境优先原则作为生态产业制度应遵循的原则之一，应当从事前预防到事后补救过程中全方位地建立起环境利益的优先地位。它具体应当包括但不限于以下几方面的内容：一是环境考量优先。环境考量优先是指环境法律关系的主体在经济和社会生活中，当经济利益与环境利益冲突时，应当优先考虑保护环境利益，杜绝为了经济发展而牺牲环境利益的情况出现。二是环境规划优先。环境规划优先是指在宏观规划层面，国家制定的经济和社会发展规划中应当优先体现对环境的保护，在具体规划层面，地方各级政府在制定本地区经济和社会发展规划时，也应将环境保护放在首位。三是环境评估优先。环境评估优先是指在经济社会发展的过程中，对规划和建设项目实施后可能造成的影响进行预先分析和评估。四是环境救济优先。环境救济优先是指某一区域的生态环境或某一自然资源或某一物种，已经或正在遭受严重损害或者破坏或者濒临灭绝，应当优先救济这一区域内被损害的生态环境，保育该自然资源或该物种。

此外，在生态型反贫困制度的框架下，只有加强生态产业中生态农业、生态工业和生态服务业等制度的建设，才能从根本上促进贫困社区的进一步发展。首先，在生态农业制度方面，我国应根据经济社会发展的现状和趋势，适时制定较为完善的法律，对我国发展生态农业的基本问题及政府与社会在生态农业发展中的权利和义务、保障生态农业稳健发展的法律机制、基本措施和手段等重大问题和社会关系明确加以规范，同时，还需健全相关配套的法律法规，注重法律法规的可操作性和实效性，引导、规范、协调好农业生产关系，处理好资源利用和环境保护的关系。② 其次，在生态工业制度方面，我们一方面要重视科技对自然环境的副作用和对人类社会可持续发展的副作用，加强对科学技术开发、利用方面法律法规的修改和完善，促进现有科学技术在产生、管理、转化、应用等方面的绿色效益；另一方面要完善环境资源税、排污权交易、生产者责任延伸、环境标志等制度，使贫困社区企业的外部不经济内部化，相对地降低企业

① 王树义：《俄罗斯生态法》，武汉大学出版社 2001 年版，第 213 页。
② 杨建军：《完善生态农业法律制度的构想》，《陕西农业科学》2012 年第 5 期。

产品的价格，从而赢得市场竞争力，同时，政府也应当给予贫困社区更多的优惠政策，给社区企业创造一个良好的外部环境。最后，在生态服务业方面，我们一方面要完善生态服务业的相关制度，增强法律法规的可操作性，另一方面要完善生态服务业的绿色认证制度，加强对我国的服务行业软件设施认证的相关规定，如对服务行业的服务态度、服务质量等的规定，推动贫困社区生态贸易服务和生态旅游服务的健康发展。

第三节　以“个体补偿”为中心的生态型反贫困基本制度

“公平分配”是人类自古以来孜孜不倦的追求，也是人类最为理想的社会形态，亚里士多德最早提出了“分配正义”的概念，他认为，“分配性的公正，是按照所说的比例关系对公物的分配，分配正义的规定是面对现实的。它探求的是实际生活中的正义准则，研究人类的行为、品德和政治、经济的关系，使其显示出强烈的现实性色彩。人类社会结成的目的是为了某种福利，而分配公正有关于公民福利，影响着他们的生活”①。可见，对因保护生态环境而做出“特别牺牲”的人们进行利益补偿，甚至通过移民的方式保障这类人的生存权和发展权，以及对于遭受环境侵权损害的人们的利益填补，是合乎正义的构建以“个体补偿”为中心的生态型反贫困基本制度的应有之义。

一　“个体补偿”的实现依据：生态补偿制度

生态文明是人类全面、自由、和谐发展的基础。它是人类在开发利用自然谋求自身发展的过程中，使自然更加人性化，是人的价值和权利与自然的价值和权利同一的状态，是社会和谐、人类可持续发展的基础。② 西部贫困地区大都分布于山区、高原地区、气候恶劣的内陆和生态过渡带，这些地区均为自然环境脆弱地区，同时也是我国贫困人口最集中、贫困面

① ［古希腊］亚里士多德：《尼各马可伦理学》，王旭凤、陈晓旭译，中国社会科学出版社2007年版，第204页。

② 唐志君：《西部民族地区的生态危机与重建战略》，《湖北民族学院学报》2008年第3期。

最大、贫困程度最严重的地区，再加之上述地区由于受生产力水平、生育政策以及生产观念的影响，人口不断增加，人口压力也十分巨大。如此众多的人口与偏低的生产力水平形成合力，导致这些地区的人们为了生存而对土地进行掠夺性垦殖，为了生存而对森林乱砍滥伐、毁林毁草开荒，长期以来形成了一种对资源掠夺式、对生态环境破坏性的粗放型的开发模式，加剧了自然资源耗竭和生态环境破坏，会产生新的贫困。正如印度高级法官乔·德赫瑞指出："贫穷是生态恶化的首要原因，贫穷不堪的社区，不得不开采已有的资源以便满足自己的基本需求。随着生态系统开始恶化，贫穷地区受到最大的伤害，因为他们无力负担采取必要措施来控制生态恶化。"① 恶劣的生态环境是造成贫困的主要根源，而贫困带来的过度开发又进一步加剧了生态退化，形成一种恶性循环。从实现环境保护和消除贫困双赢目标出发，生态补偿制度则是西部贫困地区走可持续发展之路的最为重要的途径。不消除贫困，就不能实现西部贫困地区的可持续发展；不能有效地改善西部贫困地区的基础生活条件，提高贫困者的素质，优化产业结构，转变资源利用方式，改善地区生态环境，也就不能从根本上消除贫困。只有生态环境保护先行，通过多形式实施补偿的生态补偿机制，方能改变西部贫困地区严重破坏生态环境的生产和生活方式，才能从根本上理顺西部地区人与自然之间的和谐关系，使贫困者的生存权和发展权得以保障。

（一）生态补偿制度概述

生态补偿制度是由"庇古税"延伸而来的，起初是为解决生态产品的外部性问题而将庇古的理论运用于生态经济领域从而得来的，在国内尚未形成统一概念。原国家环保总局曾将生态补偿界定为："以生态环境的保护和促进人与自然和谐为目的，依托生态系统服务价值、生态保护成本、发展机会成本，综合运用行政手段与市场手段，调整生态环境保护和建设相关各方之间利益关系的环境经济政策。"从这个定义来看，生态补偿的构成要素主要包括以下几个方面：第一，生态补偿的目的是保护生态环境、促进人与自然的和谐；第二，生态补偿标准必须综合考虑的因素包括生态系统服务价值、发展机会成本、生态保护成本三个方面；第三，生

---

① ［印］乔德·赫瑞：《代与代之间的公平：可持续发展权的基础》，黄列译，《外国法译评》1998 年第 3 期。

态系统服务的手段必须以行政手段与市场手段为基础，注重两者有机结合；第四，生态补偿的具体内容是调整有关当事人之间的权利义务关系；第五，生态补偿的本质是一项环境经济政策。

随着近年来对生态补偿相关理论研究的不断深入，国内学者认为生态补偿应包含三个层面的含义：一是指生态系统在外界干扰或破坏后的自我调节、自我恢复；二是指利用经济手段对破坏生态环境的行为予以控制，将经济活动的外部成本内部化；三是对个人与区域保护生态环境或放弃发展机会的行为予以补偿。

基于上述研究，我们认为，生态补偿制度是指为了保护或恢复生态系统的生态功能或生态价值，维护生态安全，减少贫困，国家运用各种经济手段，对破坏生态的行为者收费，或者对从事生态建设的行为者在生态建设中做出的贡献和受到的损失进行补偿的制度。在生态型反贫困制度的框架下，我们更为关注的是对在生态环境的直接补偿的活动中做出贡献和利益受损的贫困者所进行的经济补偿，即对个体的补偿。

生态补偿制度除了具有制度的一般性特征之外，还在以下几个方面表现出它的个性：一是补偿范围仅限于次生环境问题。生态补偿制度所针对的是人类行为导致的生态破坏及环境污染，即由人类活动作用于自然界并反过来对人类自身造成有害影响和危害的次生环境问题。在人类完全依赖于自然生态系统的时代，同样存在着自然环境的突发性运动导致的生态失衡状态，然而，在生态系统抗干扰的阀值范围之内，暂时的或局部的失掉平衡状态，有利于净生产率的提高，经过一个循环之后，又会达到顶级状态。自然生态系统在朝着成熟化和多样化演进时，会达到群落的生物量极大，物种的多样化程度也能达到极限，这时的生态系统便处于一种顶级状态。[①] 此时，总生产力最大，积累与消耗大体平衡，因而净生产力的积累为零。[②] 对于这一类的原生环境问题生态补偿通常是不予关心的，因为即使人类不对其进行补偿治理，整个生态系统仍会自己调节使它又处于一种平衡状态。况且自然生态系统的自我净化与调节能力本身也是一种资源，合理地利用它能够促进及保持可持续发展的速率，因而对原生环境进行生态补偿显然是浪费了这一部分的资源。二是补偿范围的广泛性。生态补偿

① 林娅：《环境哲学概论》，中国政法大学出版社 2000 年版，第 70 页。

② 姜学民：《长江地区生态系统与可持续发展》，武汉出版社 1999 年版，第 72 页。

的范围是相当广泛的，除了对已破坏的生态环境进行补偿之外，还包括对未破坏的生态环境进行污染预防和保护所支出的一部分的费用以及对因环境保护而丧失发展机会的社区成员进行的资金、技术、实物上的补偿，政策上的优惠和为增进环境保护意识、提高环境保护水平而进行的科研、教育费用的支出。不仅有单一的末端治理和补偿，也有从摇篮到坟墓的全过程的综合性的补偿。三是补偿手段的多样性。传统的生态补偿仅由政府通过直接给予财政补贴、财政援助、税收减免、税收返还的形式进行，金钱、实物补偿占有很大的比重。然而，要真正地做到可持续发展，科学技术水平的提高和社区成员意识的加强必不可少。对那些生态敏感、又缺乏基本生活条件的贫困地区实行劳务输出、异地开发，将一部分人口向有开发条件的地区移出；对技术落后、生产方式不合理的地区，采取技术培训的方式，在技术示范的基础上引导当地居民改变单一农业和掠夺性的生产方式，从某种程度上都能减轻人类对生态环境的压力，让自然生态系统得以恢复。同时，在环境资源产权界定的基础上引进市场激励机制也能极大地提高补偿的效率。四是补偿主体的多元性。定义中并没有规定生态补偿的主体，这是因为和谐的生态环境是全体社会成员的共同财富，任何人都是生态利益的享有者，所以任何主体都可以成为生态补偿的实施者。但是，为了确保生态补偿的有效实施，某些主体必须成为生态补偿主体。首先是政府，政府作为公共利益的代表，对于生态补偿这一惠及大众的事务，必须承担起相应的义务；其次是生态环境的污染破坏者和生态效益的受益者，作为对损害的弥补和利益的对价，他们也必须成为生态补偿的主体；最后，随着社会的不断发展，人们的环保意识不断增强，许多民间的社会力量也积极加入到环境保护的事业中，如民间的环保组织、公司企业或个人，它们本身在法律上并不负有生态补偿的义务，但是它们自愿无偿地通过提供资金、技术或劳务等形式为生态补偿活动给予支持，因此它们同样可以列为生态补偿的主体。

（二）生态补偿制度对于生态型反贫困的价值

生态补偿制度的构建，不仅能够为生态型反贫困实践筹集到大量的资金，而且能够对有益于生态保护的行为及时予以激励和补偿，调动人们行善的本能和趋利避害的天性，从而促使有益行为的社会化，引导人们的意识和行为与生态环境相融合，不断促进人与自然的和谐。同时，生态补偿制度通过“个体补偿”的方式，对社会资本和财富进行再分配，直接改善环境受损地区贫困者的生活条件，增强受损地区的经济发展能力，从而缩小社会差距，促进社会公平。

第一，生态补偿制度是促进贫困者的生存权、发展权与环境权协调的需要。生存权是人类最基本的权利，环境权则是随着环境危机的加重和环境意识的提高，才逐渐被人们呼吁和接受。众所周知，人类维持生存的基础是物质条件，而自然生态就是孕育丰富的物质资源的摇篮。可生态环境恶化与贫困是孪生姊妹，在我国西部地区，贫困者的主要生活来源就是当地的自然物资，例如我国的森林资源主要分布在经济欠发达的西部贫困地区，伐木是当地居民主要的生活来源，为了生存他们必须砍伐树木，这就在很大程度上破坏了生态环境，影响了森林资源生态效益的发挥，侵害了公民的环境权。而在法律上创设生态补偿制度，可以作为一种极其有效的调和剂，使贫困者的生存权、发展权与环境权并行不悖。一方面，国家通过赋予贫困者在合理限度内使用自然资源的权利，充分保障贫困者的生存权、发展权；另一方面，自然资源又可以通过充足的补偿基金得到有效的营造、保育、维持和管理，并充分发挥其自我调节的功能，从而使生态环境得到保护。通过这种机制，环境权与生存权、发展权之间的冲突得到有效协调和解决。

第二，生态补偿制度是实现西部地区生态与经济协调发展的需要。在市场经济条件下，生态建设必须有经济上的补偿才能持续。这是由生态建设的特性决定的。调整经济结构、耕作模式，进行生态建设，涉及大量经济损失，甚至降低发展速度和群众生活水平。而且任何地区在摆脱贫困和竞争压力下，不愿意因大规模生态建设而放慢发展速度；同时生态建设的一个显著特征是建设者不一定是受益者，建设者与受益者经常分离，是两个不同主体，这种特性使得建设者缺乏积极性，建设者不愿意自己受影响而其他地区享受生态建设的益处。所以生态建设的经济效益和发展速度暂时性损失，如果得到一部分经济补偿和经济援助，使经济损失控制在生态建设者能够承受的范围内，那么生态建设者就愿意积极地进行生态建设。实施生态补偿，可以弥补国家财政拨款的不足，保证生态建设的可持续性，加快西部发展，减少东部灾害，促进全流域的经济社会发展，实现生态与经济的协调发展。

第三，生态补偿制度是实现社会公平与正义的必然要求。公平与正义是法律的基本价值选择。美国著名法哲学家罗尔斯指出，正义是社会制度的首要价值，是一个社会首先要解决的问题。[①] 正义的主题是基本权利与义务的分配和社会公共利益的划分，公平的正义在内容上和形式上应当都是公平的。生态环境的公共物品性质决定了生态效益是全人类共同的财富，任何个体和群体在享受生态环境带来的福利的同时，还应该承担起生态保护的义务和对他人造成损害的补偿责任。我国宪法和环境保护法都规定，任何人都具有平等地获取和享受生态效益与生态服务的基本权利，即利用其所占有或使用的自然资源或生态要素来满足生存和发展的权利，同时，任何人都平等地负有保护环境、维护生态平衡的基本义务。但实际上，作为公共物品及准公共物品的自然资源环境的特殊性，导致环境资源产权界定的困难，这就使得环境权益初始分配不均，造成了各个群体间发展权利的不平衡，而这种环境利益及其相关的经济利益在保护者、破坏者、利用者、受益者及受损者之间的不公平分配，导致受益者无偿占有环境利益，保护者得不到应有的经济回报，使生态保护的积极性受挫，破坏者未能承担破坏环境的责任与成本，受损者得不到应有的经济补偿。这种环境利益及经济利益关系的不公平不仅威胁着社会的和谐发展，也是造成贫困的内在原因之一。按照法理中权利与义务相一致的理念，每一个人应在平等范围内承担普遍的社会义务，当特定主体为大众做了某一不可期待的牺牲时，只有补偿才能使个别主体牺牲的利益得以恢复，将这种不平等性转变为平等。“在某些制度中，当对基本权利和义务的分配没有在个人之间作出任何任意的区分时，当规范使各种社会生活利益的冲突要求之间有一个恰当的平衡时，这些制度就是正义的。”[②] 生态补偿制度通过对相关主体权利义务关系的重新界定，通过法律原则和制度确认、分配利益主体的合法权益，在价值上实现环境的公平与社会的正义。

（三）设立生态补偿制度应遵循的原则

基于生态型反贫困的需要，以及西部地区特殊的生态地位和目前自身面临的问题，生态型反贫困制度框架下的生态补偿制度的基本原则应结合西部地区生态型反贫困的特点，具有针对性和特殊性。具体的原则包括：

---

① ［美］约翰·罗尔斯：《正义论》，何怀宏等译，中国社会科学出版社 2006 年版，第 3 页。

② 同上书，第 57 页。

1. *生态安全原则*

所谓生态安全指国家生存和发展所需的生态环境处于不受或少受破坏与威胁的状态，当一个生态系统所提供的服务质量或数量出现异常时，则表明该系统的生态安全受到了威胁，处于生态不安全的状态。因此，生态安全包含两重含义：其一是生态系统自身是否安全，即其自身结构是否受到破坏；其二是生态系统对人类是否安全，即生态系统所提供的服务是否满足人类的生存需要。[①] 西部地区处于我国大江大河的发源地和上游，其生态环境的好坏直接影响到国家的生存与发展，西部地区独特的地理位置决定了西部地区在国家安全体系中的战略地位。可以说，西部地区生态安全是我国生态安全的根本与核心所在。因此，建立生态环境补偿制度，鼓励和刺激西部地区加强生态环境的保护和建设，避免出现不可挽回的生态环境破坏和资源损失，不仅对经济建设具有重要的战略意义，而且对全国的生态安全也具有重要的影响。因此，构建西部生态补偿法律制度应当是在保障生态安全的基础上的进行。

2. *生态效益与经济效益并重原则*

国务院《关于落实科学发展观加强环境保护的决定》指出："在生态环境脆弱的地区和重要生态功能保护区实行限制开发，在坚持保护优先的前提下，合理选择发展方向，发展特色优势产业，确保生态功能的恢复与保育，逐步恢复生态平衡。在自然保护区和具有特殊保护价值的地区实行禁止开发，依法实施保护，严禁不符合规定的任何开发活动。"西部主要属于上述限制和禁止开发区域，其生态效益和经济效益之间必然产生冲突，必须妥善处理好生态效益、经济效益"孰重，孰轻"的问题。正是由于片面强调生态资源的经济效益而忽视了生态效益造成生态环境恶化的后果，生态补偿就是要通过直接或间接补偿环境的生态价值保护和改善环境的生态功能。但是西部大开发并不是单纯的西部生态保护，片面强调生态效益同样不能实现西部可持续发展。因此，西部生态补偿法律制度应该强调生态效益与经济效益并重，使西部环境的生态效益和经济效益得以最大限度的实现。

3. *受益者补偿原则*

所谓"受益者补偿"原则是指在自然资源开发利用过程中，由生态

---

① 尹晓波：《我国生态安全问题初探》，《经济问题探索》2003 年第 3 期。

环境的破坏者支付补偿费，因环境得到改善从中受益的人支付一定的补偿费。该原则是对传统的“污染者付费”原则的一种延伸。生态环境破坏造成的是社会公害，生态破坏者不仅要为其破坏行为付出代价，而且有义务进行赔偿；同样生态环境的受益者也有责任和义务对为此付出努力的地区和群众提供适当的补偿。自然资源的开发者从自然资源中获得利益时，应当从其所得的利益中拿出一部分用于生态环境的补偿。就上下游和东西部的关系而言，上游（西部地区）是生态环境的破坏者，同时也是治理者和保护者；下游（东部地区）既是生态环境破坏的受害者，又是受益者，因此，破坏者支付赔偿而受益者提供补偿符合公平、公正原则。它既能对环境保护者起到有效的激励作用，又可以对环境破坏者发挥制约作用，从而使西部生态环境得到改善和保护。

4. 补偿与减贫相结合原则

社会经济的发展需要生态环境保护，生态环境保护区的居民要求脱贫致富。西部地区一直为国家经济社会的发展提供廉价的原材料和能源，粗放式发展给西部生态环境留下的历史重负是西部贫穷和环境恶性循环的主要原因之一，西部大开发中要加强生态环境保护，同时西部地区反贫困的需求应得到充分的尊重与支持，中部、东部乃至整个国家理应承担更多责任，只有在发展中落实生态保护，在生态保护中促进发展，生态补偿法律制度才能实现其预期目标，这也是法律公平原则对生态补偿法律制度的内在要求。因此，西部的生态补偿制度必须考虑到减贫这一因素。

5. “谁保护、谁受益”原则

“谁保护、谁受益”原则是指：“区域或流域因保护生态环境需要而使自己有市场有资源的经济社会发展活动（项目、产业）受到限制，局部利益受到损失的政府、企业、个人及单位以改善、维持和增强生态环境功能为目的荒漠化治理、退耕还林、退牧还草等活动进行的资金、技术、实物上的补偿，政策上的优惠。”“谁保护、谁受益”原则，充分体现出了运用经济手段对生态环境进行保护，区别于原“末端治理”的模式，是“预防为主”理念的充分体现，而且也是我国环境保护法中不曾探索过的行为模式和规范，它体现出对保护生态的正外部性行为进行鼓励和补偿。西部地区为了保护生态环境，牺牲了眼前可资利用的资源和丧失了发展机会，导致该地区人们生活的贫困，这是一种很强的正外部性行为，因此，此原则的确立，将进一步地鼓励西部地区人们进行生态保护的积极性，同时，也完善了现有的生态补偿法律制度基本原则。

此外，与我国当前正在进行的生态补偿实践相比，生态补偿的法制保障明显滞后，主要表现为缺乏专门的生态补偿立法，相关规定散见于各单行法的个别条款之中，且多为原则性的规定。随着我国生态补偿实践在广度上和深度上的不断拓展，法制保障不足的问题已经严重制约了该实践的有序运行，个体得不到补偿的问题屡有发生。针对这种状况，一方面，我们应当推进生态补偿领域专门立法与配套立法的结合，在自然保护区、重要生态功能区等不同的领域制定生态补偿单行法规，解决特殊生态环境下具体的生态补偿问题。另一方面，我们还应推进生态补偿领域国家立法与地方立法的协作，国家立法架构生态补偿制度的主要框架，地方立法则根据这一框架，制定适合本地条件的补偿标准以及服务于生态补偿实践的具体措施，增强国家立法在地方的可操作性，以更好地解决贫困者个体的补偿问题。

二　“个体补偿”的直接途径：生态移民制度

在我国历史上，由于自然灾害和环境恶化等原因产生过“生态难民”。19 世纪末 20 世纪初，在社会生态普遍意识提高的背景下，出现“易地扶贫”“环境移民”等具体实践，但真正意义上的生态移民仅有 20 多年历史，而其作为改善解决西部地区生态恶化、消除区域性贫困而采取的生态环境政策加以实施是从近 10 年才开始的。在生态型反贫困的制度框架下，生态移民制度作为“个体补偿”的直接途径，能够直接将西部生态环境恶化地区的贫困者直接转移出来，使生态贫困地区的生态、经济得到良性发展。

（一）生态移民制度概述

1900 年，美国科学家考尔斯“首次将群落迁移的概念导入生态学”，认为“生态移民”是指“出于保护生态环境的目的而实施的移民”①。自此开创了科学研究“生态移民”的历史进程。1993 年，“生态移民”首次出现在国内的文献中，任耀武在有关三峡大坝移民问题讨论的文章中，在提到缓解脆弱生态环境与解决人口压力时，使用了“生态移民”一词，

① 一迪：《生态移民的困惑》，《华夏人文地理》2003 年第 5 期。

但并没有给予“生态移民”一个严格的定义。[①] 20 世纪 90 年代，生态环境问题引起了人们极大的关注，我国的生态移民研究也由此进入系统详尽的研究阶段。对“生态移民”概念进行界定应是研究者首要解决的问题，但学界并没有对此达成共识，学者们因视角各异而有着不同的理解和界定，可谓见仁见智。较具代表性的生态移民界定主要有以下几种：葛根高娃、乌云巴图将生态移民作为一种由生态恶化而引发的自发的经济行为，认为“生态移民是指由生态环境恶化，导致人们的短期或长期生存利益受到损失，从而迫使人们更换生活地点，调整生活方式的一种经济行为”[②]。刘学敏指出：“所谓生态移民，就是从改善和保护生态环境、发展经济出发，把原来位于环境脆弱地区高度分散的人口，通过移民的方式集中起来，形成新的村镇，在生态脆弱地区达到人口、资源、环境和经济社会的协调发展”[③]，更多强调生态移民是一种政府行为，认为生态移民是一种自上而下的生产布局调整。李宁、龚世俊按照迁移的主要动因即生态环境的变迁，提出“所谓生态移民，是指在生态系统之中，由于多种原因造成了自然环境的恶劣和自然资源的枯竭，导致人口与资源环境的矛盾激化，人类为了生存而主动调整其自身与资源、环境之间的关系，以保持生态系统内部诸要素的相对平衡所进行的人口迁移”[④]。包智明也强调生态移民是一种与生态环境相关的迁移活动，认为：“生态移民是因为生态环境恶化或为了改善和保护生态环境所发生的迁移活动，以及由此活动而产生的迁移人口。在这个定义中包括了原因和目的两个方面的含义。不论是原因，还是目的，只要与生态环境直接相关的迁移活动都可称为生态移民。”[⑤]

综合上述观点，我们认为，在生态型反贫困的框架下，生态移民制度

① 任耀武、袁宝国、季风瑚：《试论三峡库区生态移民》，《农业现代化研究》1993 年第 1 期。

② 葛根高娃、乌云巴图：《内蒙古牧区生态移民的概念、问题与对策》，《内蒙古社会科学》（汉文版）2003 年第 2 期。

③ 刘学敏：《西北地区生态移民的效果与问题探讨》，《中国农村经济》2002 年第 4 期。

④ 李宁、龚世俊：《论宁夏地区生态移民》，《哈尔滨工业大学学报》（社会科学版）2003 年第 1 期。

⑤ 包智明：《关于生态移民的定义、分类及若干问题》，《中央民族大学学报》2006 年第 1 期。

就是在政府的主导下，从改善与保护生态环境、促进经济发展的角度出发，将处于生态环境脆弱区的贫困者进行迁移，使得生态脆弱区得以改善，贫困者得以发展的一种有意识的人口迁移制度。

从我国的具体实践来分析，目前的生态移民主要是一种行政色彩浓厚的政府行为，其特点主要表现在以下几个方面：一是从移民动因来看，导致生态移民的主要因素不是产业结构变动、生产方式变革、新地区开发、交通运输业发展等经济因素，也不是由非经济因素，如战争爆发、宗教活动等导致的，而是由于迁出地区人口规模大幅超过该区域的生态环境承载能力和容量，由生态环境方面的因素所致。二是从移民目的来看，通过生态移民将在恶劣生态环境条件下生活的居民搬迁至生存条件较好的地区。所以，生态移民能产生以下三方面的积极效应：首先，可以减少人类对生态环境原本就脆弱的地区继续破坏，恢复和重建当地的生态系统；其次，可以通过异地开发的模式，逐步使贫困地区的生存状态得到改善；最后，可以通过减小人口压力，使自然保护区的生物多样性、自然生态和自然景观得到有效的保护。三是从移民方式来看，作为一种有规划、有目的、有秩序、有组织的非自愿性的集体型人口迁移，生态移民与难民或灾民有本质区别。从国内外的实践和经验分析，生态移民更多的是在移民本身居住地的生态环境恶化的情况下，由政府发起的，有一定计划安排的、单向性的、长期性的移民。虽然，移民的目的很大程度是出于改善移民生活质量等经济因素的考虑，但对于移民本身而言，并非是完全出自自愿的。

（二）生态移民制度对于生态型反贫困的价值

贫困自始以来就是一个普遍存在的国际性的社会现象，而反贫困自然成为人们历来重视的话题。对于我国而言，反贫困既是社会主义的正义要求，也是社会稳定的要求，还是社会经济均衡发展的必然要求，而生态移民制度则是实施生态型反贫困的重要方式，对贫困者个体进行补偿的直接途径。通过生态移民可以满足贫困者的基本需要，即满足贫困者基本的生存条件和生产条件，从而解决生态退化和生活困难的两难困境。

第一，生态移民制度有利于促进西部地区经济社会协调发展。加快西部贫困地区发展，是保持国民经济快速健康持续发展、实现国家现代化建设的第三步战略目标的要求，也是逐步缩小各地区之间发展差距、最终实现共同富裕的要求，更是保持社会稳定、增强民族团结、维护祖国统一的要求。“十三五”时期，是全面建设小康社会承上启下的关键时期，继续进行生态移民实践，是从根本上解决西部地区贫困者生存环境，加快脱贫致富的直接途径，是保护和恢复生态环境的根本保证，也是加快城镇化进程，统筹城乡发展的重要举措。首先，生态移民有利于西部地区生产要素的重新组合。人口移动通过劳动力资源的重新配置，加深了地区之间的联系。通过生态移民使得贫困地区或者生态恶化地区的人口逐步向生态环境较好的地区迁移，必然使迁出地的人口人均自然资源占有量增加，这对迁出区发展经济将起到积极作用。其次，生态移民有利于安定西部地区的贫困者。生态移民的对象主要是生活在缺乏基本生存条件地区的贫困者。这些人员大多分布在西部地区，特别是民族地区。由于恶劣的地理条件，民族地区的经济社会发展缺乏最基本的自然条件而受到严重的制约。生态移民就是引导这些地区的贫困者向环境承载力能力强、适宜生产生活的优先开发区和重点开发区迁移，通过对安置区的开发建设，使搬迁人员逐步稳定下来，走上生产发展，生活富裕，生态良好的可持续发展之路。最后，生态移民有利于加快西部新农村建设。我国全面建设小康社会的过程中有不少难点，其中之一是“三农”问题。我国西部地区经济社会发展的相对滞后，尤其是农牧业的基本建设水平与农村及牧区的基础设施建设水平普遍低下，生产与生活条件差，同时，贫困者往往集中分布在生态自然条件与生产生活条件最严酷、最脆弱的地区，这里有干旱少雨、洪涝寒冻、风烛沙化、高氟缺碘、水土流失、沙尘暴等各种灾害，人口、资源与环境间的矛盾非常尖锐，有的地方已丧失了基本的生存条件，这就决定了西部地区的贫困者脱贫难而返贫易。因此，必须通过生态移民这种非常规的扶贫方式，才能从根本上解决这样的贫困问题。

第二，生态移民制度有利于西部地区生态环境的恢复与可持续发展。保护生态环境是建设生态文明的重要内容。生态环境恶化是人与自然之间不和谐的最突出表现，直接后果是导致各种自然灾害频频发生。如严重的沙尘暴，长江、淮河等江河肆虐的洪涝灾害，黑河、黄河、塔里木河断流，许多内陆地区严重的干旱天气以及许多动植物种群灭绝或濒临灭绝等。这些灾害都严重影响到了人民的正常生活，给国家和个人造成了巨大的损失。首先，生态移民有利于协调人与自然的关系。我国生态环境面临诸多威胁，形势不容乐观。受沙漠化、水土流失，以及湿地面积不断减少的威胁，这些生态问题虽然是由多方面的原因造成的，但最根本原因是人类过度索取自然界的资源。从历史来看，在特定的生产力条件下，几千年来人口繁衍超过土地承载力造成了对土地和环境的不断过度索取，我们要还生态环境的债可以上溯的时间比其他国家要长得多。从现实情况来看，在我国城市化进程相较于工业化长期滞后，人口大量聚集于农村，由二元经济结构造成的城乡差别使农村的贫穷人口为了维持生存，不得不对大自然过度索取。协调人与自然的关系、防止人类对自然界过度索取，就必须施行生态移民制度，将不适宜生存地区的人群移居到生态环境资源较为丰富的地区。其次，生态移民有利于改善迁出地的生态环境。从西部生态移民的实践来看，生态移民不仅改善了迁出地的生态环境，有些地方还促进了迁入地生态环境的改善。移民开发使千年闲置的荒地、沙丘变成宝贵的耕地资源，引水灌溉、植树造林，把昔日风沙肆虐的荒漠建成一片片绿洲。这些林带、林网形成绿色屏障，基本上挡住了风沙，保护了农田。这些原为无人居住、脆弱的天然荒漠和荒漠草原的生态系统被人为改造为高效率的绿洲农业生态系统，生态环境发生了质的变化。

第三，生态移民制度有利于加快西部地区的城镇化进程。城镇化的快速发展和水平的不断提升对西部地区经济社会发展起着重要的拉动作用，也使各级各类城镇成为生态移民的重要载体。生态移民战略的实施也成为城镇建设、特别是小城镇建设的助推力，是加快城镇化进程的有效途径。二者互为条件，相辅相成，相互促进，相得益彰。首先，生态移民有利于加快西部地区城镇化步伐。从生态移民的功能看，生态移民与城镇化在功能上具有内在的关联性。生态移民是把生活在贫困地区、重要生态功能区和生态脆弱地区的超载人口迁移到资源环境承载能力高的地区，达到消除贫困和保护生态环境的作用。迁移人口中的一部分就会转为非农人口，从事第二、第三产业。而城镇化也是农业人口和非农产业向城镇转移聚集，农业人口从事第二、第三产业，从而转为非农业人口。尽管二者在概念上并不完全相同，但二者在空间人口转移方面具有趋同性，因此二者具有内在的关联性。生态移民有大量的人口迁出，需要地区承接容纳，而城镇化的发生发展恰恰以人口的转移聚集为前提和特征，即需要人口的移入。因此，二者在需求上具有了互补性，正是这种互补性使二者紧密联系在一起，互为条件，互相促进。其次，生态移民有利于扩大西部地区的城镇规模。从生态移民的安置方式看。生态移民主要采取集中就近的安置方式，一方面在条件适宜的地方建移民新村安置，另一方面就是迁移到现有城镇，特别是小城镇进行安置。这都有助于城镇数量的增加和规模的扩大。

采取建移民新村的方式安置，移民新村迁入区基本选择在自然资源条件好，环境承载力高，交通便利，距离城镇比较近，有的甚至就在城郊的地方。从选址条件来看，有利于移民新村将来发展成为新的城镇。因为从城市形成的历史来看，主要形成于经济基础好，水路交通便利的地方。从建设上看，移民新村经过科学规划，生产生活设施、社会事业设施和生态环保设施建设统一规划，设计长远，配套建设，富有现代气息。这会成为吸引更多的人口和产业来此发展的有利条件。从安置产业看，移民新村可能依然主要发展农业或牧业这样的第一产业，但是，这已经不是传统的农牧业，而是现代农牧业，要规划发展为地龙头企业的原料生产基地，更多地依赖于劳动者的科技文化素质提高，生产过程轻松安全、清洁卫生，逐步脱离传统农牧业的又脏又累效率又低的粗放方式，促进农村经济结构调整和农牧业产业发展。所有这些，都会吸纳更多的人口和产业，就会逐渐发展第二、第三产业，移民新村也会因此而慢慢发展成为新的城镇。

（三）设立生态移民制度应遵循的原则

当前，在构建生态移民制度的过程中，既要在坚持民主、自愿、公平原则的前提下，对生存条件恶劣地区贫困者实行生态移民，又要体现因地制宜，统筹协调，勇于创新的原则，切实解决迁出者在生产生活等方面的困难和问题，确保搬得出、稳得住、能发展、可致富。优化与完善生态移民制度的运作机制，提高生态移民效益，应当遵循以下基本原则：

1. 保护与开发协调统一的原则

保护与开发协调统一原则，就是坚持在生态移民的过程中，既要保护生态环境，又要注重保障贫困者的发展权。过去强调保障西部生态脆弱地区贫困者的生存权，却忽视了移民自我发展能力的后续培育；一味强调对自然本体的保护功能，而缺乏与现实经济、社会、文化、教育、科学乃至贫困者日常生产、生活等广泛领域的联系，并不利于唤起全社会更充分的保护自觉，难以持续扩大生态移民的社会影响。《中国农村扶贫开发纲要（2011—2020年）》对易地扶贫搬迁的指导要求是："坚持自愿原则，对生存条件恶劣地区扶贫对象实行易地扶贫搬迁。引导其他移民搬迁项目优先在符合条件的贫困地区实施，加强与易地扶贫搬迁项目的衔接，共同促进改善贫困群众的生产生活环境。充分考虑资源条件，因地制宜，有序搬迁，改善生存与发展条件，着力培育和发展后续产业。有条件的地方引导向中小城镇、工业园区移民，创造就业机会，提高就业能力。加强统筹协调，切实解决搬迁群众在生产生活等方面的困难和问题，确保搬得出、稳得住、能发展、可致富。”这正是保护与开发协调统一原则的最直接体现。

2. 兼顾公平与效率的原则

在当前的生态移民实践中，部分地区通过生态移民，不仅提高了贫困地区和贫困者的自我发展能力，促进了区域经济社会的全面协调发展，而且在增进民族团结、巩固边疆安全、促进社会和谐等方面发挥了重要作用。西部生态脆弱地区贫困者生活水平总体上有了很大提高，但无法使每个人同等受益、同时受益，有些人的利益还可能受到损害。每个人都应当有一种基于正义的不可侵犯性，这种不可侵犯性即使以社会整体利益之名也不能逾越。在全社会提出“效率优先”的同时，公平问题也日益突出，政府提出要“共享经济繁荣成果”。可见，公平与效率，应当是指导社会基本的制度设计的根本道德原则。解决好公平问题才能保护社会成员的合理利益，才能实现既促进发展生产力，又实现共同富裕的目标。个人权利与移民权益的保障，是贫困者的基本生存权利，也是其得以发展的必不可少的前提。

3. 政府主导与责任分担原则

“政府主导、社会参与、自力更生、开发扶贫、科学发展”是我国反贫困实践的精髓。坚持政府主导与责任分担的原则，是这一理论精髓在西部生态脆弱地区开展生态移民实践的具体应用。当前，西部生态脆弱地区生态移民制度建设的关键，是坚持自愿搬迁的前提下，发挥政府在政策制定、实施方案编制、资源调配、组织协调与保障移民相关权益等方面的主导作用。迁入地区则应当分担相应的责任，根据移民实际情况和安置条件，采取农区城市结合、有地无地结合、宜工宜农结合、集中插花结合等多种方式，对移民进行妥善安置；通过整合各类培训资源，加强农牧业实用技术培训、就业技能培训，担当移民自我发展能力及劳务和特色产业的培育与发展责任；担当以特色种养收入为基础，劳务收入为主体的可持续增收致富的创新责任。从微观利益主体的移民角度而言，在自愿签订搬迁协议的前提下，享受国家对贫困人口扶持优惠政策的同时，应当严格履行义务。合理利用政府生态移民资金的投入，积极参与技能培训，掌握生产技能，迅速提高自身文化素质，及时把握市场信息，增强自身博弈过程中的谈判实力与自我发展能力，不仅能获得理性博弈对手的尊重和承认，维护自身利益，而且避免国家大量人力、物力、财力资源的浪费。

4. 精准开发与包容性发展结合的原则

精准开发是指移民对象确定的精准性、移民迁移和安置费用的精准测度、移民安置后资源开发与产业发展的精准定位，它是促进移民发展的基本要求。随着我国经济快速发展和地方财力的逐步增强，为了使相对落后地区和弱势群体分享到经济社会发展成果，应当结合地区实际，大幅度增加生态移民投入，保证各个社会群体直接参与合理分享各地区域经济发展成果，真实体现了包容性发展内涵。在各地进行的生态移民实践中，也直接证明了移民对象的精准确定、搬迁安置投入的精准测算以及结合当地优势资源、引导扶持移民发展特色产业，能够优化生态移民的资源配置。在构建生态移民制度的过程中，要在精准开发的基础上，坚持全体社会成员共享发展成果的理念，确保实现共享经济增长成果的包容性制度安排。

此外，虽然我国在环境保护、扶贫开发等法律法规中都对生态移民制度的具体内容有所涉及，但是，由于这些法律法规的侧重点并非生态移民，所以，我国当前对生态移民的保障存在范围界定模糊、目标指向不明、具体措施不力等问题，不利于充分发挥生态移民制度的整体功能。为了推动对生态移民进行全面、规范、科学的管理，推动生态移民工作稳健而持续地进行，最大限度地维护贫困者的合法权益，一方面，我们应当以宪法、法律与行政法规为基本导向，结合各省的实际情况，通过专门领域立法的形式规范扶贫生态移民行为；另一方面，我们必须完善扶贫生态移民资金的监管机制和筹集机制，修改不合理之处，制定有关生态移民区建设和管理的质量标准，以立法形式规定生态移民扶贫专用资金的信息公开制度和监督制度，保障贫困者的知情权和监督权。

三 “个体补偿”的有益补充：环境侵权损害赔偿社会化制度

当前，因环境污染或生态破坏而侵害、损害他人权益乃至危害人类生存和发展的现象屡见报端，国内许多学者也对环境侵权进行了界定，其中比较有代表性的观点如：曹明德教授认为，“环境侵权是由于人为活动导致环境污染、生态破坏，从而造成他人的财产或身体健康方面的损害的一种特殊侵权行为”[①]。张梓太教授认为，“环境侵权是指因生产活动或其他人为原因，造成环境污染和其他公害，并给他人的财产、人身等权益造成

① 曹明德：《环境侵权法》，法律出版社2000年版，第9页。

损害或损害危险的法律事实”①。结合上述学者的观点，我们认为，环境侵权是由于人类活动引发环境污染或生态破坏，而损及他人环境权益，侵害他人生存权和发展权的行为。

现实中，面对千差万别的环境侵权以及情况各异的损害赔偿问题时，传统单一的依靠无过错责任原则追究环境侵权人责任的损害赔偿方式，已经不能满足现代司法实践的需求，尤其在一些大规模环境侵权案件中，受害者人数众多，环境侵权人力有不逮，不能保障受害人及时充分受偿，倘若如果没有妥善地解决措施，甚至会使原本的小康之家陷入贫困，使原本的贫困之家难以生存。对于环境损害赔偿实践中所面临的种种困境，法律层面已经做出了有益的探索，即在环境民事责任制度外，通过环境损害保险、环境公共补偿基金和财务保证等制度谋求解决的路径。由于上述制度的普遍做法是将环境侵权人的部分甚至全部的赔偿责任转嫁给了社会，所以这类制度就被统称为环境侵权损害赔偿社会化制度。②

（一）环境侵权损害赔偿社会化制度概述

在传统的侵权行为法中，侵权责任本身所追究的是一种个人责任，侵权赔偿以存在侵权责任为前提，而不论受害人所遭受的损害，即便最后确定了加害人的责任，受害人能获得的补偿亦受制于加害人的赔偿能力。然而，随着社会的发展，环境问题层出不穷，环境污染所造成的损害无论是从范围还是损害程度上，对人类来说都是重大灾害。在环境侵权案件中，我们往往很难确定具体的加害人，即使在加害人确定的情况下，由于环境侵权所造成的损害往往涉及范围极广、程度极深，企业为此要承担数额巨大的赔偿责任，而其赔偿能力是有限的，因此传统的侵权行为法难以较好地解决环境侵权问题，我们唯有突破个人责任的限制，采用社会化的救济方式以期更高效地解决环境污染所导致的侵权问题，从而更好地维护环境侵权中各方的利益。

在环境侵权中，社会化救济方式有效地填补了传统救济方式的缺陷，其将风险分散于社会中，当加害人的行为并无过错或者其无法承担损害后果时，将由社会对受害人进行补偿。因此，在该种情况下，只要受害人遭受了损失，就可以得社会相应的补偿，而无须要求该损失系违法行为或者

---

① 张梓太：《环境法律责任研究》，商务印书馆2004年版，第57页。

② 蔡守秋主编：《环境资源法学教程》，武汉大学出版社2009年版，第547—548页。

过错行为导致，甚至无须查明造成损害的原因。目前，此种将因环境污染侵权而产生的个人责任转由国家、社会以及不特定多数人承担的方式，国内外并未形成统一的概念，如王明远教授称其为“环境侵权损害填补责任的社会化”，认为在此种救济方式下，环境侵权导致的侵害不再仅仅是一种个人侵害，而是一种社会整体侵害，在运用传统侵权救济手段的同时辅以保险、基金等社会化方式对环境侵权问题进行解决，以此将责任分散于社会中不特定多数人身上，由他们共同承担，由此对损害的救济便不再单纯地依靠私法，不仅能够让受害者得到及时、充分的救助，起到维护社会稳定的作用，而且减轻了加害企业的责任，使其免于因承担过重责任陷入经营困难甚至倒闭的困境，从而促进社会经济的健康发展。① 周珂教授等认为，构建社会赔偿机制是对受害人实行有效救济、实现社会公平正义的必然选择，在此种机制下，排污者缴纳一定的保险金或公积金，通过保险或补偿基金的方式将可能承担的赔偿责任转移至保险公司或社会大众身上，这样不仅可以避免对受害者救济不足的问题，还可以通过责任分散来减轻污染者的责任，从而促进社会经济的健康发展。②

何为责任的社会化，戴维·M.沃克对此作出了解释，他认为，从社会的角度看，这是一种将损失进行转移的制度，也就是当某些人被认为是损害的制造者或者极有可能导致损害发生的人时，那么受害者所遭受的损失就转移到这些人身上，而责任的社会化就是在一定程度上将此种损失转嫁给企业或者整个社会。③ 从该种解释中我们可以看出，环境侵权损害赔偿社会化并不是否认加害人自身所需承担的责任，而是将该责任分散于国家、社会及企业等不特定的多数人，在这多数人里也包括了受害者本身。由于环境侵权的原因行为具有利益性，其是伴随着工业活动产生的，而人类社会的发展需要工业活动，因此国家在一定程度上允许企业排污。那么从工业活动中受益的国家、社会和社会中的个体，理应共同承担工业活动所引起的侵害行为产生的责任。

从上面的分析中我们可以看出，环境侵权损害赔偿社会化制度其实是

---

① 王明远：《环境侵权救济法律制度》，中国法制出版社 2001 年版，第 124 页。

② 周珂、杨子蛟：《论环境侵权损害填补综合协调机制》，《法学评论》2003 年第 6 期。

③ [英] 戴维·M.沃克：《牛津法律大辞典》，李双元等译，法律出版社 2003 年版，第 1109 页。

"社会责任原则"在环境法体系中的体现，在环境侵权案件中，当企业无法独自承担对受害者的救济责任时，由国家、社会和不特定多数人承担对受害者进行救济的责任，依据此种救济制度，既让受害者获得了来自社会的及时救助，避免因此而陷入贫困，又降低了加害人的赔偿责任，使得二者的利益得到了有效的平衡。

（二）环境侵权损害赔偿社会化制度对于生态型反贫困的价值

贫困者往往居住在环境质量较差的地区，里奇（Leach）和莫恩斯（Mearns）两位学者曾指出："所有不发达国家总人口的20%还处于'赤贫'状态，有结果显示其中60%的人生活在'生态脆弱的地区'。这些地区指的是农村的农业潜力低下的区域和城市的棚户区。"[①] 贫困者由于自身能力的不足，无法搬离这些区域并采取防御措施免予暴露在环境污染之下。受教育水平低下增加了他们的脆弱性，与之联系的政治边缘化降低了他们获得环境保护以及享受诸如安全饮用水、洁净的空气、污水和垃圾处理此类的基础服务设施的机会。城市棚户区通常暴露在受污染的空气、受污染的水源以及危险固体废物面前，农村失地或地少的农民为了生存被迫居住在边际区域，耕种着贫瘠的土地，无论是居住在陡峭的山坡、干旱或半干旱的土地上，还是居住在河流中的三角洲，他们都不得不遭遇滑坡、土壤退化、干旱或洪水等灾害。总而言之，贫困者往往更多地暴露在环境污染中，患病的风险更大，但是他们又由于可行能力被剥夺而具有脆弱性，支付不起因环境侵权行为带来病痛的医疗费用，因而环境侵权行为对他们的影响更大。[②]

罗尔斯在论述其主要关于收入和财富分配的第二个正义分配原则时强调，"虽然财富和收入分配无法做到平等，但它必须合乎每个人的利益，同时，权力地位和领导性职务也必须是所有人都能进入的"[③] 以及"适合于最少受惠者的最大利益（差别原则）"[④]。从侵权损害救济的角度分析，"适合最少受惠者的最大利益"原则要求对受到损害的贫困者的利益及时

① Leach, Melissa and Robin Meams, *Poverty and Environment in Developing Countries: An Overview Study*, Institute of Developing Studies, Brighton (United Kingdom), 1991.

② 任世丹：《贫困问题的环境法应对》，中国检察出版社2012年版，第181页。

③ ［美］约翰·罗尔斯：《正义论》，何怀宏等译，中国社会科学出版社2006年版，第61页。

④ 同上。

和有效的填补，以确保实现对其利益之补偿。具体到环境侵权损害领域，就要求这种补偿“只以损失的大小为标准，而不考虑或不过多考虑侵害者有无过错、其过错程度与赔偿额有无必然联系、赔偿费是否由本人支付”[①]。为了实现对受到损失的贫困者的及时和有效补偿，在环境侵权中仅仅依靠侵权者（一般是企业）的能力难以保证，只有通过社会化的救济途径方有完全满足之可能。[②] 具体而言，环境侵权损害赔偿社会化制度的价值主要体现在以下几个方面：

第一，当加害人拒绝救济或无力救济时为受害人提供及时有效的补偿。传统环境侵权损害赔偿制度在现实实践当中的个别化解决方式存在着诸多弊端，很多重大污染事故之下，加害方赔偿能力不足，有的甚至难以负担巨额的责任而遭遇破产，最终导致的实际还是受害方的权益没有得到保障，未得到应有的补偿或者是污染没有得到清除、环境没有得到恢复。面对环境污染侵害的日益严重，损害的加害方很多时候可能无力赔偿，受害人的救济就必然地成为一个不容忽视的社会问题。当同一个侵权法律关系当中的受害人与加害人之间无法就损害赔偿问题达成一致协议的时候，尽管给予了受害人公力救济的权利，但是在侵权损害当中的证明责任以及加害方承担责任的能力等因素的影响下，对于受害人的赔偿往往很难以达到充足、必要的程度。在受害方急切需要救济的情形下，如果仅仅将责任的承担归咎于加害方而没有国家或者相关社会组织的参与，就会使得侵权损害赔偿的制度不能全部实现其存在的价值，与人权保障和社会协调发展的理念相违背。[③] 环境侵权在现实生活当中通常有着规模较大的受害者群体，加害方自身的能力很多时候不足以负担起如此庞大的赔偿支出，对此，损害赔偿社会化的探索成为国际上许多国家和组织得到了认可并付诸实践的解决途径。

第二，在无法确定或者难以确定加害人时为受害人提供及时有效的救济。现代环境下的侵权损害的成因往往不仅仅局限于特定的人或者特定的企业的所谓违法、犯罪行为，反而经常是由某一生态圈内不特定的多数人

① 张文显主编：《法理学》，高等教育出版社 2011 年版，第 257 页。

② 任世丹：《贫困问题的环境法应对》，中国检察出版社 2012 年版，第 181 页。

③ 李培良：《环境侵权损害赔偿社会化研究》，博士学位论文，华东政法学院，2005 年，第 28 页。

无可非难的日常行为日积月累形成的，也正是这一特点，大大地增加了明确加害人的难度。在一些环境事故中，明确加害人成为一项几乎不可能完成的任务。即使是在借助于法理中共同侵权行为理论的情况下，在事实上也不可能推定特定的加害人以追究其民事责任。相比之下，社会化的损害赔偿方式能够很好地克服现行法律制度的不足，为受害人提供及时有效的救济。

第三，在加害人因法定事由免责时为受害人提供救济。在加害人具有法定免责事由的情况下，受害人权益保障路径也就需要进一步地得到考虑了，也必然地上升到了亟待解决的层次。在一个侵权行为当中，当加害人是出于不可抗力造成的损害，对其免于承担损害责任的规定从整体的社会利益层面来看是缺失公平的，但是如果因此而将损害结果的承担转移给了受害人一方，则更会显得荒唐。面对这样的窘境，即使是无过错责任原则也显得束手无策。此时，一套专门针对环境侵权损害赔偿的社会化制度就开始变得必不可少了，在这套完整的体系下，受害人的权益最大限度地获得充分且及时的保障，拓宽了侵权损害的救济渠道；此外，还可以维护法律规范严整的体系框架，减少突破免责事由追究加害人责任的可能性，保护企业的生产积极性，在一定程度上促进经济持续发展。

（三）设立环境侵权损害赔偿社会化制度应遵循的原则

环境侵权损害社会化赔偿责任性质是民事责任，因为侵权行为是承担民事责任的行为，是从法律责任性质的角度对侵权行为的定性，而法律责任最终由谁承担，是承担主体和承担方式问题，根据案件不同情况，最终承担者可能是侵权人本人，也可能是负有维护社会稳定职责的国家或社会组织，由国家或社会组织承担责任即是我们所讨论的社会化赔偿问题。因此，环境侵权损害社会化赔偿原则是以民事赔偿原则为指导，同时又具有其自身特点的独立原则，具体包括：

1. 环境利益原则

法国法有句格言：“无利益无诉权。”利益除包括经济内容外，更体现一种社会关系。在环境侵权中，环境利益在本质上体现环境侵权中加害人、受害人及作为媒介的环境三者之间的关系。由于环境利益关系的复杂性，导致环境损害多层次性，以环境利益原则作为环境损害赔偿社会化的核心原则，明晰了环境侵权关系以及损害的范围，有利于环境损害的填补。[①] 同时，环境作为一种内部结构复杂的社会关系从而具有广泛性，囊括了多个利益主体，即只要造成环境利益的损害，利益相关者就可以进行环境损害赔偿，这样既便利了环境侵权受害人获得赔偿，也解决了跨时空的环境侵权，体现了可持续发展的价值目标。

2. 全面赔偿原则

环境侵权损害赔偿社会化强调民事责任的复原功能，即填补受害人的损害以救济受害人，使受害人的损害得到补偿，为恢复受害人的损害提供物质保障。同时，也要使加害人“感受到道德和法律对其违法行为的否定评价，使行为人懂得实施违法行为不仅不会获得利益，反而会在物质利益和精神利益方面受到损害”[②]。全面赔偿原则可以实现上述两个功能。全面赔偿原则即有环境损害即需赔偿，即要赔偿环境侵权造成受害人的直接损失和间接损失，也就是说，既要对现有财产的直接减少进行赔偿，也要对正常情况下实际可以得到的利益进行赔偿。同时，也要补偿因环境侵权所致的精神损失，并兼顾环境利益的补偿。

3. 限定补偿原则

由于环境侵害具有广泛性、深刻性、多元性、持续性，其赔偿数额往往难以确定，在能确定的情况下，其数额也必将巨大，加之受害人往往人数众多，即使由社会组织或国家承担，负担也是极为沉重。因此，有必要对赔偿数额加以限制，实现社会的平衡发展。一些国家基于促进社会发展、提高就业的考虑，在 20 世纪 50 年代开始实行限额的环境侵权赔偿制。如 1959 年《匈牙利民法典》第 339 条规定、1960 年《核能领域第三方责任公约》的规定、我国《海商法》第 210 条的规定等。此外，限定补偿原则的适用有利于促进加害人、受害人采取适当措施，减少环境侵权的发生及其损害的扩大，从而也有利于减轻环境侵权的危害性。

---

① 郝慧：《环境侵权损害赔偿社会化研究》，硕士学位论文，福州大学，2006 年，第 11 页。

② 崔建远：《民事责任三题》，《法学研究》1989 年第 2 期。

第四章

法律参与生态型反贫困的必要性与可行性

第一节　法律参与生态型反贫困的必要性分析

对于反贫困，上有大批政策文件，下有形式多样的实践活动，一直以来国家政府可谓不遗余力，但是这些都不能掩盖其早已有之的法律缺失问题，随着反贫困事业进入集中连片攻坚克难期，自然环境对贫困产生的深刻影响，法律缺失现象将会更加凸显，若不及时解决，终将发展成为制约反贫困实践的最大瓶颈，对来之不易的发展成果贻害无穷。在我国扶贫体系构建过程中，政策、制度和法律是三个基本的干预工具。法律在确定扶贫地位、规范扶贫行为、厘定利益主体间的关系、保持扶贫工作的持续性方面，起着无可替代的作用。

一　《中国农村扶贫开发纲要（2011—2020年）》要求专门立法参与到反贫困实践中来

2011年是“十二五”规划的开局之年，同时也是全面建成小康社会最后十年的重要节点，党中央、国务院在客观分析过去反贫困经验教训基础上，审时度势，出台了《中国农村扶贫开发纲要（2011—2020年）》（以下简称《纲要》）。《纲要》第47条针对当前反贫困工作中法制建设严重滞后问题，明确指出：“加强法制化建设。加快扶贫立法，使扶贫工作尽快走上法制化轨道。”这是国家高层对反贫困立法的明确肯定和要求，同时也是对地方人大、政府今后反贫困立法工作的重要指引。

二 人类贫困的不平等本质需要用法律的公平正义价值进行衡平

关于贫困的本质，除了收入低下之外，至少还包括以下两个方面：其一，不平等。“贫困问题的本质就是一个不平等问题。”就城乡二元结构来说，农村贫困人口虽然在形式上与城市居民具有平等的法律地位，但实质不平等问题却普遍存在。如城乡之间的流动“壁垒”、城乡社会保障产品供给失衡等问题。其二，“基本可行能力的被剥夺”。此处的“基本可行能力”主要是指“一个人所拥有的、享受自己有理由珍视的那种生活的实质自由”①，也即个人为满足其最基本生存和发展所必须具备的相关权利、能力、机会和资源等工具。然而事实上这些“可行能力”都被“病态的制度”给剥夺了。丧失了社会保障权利、就业能力、公平交易的机会、良好教育资源的贫困者当然要自己承担高昂的发展成本，在下一轮的分配过程中再度陷入贫困。面对贫困者生存、发展等基本权利的被剥夺和被扭曲，作为“病态制度”设定者和维护者的法律当然应该“自我检讨”。从另一方面讲，贫困所反映的不平等和非正义问题又与法律的公平、正义价值直接对立，参与反贫困是法律义不容辞的责任。此处似乎存在一个悖论：病态的法律制度既是贫困的成因，又怎么能再用法律去治愈这种病态呢？其实这并非是悖论，法律也是一个辩证的客观实在，其本身发展的过程其实就是正面战胜反面、否定既存错误的自我修复、自我发展的矛盾运动过程。总之，法律参与反贫困既不是法学家的“一厢情愿”更不是“牵强附会”，而是法律在面对其调整“辖下”生如水火的“子民”的“本性回归”，这种“回归”同时也是法律对其自身长期的制度病态和缺失的一种“自我救赎”。

三 重经济轻生态的反贫困旧有模式需要法律进行矫正和指引

自新中国成立，特别是从1978年以来，我国先后进行了大规模的救济式和开发式扶贫实践，使得贫困人口大幅度减少，居民的教育、健康、

① ［印度］阿马蒂亚·森《以自由看待发展》，任赜、于真译，中国人民大学出版社2002年版，第35页。

公共服务等水平也有了显著提高。中国的扶贫事业取得了举世瞩目的成就，被众多国际机构视为全球减贫的成功典范。但是这其中也存在一些不足之处，最重要的就是扶贫过程中产生的环境破坏问题。自然资源是经济发展的原始资本和天然依靠，为了快速摆脱贫困，人们把目光本能地投向了自然，开发也表现为粗放和无节制，直接导致我国森林面积锐减，植被破坏严重，水土流失、荒漠化问题凸显，水污染、空气污染、土壤污染事件频频发生，形成了大片的生态脆弱区。

长期以来，我国对地方扶贫考核侧重于经济增量和贫困人口的减量，忽视了当地的环境成本。这就无形之中放任了当地官员为了所谓的扶贫政绩，以扶贫为幌子，无视相关环保政策，粗放性地开发自然资源，大肆破坏生态环境，以牺牲环境换取一时的经济增长。另外旧有的反贫困模式没有把生态保护放在应有的重要位置，缺乏对生态保护的长期全面统筹考虑，忽视生态保护，甚至把生态保护与反贫困对立起来，片面地看待发展，在短期的反贫困成果中沉醉和迷失，结果是毁了青山失了靠山，返贫率居高不下，人民重新回到了贫困的深渊。

生态即是生产力，青山就是靠山。这是国内外反贫困事业经验的总结。习近平总书记在不同的场合就曾形象而辩证地指出，我们既要绿水青山，也要金山银山，宁要绿水青山不要金山银山，其实绿水青山就是金山银山。《中国农村扶贫开发纲要（2011—2020年）》中也明确提出，要重视能源、生态以及生态环境建设。要在贫困地区继续实施退耕还林、退牧还草、水土保持、天然林保护、防护林体系建设和石漠化、荒漠化治理等重点生态修复工程。建立生态补偿机制，并重点向贫困地区倾斜。加大重点生态功能区生态补偿力度。重视贫困地区的生物多样性保护。可以说，我们已经吹响了向贫困宣战和向环境污染宣战的双号角，反贫困也开始由开发式反贫困向生态型反贫困转型和过渡。如何把嘹亮的口号落实到实践？如何把美好的政策变得更有执行力和更有持续性？如何打破旧有的反贫困既得利益体系重建新的反贫困模型？这都需要法律的参与。

四　反贫困实践中环保制度的执行需要有法律的监督和约束

我国西部有的地方提出工业强省、工业富县、大干快上，西部现已成为大工地。为了引进项目快速脱贫，贫困地区的一些环保部门对扶贫项目的环评过程睁一只眼闭一只眼，走形式现象严重。直接导致了许多低端或落后产业转移到了西部地区。而对于这些项目之后的污染问题环保部门更是视而不见，听之任之。许多企业正是看准了政府的这一软肋，在利益的驱动下，打着扶贫的金字招牌，肆意地破坏环境。一些落后地区本来山清水秀，快速工业化或低端工业化使现有环境遭到破坏。我国多数贫穷地区都是自然保护区、生态保护区，如果搞产业的时候只想着GDP，而不考虑对生态的破坏，这是饮鸩止渴的坏办法。要想让贫困者真正摆脱环境破坏与贫困的恶性循环，仅仅依靠软性的政策和扶贫者的自觉性是远远不够的，必须引入法律，让制度长出让人畏惧的“牙齿”，让反贫困事业更加绿色、更加可持续。2015年1月1日，经过修改后的《环境保护法》正式实施。新修订的《环境保护法》增加了公益诉讼模式和许多严厉的追责制度，使得今后反贫困实践中的环保行动更具可操作性，对那些打着反贫困的幌子进行的破坏环境行为可以勇敢地对它们亮剑。例如《环境保护法》第49条规定，各级人民政府及其农业等有关部门和机构应当指导农业生产经营者科学种植和养殖，科学合理施用农药、化肥等农业投入品，科学处置农用薄膜、农作物秸秆等农业废弃物，防止农业面源污染。禁止将不符合农用标准和环境保护标准的固体废物、废水施入农田。施用农药、化肥等农业投入品及进行灌溉，应当采取措施，防止重金属和其他有毒有害物质污染环境。畜禽养殖场、养殖小区、定点屠宰企业等的选址、建设和管理应当符合有关法律法规规定。从事畜禽养殖和屠宰的单位和个人应当采取措施，对畜禽粪便、尸体和污水等废弃物进行科学处置，防止污染环境。县级人民政府负责组织农村生活废弃物的处置工作。第68条规定地方各级人民政府、县级以上人民政府环境保护主管部门和其他负有环境保护监督管理职责的部门对超标排放污染物、采用逃避监管的方式排放污染物、造成环境事故以及不落实生态保护措施造成生态破坏等行为，发现或者接到举报未及时查处的，对直接负责的主管人员和其他直接责任人员给予记过、记大过或者降级处分；造成严重后果的，给予撤职或者开除处分，其主要负责人应当引咎辞职。

第二节　法律参与生态型反贫困的可行性分析

通过专门立法的形式对某一种社会关系进行调整，必须要有充分的立法基础和成熟的立法条件，这些基础和条件一般表现为社会的关注程度、学术界的研究成果、国家对该问题是否出台了相关政策、相关的法律法规对该问题的涉及程度，以及是否积累了相关立法案例或经验等方面。长期以来，无论是国家还是社会，无论是学界还是实务界，人们对反贫困事业可谓不遗余力，丰富的理论研究成果、大量的国家扶贫政策、多样化的反贫困立法尝试纷纷向反贫困战场汇集而来，可以说，通过立法对反贫困社会关系进行调整的条件是成熟的，基础是充分的，已经完全具备了立法的可行性。

一　扶贫政策为反贫困立法提供了重要的政策支持

我国真正意义上的扶贫是从 1978 年改革开放时开始的，主要经历了政策实施阶段和法制发展阶段两个大的阶段，“体制改革推动反贫困”顾名思义就是通过体制改革，破除不适宜的制度束缚，解放生产力，通过体制改革释放给贫困群体应得的利益获得。这些体制改革主要就是以家庭承包经营制度取代人民公社的集体经营制度，逐步放开农产品价格市场，大力发展乡镇企业等。在大规模开发式反贫阶段我国政府为进一步加大扶贫力度，自 1986 年起采取了一系列重大政策措施：成立专门扶贫工作机构，安排专项资金，制定专门的优惠政策，并对传统的救济式扶贫进行彻底改革，确定了开发式扶贫方针。自此，我国政府在全国范围内开展了有计划、有组织和大规模的开发式反贫困，我国的反贫困工作进入了一个新的历史时期。自 1994 年 3 月《国家八七扶贫攻坚计划》公布，我国的反贫困工作进入了法制发展阶段《国家八七扶贫攻坚计划》明确提出，集中人力、物力、财力，动员社会各界力量，力争用 7 年左右的时间，到 2000 年年底基本解决农村贫困人口的温饱问题。这是新中国历史上第一个有明确目标、明确对象、明确措施和明确期限的扶贫开发行动纲领。2001 年 5 月，中央扶贫开发工作会议召开，制定并颁布了《中国农村扶贫开发纲要（2001—2010 年）》，这是继“八七扶贫计划”后又一个扶贫纲领性文件。

当前，我国的反贫困事业已经进入到了啃硬骨头时期，为了保证到 2020 年实现全面建成小康社会的目标，党中央、国务院陆续出台了一系列更为有力的政策措施。例如 2012 年 2 月国家发展与改革委员会发布的《西部大开发“十二五”规划》；2011 年 11 月 7 日财政部、发展和改革委、国务院扶贫办三部门联合印发的《财政专项扶贫资金管理办法》（2012年1月1日施行）；2011年12月中共中央、国务院印发的《中国农村扶贫开发纲要（2011—2020年）》等。这些都是目前我国指导、调整反贫困实践的重要政策性文件，为我国的反贫困立法提供了重要的政策基础。

二　相关法律为反贫困立法提供了重要的立法基础

（一）让人民摆脱贫困是宪法尊重和保障人权的应有之义

人权是指人作为人所应该享有的最基本的权利，其实质内容和目标其实就是人生存与发展的权利。贫困者之所以贫困正是因为其生存与发展的权利缺失或者根本得不到保障而造成的。反贫困立法就是以此为理念缘起，试图运用多种手段维护贫困者生存与发展的基本权利，从而让其摆脱贫困，走向富裕。我国宪法明确规定国家尊重和保障人权，并就公民的生存、发展等相关权利进行了宣示，为当下的反贫困立法工作提供了重要的宪法性指引。

（二）经济法的“失灵”理论可以作为贫困成因的重要解释

贫困的本质主要是经济收入低下、权利地位不平等和“基本可行能力的被剥夺”，这三个方面在一个良好的市场经济环境下是不可想象的。与经济收入低下相对应的其实就是市场失灵中的经济外在性，市场经济中的理性人以追求自身最大利益为目标，通过各种合法、非法途径获取社会资源和财富，在社会资源有限和稀缺的情况下，竞争获胜者不肯无偿让渡自己的既得利益，这就必然会导致一部分竞争失败者的贫穷。权利地位不平等可以表现为市场失灵中信息不对称和垄断。垄断不仅是一种严重的权利失衡，同时还是一种市场经济的失败，它严重损害了权利弱小者的自由竞争能力，最终发展成为贫困。在城乡的经济交流中，贫困者由于智力素质、沟通渠道的局限，往往掌握很少或者几乎没有相关经济交易的信息，市场需要什么，供需情况如何，贫困者几乎一无所知，在市场规律的作用下必然越来越穷困。“基本可行能力的被剥夺”映射到市场失灵中就是公共物品的缺失。由于当前不合理的城乡二元结构和分配制度，广大农村严重缺乏教育、医疗、养老等社会公共产品，这些社会保障产品的缺失直接导致了农村人口发展成本高昂，一步步沦为贫困者。当市场失灵导致包括贫困在内的经济危机时，作为社会的管理者政府必然会动用财政、金融、税收等手段对失灵的经济活动进行干预，但与市场失灵一样政府也会失灵，因为政府不是“经济阉人”。政府失灵反映在反贫困领域，主要表现为：其一，政府滥用政策手段干预正常的市场经济，激起市场规律的“报复”，最终反贫困越反越贫；其二，中央政府与地方政府、同级政府之间在反贫困资金使用上的偏移与博弈，最终导致资金的渗漏、流失，无益于贫困群体之利益。

另外，从反贫困的维度讲，经济法的目标、宗旨和价值取向也正是反贫困理念所需要的。经济法是以社会为本位，以国家干预为手段，以最终实现社会整体经济可持续发展为目标的法律部门。反贫困所要求的公平协调发展和社会整体利益正好与经济法的目标、宗旨和价值相契合。贫困表现为不平等、不均衡和能力的被剥夺，反贫困实质就是政府运用相关手段对社会资源的再分配、对不平等权利的矫正、对缺失能力的补强，其最终追求的目标是实现社会整体利益的公平与协调，而所有这些也正是经济法实质公平和协调可持续目标的重要表现。

可以看出，经济法的相关理论能够很好地解释贫困的形成机理，经济法的价值目标也正是反贫困实践所期许的，所以，经济法应该是反贫困立法最为适合的法域，其为反贫困立法提供了一个良好的法域空间。

（三）环境保护法为生态型反贫困提供了重要的法律支持

环境是人类生存与发展的资本和场域，环境不应该被忽视，更不应该被肆意地索取或破坏。环境与贫困之间是一种既对立又统一的关系。运用好环境，人类能够摆脱贫困走向富裕。运用不好环境，人类只会在贫困的泥潭越陷越深。我国环境保护法律明确规定，开发利用自然资源，应当合理开发，保护生物多样性，保障生态安全，坚持开发与保护相结合的原则。《环境保护法》第 31 条还对生态保护补偿制度进行了规定，明确要求要加大对生态保护地区的财政转移支付力度。同时，国家指导受益地区和生态保护区人民政府通过协商或者按照市场规则进行生态保护补偿。这些规定都为我们目前的反贫困实践新添了一个生态的视角，即通过法律来保护生态，通过生态来促进减贫。

三　扶贫条例为反贫困立法提供了重要的立法经验

截至 2016 年 5 月 31 日，我国西部 12 个省、自治区和直辖市中制定反贫困地方性法规的有 10 部：《广西壮族自治区扶贫开发条例》；《重庆市农村扶贫开发条例》《陕西省农村扶贫开发条例》《甘肃省农村扶贫开发条例》《内蒙古自治区农村牧区扶贫开发条例》《贵州省扶贫开发条例》《云南省农村扶贫开发条例》《四川省农村扶贫开发条例》《青海省农村牧区扶贫开发条例》《宁夏回族自治区扶贫开发条例》。

除西部地区外，其他省份制定的反贫困地方性法规有6部：《湖北省农村扶贫条例》《黑龙江农村扶贫开发条例》《广东省农村扶贫开发条例》《江苏省农村扶贫开发条例》《湖南省农村扶贫开发条例》《吉林省农村扶贫开发条例》。

上述这些“农村扶贫开发条例”都是由享有地方立法权的各级地方人大制定，一般都设有6—9个章节，32—61个条文，以总则、扶贫对象标准、对象和范围、扶贫措施、项目管理与资金管理、法律责任、附则等为主要内容，并冠以“条例”之名，属于典型的地方性法规，法律属性明显。这些地方性反贫困立法虽然没有国家基本法律法规的效力高，但却是各地总结反贫困实践经验、结合当地实际积极进行的立法尝试，在反贫困领域无疑走在了高级别立法的前列，具有较高的法律位阶和效力，是目前通过法律形式规范反贫困活动的中坚力量，为我国全国性的反贫困法律制定提供了重要的立法经验。

四　扶贫模式为反贫困立法提供了重要的实践经验

反贫困是我们国家政府的宪法性义务。自新中国成立特别是从1978年以来，我国的反贫困斗争先后经历了政策实施阶段和法制发展阶段两个大的阶段，并取得了显著的成效。在这些反贫困实践中，各时期、各地区都涌现出了许多扶贫模式，目前见诸报端、杂志的就有50余种。比如整村推进、产业化扶贫、自愿移民扶贫、劳动力输出培训扶贫、以工代赈、科技扶贫、定点扶贫、对口扶贫、雨露计划、国际合作等。这些模式或具体或综合，或直接或间接，共同为我国反贫困斗争的阶段性胜利提供了重要的方法论基础，更为我们反贫困立法如何设置权利义务关系和管理被管理关系、如何调整反贫困过程中产生的各种社会关系提供了重要的实践经验。

第五章

西部地区生态型反贫困法律保障制度的现状与不足

西部地区贫困落后的根本原因是自然禀赋的生态环境，是人为恶化的生态贫困。在国家重点扶持的贫困县里，西部山区、高原等自然环境较恶劣的地区占大部分，而且贫困人口比例占到60%。这些贫困地区往往耕地少，可供利用的水资源极度短缺，而且自然灾害发生的频率较高。西部地区的生态贫困导致地区人口贫困，地区贫困反过来又加剧了生态环境的恶化，形成“返贫困”现象。因此，西部地区生态反贫困的根本就是要建立生态型反贫困制度和策略。

第一节　西部地区实施生态型反贫困制度的总体概况

我国的西部地区主要包括12个省、直辖市及自治区，即西南五省区市（四川、云南、贵州、西藏、重庆）、西北五省区（陕西、甘肃、青海、新疆、宁夏）和内蒙古、广西。由于西部各省、自治区、直辖市生态贫困的具体情况各不相同，所以西部各省、自治区、直辖市生态型反贫困制度的具体路径也各不相同，在本节中，我们将从宏观上简要介绍一下西部各省实施生态型反贫困制度的状况。

一　陕西省生态型反贫困制度实施概况

从1954年起，陕西省政府就开始向沙滩地区大量移民，实现退耕还林达两千多平方千米。最典型的是榆林市靖边县，政府通过多方面筹资，将贫困人口搬迁1860户，在移民区造林固沙，投入资金计划将不具备生产生活条件的贫困户易地扶贫搬迁，并每户发放适当补助，改善移民户生存条件，尽快解决他们的脱贫问题，把移民扶贫与生态环境建设相结合，减轻人口对生态环境的压力。陕西省还通过省际间的生态补偿制度，联合陕甘两省六市一区，成立渭河流域环境保护城市联盟，并建立渭河流域生态补偿机制，实现了三年变清的目标。

二 四川省生态型反贫困制度实施概况

四川省自2006年开始探索森林社区共管模式，成立资源社区共管小组，发展乡村生态旅游、生态产业园等经营模式，促进了省内林区群众增收反贫困道路。达州市政府积极发展生态农业产业园区，建立一种资源节约型、经营集约化和生产商品化的现代生态农业发展模式，解决了达州市贫困人口经济收入不稳定的难题。2016年6月1日正式施行的《四川省“三江”流域水环境生态补偿办法（试行）》作为四川省政府对生态补偿制度的一个创新之处，其不仅有严格的污染扣缴赔偿制度，还要求下游县市政府支付生态改善金，且支付标准高。这种“双向补偿”机制作为市场经济下一种生态补偿手段，能够解决流域治理的难题。同时，横断山区部分生态环境恶劣并且不断恶化，成为反贫困路程中最大的障碍，已出现物质贫困、精神贫困等并存的现象。[①] 四川省为保证生态与人类活动的平衡关系，于2006年开始对横断山区进行重点生态移民，采取了相应的生态移民后续工程建设和生态移民补助等方式解决移民后的经济收入问题。

三 云南省生态型反贫困制度实施概况

云南省将石漠化治理、天然林保护工程等林业重点生态工程建设相结合，着力恢复和维护生态系统。近年来因地制宜，加大恢复森林植被的力度，发挥区域比较优势，构建基于生态修复和农民增收的农业产业结构，大力发展核桃、油茶等特色生态资源产业，切实增加贫困人口收入。同时，针对不同贫困程度的群体，采取了不同的扶贫推进方式，成立了专门

① 冯敏：《生态环境恶劣导致居住民贫困——四川横断山区生态贫困研究》，《康定民族师范高等专科学校学报》2008年第3期。

的机构，制定了一系列措施，保证了生态移民的成功。由于云南省安置区的自然条件、土地资源较好，易地扶贫安置的特困农民对摆脱贫困也充满信心，积极自愿搬迁，主动适应当地的生产和生活环境。他们在安置区开展了基础设施、社会服务配套设施、安居房、基本农田和高稳产农田的建设，为移民奠定了稳固的基础。在“十一五”期间，不断在生态保护和水能矿产开发生态补偿等方面大量投入资金，开展自然保护区、重要生态功能区、重大资源开发项目等多个领域的生态补偿试点工作，建立区域生态补偿机制。[①]

四　贵州省生态型反贫困制度实施概况

贵州省是我国石漠化最严重的区域之一，一直深受经济社会发展滞后、农村贫困问题突出等因素影响，因此也是我国扶贫任务最重的一个省份。1993 年，在美国国际鹤类基金会的资助下，贵州草海就开始尝试将管理与扶贫相结合的社区共管模式，并已形成了基本的框架。在生态移民上，若以 2300 元作为扶贫标准，那么贵州省贫困人口多达 745 万人，而其中 85%就集中分布在武陵山区、乌蒙山区、滇桂黔石漠化区等连片特困地区。因此，贵州省政府坚持把扶贫开发作为第一民生工程，按照专项扶贫、行业扶贫和社会扶贫“三位一体”的国家扶贫战略的要求，以增加农民收入为重点的产业化扶贫，以生态移民、培训创业就业等为重点的民生改善等工作，推进生态产业发展，努力建成“两江”上游重要生态屏障。2004 年，有 4 万户进行了异地移民搬迁，搬迁贫困户的经济收入也持续上涨。其中，荔波县被列为贵州省易地扶贫试点县，实施“风景名胜区自然保护区”易地扶贫搬迁工程。在搬迁工程中，荔波通过产业化安置移民、旅游安置移民、依托退耕还林安置等措施，逐步增加人均纯收入。实践证明，扶贫生态移民工程使广大贫困户的生产条件和收入大大提高，对生态型反贫困和生态修复都起到了积极的作用。2009 年，贵州省政府建立了上下游区域间水污染生态补偿机制，还积极协调赤水河上下游的云南、四川省，申请跨省域的国家生态补偿试点工作。

---

① 梁爱文、李娟：《论我国生态补偿制度的缺失及建构——以云南为例》，《重庆工商大学学报》2011 年第 3 期。

五 广西壮族自治区生态型反贫困制度实施概况

广西壮族自治区积极探索生态反贫困的扶贫之路，通过完善扶贫开发责任体制、扶贫资金管理使用机制、开发生态旅游产业、重点推进扶贫生态移民工程及加强贫困地区基础设施和公共服务建设等措施，走出了一条富有生态型反贫困特色的反贫新路子。截至 2013 年，广西全区总人口 5282 万人。其中贫困人口 634 万人，贫困发生率为 14.9%。根据广西壮族自治区发展和改革委与自治区扶贫办于 2014 年 3 月联合组织开展的全区扶贫生态移民调查摸底情况来看，16 个片区县和国贫县在 2014—2020 年期间有搬迁需求和搬迁意愿的群众约 62.7 万人。① 2016 年 6 月，国家明确要加大对广西生态扶贫搬迁的支持力度，提高专项资金投入，利用自治区财政资金进行配套补助，并通过整合国家、广西各级以及市场融资等各种资源加大反贫困资金扶持。为解决生态移民后续经济问题，又发展生态移民的后续产业发展项目，保障生态搬迁后的人员生存问题，如宝塔医药产业园。2016 年以来，广西壮族自治区政府再次强调移民的后续发展是能否成功脱贫的关键。

六 甘肃省生态型反贫困制度实施概况

甘肃省最早开始生态型反贫困始于 1983 年。甘肃省委、省政府按照“兴河西之利，济中部之贫”的战略方针，采取了“开发性移民”措施，将中部地区部分贫困人口向生态环境较优良的河西走廊地区搬迁，达到搬迁移民实现了“一年搬迁，两年定居，三年解决温饱，四五年稳定脱贫”的目标。并在 39 个县的范围内进行区域性重点扶贫开发，特别是针对特殊干旱地区实施大规模的移民自愿搬迁，帮助贫困地区人民改善了生存条件，增强了农村贫困地区的经济活力。“两西”建设等一系列重大政策举措拉开了中国特定贫困区域扶贫开发的序幕，开全国区域性开发式扶贫之先河，并为其他各省份进行的攻坚式扶贫提供可以借鉴的经验和做法。

1985 年年底，甘肃率先实践了开发当地资源、发展贫困地区经济的开发式扶贫，对陇东地区和南部高寒阴湿地区以及少数民族地区的贫困县开始重点开发治理。截至 1985 年年底，全省贫困人口大幅度降低。1994

---

① 庞汉：《加快广西扶贫生态移民对策研究》，《学术论坛》2014 年第 6 期。

年，又在《国家八七扶贫攻坚计划》指导下，结合全省贫困状况和贫困人口分布变化，提出了“四七扶贫攻坚计划”，以 41 个国扶县，12 个省扶县为重点集中开展扶贫攻坚，解决全省农村贫困人口的温饱问题。并于 1998 年率先探索并实践了以贫困村为单位整合扶贫资源，改善基础设施、培植生态支柱性产业、培训劳动力、移民安置等从根本上提高贫困村的发展能力，扩大贫困人口发展机会的群众参与式整村推进的扶贫方式。

2001 年，甘肃省结合中央政策指示，再次调整扶贫政策，将农村扶贫开发工作的重点区域范围进一步扩大，将秦巴山片区（陇南市）经济社会发展中的突出矛盾和问题重点提出，并通过《关于贯彻落实秦巴山片区区域发展与扶贫攻坚规划（2011—2020 年）的意见》。2004 年，在《甘肃省人民政府办公厅关于印发甘肃省易地扶贫搬迁试点工程实施意见（试行）的通知》中，提出通过易地扶贫搬迁的办法从根本上解决脱贫和发展问题，积极稳妥地开展易地扶贫搬迁试点工程，用以解决缺乏基本生存条件地区贫困人口脱贫致富、恢复和保护生态环境、统筹生态区域发展。其中，甘南州按照自然保护区建设规划，项目区新建 4 个自然保护区，续建 1 个国家级自然保护区。依照自然保护区有关法律法规的规定，将核心区内的贫困人口进行生态移民，解决好自然保护区内牧民的生存问题，并采取休牧、舍饲圈养等措施，加强天然草原生态资源的保护。

在 2010 年，甘肃省陆续出台了《甘肃省水土保持条例》等一系列涵盖生态保护和建设的规章制度，为建立健全生态补偿长效机制提供了制度保障。与此同时，还完善了自然资源产权登记制度内容，明确界定了林权、草原承包经营权、矿山开采权等权益，并且制定了不同领域不同地区的生态补偿标准。随之，于 2011 年成立渭河流域环境保护城市联盟，建立流域生态补偿机制、区域环境保护联席会商和信息共享机制等五大机制，实现渭河上下游联防联控。联盟成立后不到一个月，陕西省对甘肃省天水市、定西市各补偿 300 万元，专项用于支持渭河流域上游两市污染治理工程、水源地生态建设工程和水质监测能力提升项目，这也成为全国首例省际之间生态补偿机制。

2013 年年底，国务院审议通过了《甘肃省加快转型发展建设国家生态安全屏障综合试验区总体方案》，这成为甘肃生态文明建设的一个重大机遇，也成为推进甘肃转型跨越发展的重大生态战略平台。甘肃省政府表示准备利用 5 年时间，对贫困程度深、生态位置重要以及地质灾害频发地区的112万人实施易地扶贫搬迁工程。目前，还有相当一部分群众生活在自然条件恶劣、缺乏基本生存条件的深山区、林缘区和地质灾害频发区。政府通过易地扶贫搬迁，将这些贫困人口集中安置到条件较好的地区，既可以有效改善人口的反贫困条件，又有利于生态环境恢复和保护，形成了一条扶贫反贫困与生态建设相结合的新路子。

2015年1月，《甘肃省政府办公厅关于〈甘肃省财政专项扶贫资金使用管理实施办法〉和〈甘肃省财政专项扶贫资金县级报账制实施细则〉有关补充规定的通知》中，明确要以持续增加贫困人口收入为重点，加快生态移民进程，同时着力培育发展特色生态产业，构建多元化、多层次的生态反贫困金融服务体系，进一步强化贫困地区劳动力技能培训，同步促进甘肃省生态型反贫困。

七 青海省生态型反贫困制度实施概况

青海湖属湿地生态系统和以珍稀濒危野生动物普氏原羚以及鸟类为主体的湿地类型自然保护区，具有涵养水源和调节气候等极为重要的生态功能。为保护生态平衡以及发展当地贫困人口的经济收入，青海湖自然保护区积极运用社区经济协调发展、利益共享的新思路，提出当地政府、企业、宗教社团共管的模式，把主动权和利益还给群众，从根本上解决环境保护与当地居民利益之间的矛盾。在生态产业发展上，青海省聚集优势区域，建成了以果洛藏族自治州班玛县为代表的藏雪茶生态产业基地，并相继成立沙棘产业园区、枸杞产业园区，对促进贫困人口增收起到积极作用，同时又起到了挖掘和传承古老的藏茶文化的作用。2003年，从实施退牧还草和三江源项目以来，对原居住在黄河源头的贫困牧民，按照整体搬迁和以草定畜移民原则，分别搬迁至果洛州玛沁县新村等生态移民社区，并完善扶持后续产业发展，进一步解决生态移民的后续反贫困问题。作为我国湿地功能生态补偿试点地区的青海省，2010年首创了高原湿地生态效益补偿的发展模式。2014年开展了草原生态保护补偿奖励绩效考核管理的相关试点工作，并率先建立并实施了草原生态保护补偿奖励绩效考核办法。2015年，又探索建立三江源流域上下游生态保护横向补偿机制，并已在青海三江源地区加快试点建设部署。

八 宁夏回族自治区生态型反贫困制度实施概况

2011年，宁夏开始实施35万生态移民工程，计划投资105亿元，利用5年时间把近35万生活在不适宜居住、不适宜发展环境里的贫困群众搬迁出来，再用5年时间助其脱贫致富，预计到2020年实现移民人均纯收入接近全区平均水平。宁夏六盘山区推行了生态公益林补偿政策，对补偿标准、补偿方式都作出了相应规定，使得生态脆弱、经济贫困的集中连片特困山区的森林资源得到了恢复和保护，也让贫困户从中得到了一定的经济收入。从2014年4月起，哈巴湖国家级自然保护区全面开始生态资源社区共管工作，逐步改变社区群众的生产经营结构，减缓对保护区资源的依存度。为进一步推动反贫困的进程，宁夏建立了自治区的"二号工程"，即宁夏生态纺织产业示范园，成为国家发展和改革委批准成立的西部地区承接产业转移的示范园区。宁夏还将实施生态环境损害责任终身追究制度。通过建立倒查机制，对环境质量明显恶化的情况，将依法依纪追究有关领导和责任人的责任。

九　西藏自治区生态型反贫困制度实施概况

西藏是全国唯一的省级集中连片贫困地区，目前依然存在贫困集中连片、贫困程度深、返贫现象普遍等现象。居住生态环境差、生产方式落后、贫困人口素质低等因素，一直困扰着贫困地区的经济社会发展。2004年，西藏被正式列入补偿基金实施范围，截至2007年，西藏6年间共落实国家财政资金约35亿元用于重点生态功能区转移支付。2014年，西藏还相继开展了湿地和水资源生态效益补偿试点的工作，将与其他相关生态补偿方式进行有效衔接，总体上形成了协调有序的生态补偿机制，同时激发民众的主动参与环保的积极性。藏东南高原边缘森林和藏西北羌塘高原荒漠生态功能区，被列入我国重点生态功能区名录，为此国家也将生态补偿资金予以倾斜，投入力度逐年增加。2016年，新疆维吾尔自治区将日喀则、昌都、那曲作为全区新时期扶贫反贫困的主战场，其中45个县为重点攻坚区域，集中解决贫困地区发展瓶颈。

十　新疆维吾尔自治区生态型反贫困制度实施概况

新疆维吾尔自治区蕴藏着丰富的煤炭、石油、天然气资源，但因经济发展需要，生态资源开发强度逐年增大，也出现不同程度的环境破坏和污染问题。为预防和治理以上问题，制定了《新疆维吾尔自治区煤炭石油天然气开发环境保护条例》，明确规定自治区建立生态保护补偿制度，有关地方人民政府应当确保生态补偿金能够用于生态保护。同时，还规定不免除已缴纳生态保护补偿金的开发单位的污染防治和恢复生态的责任等内容。此外，1994 年新疆开始实施生态移民以来，把生态移民工作与生态保护、退耕还林还草、产业结构调整结合起来，虽然迁移居民人数仍然有限，但居民点的拆迁使这些地带恢复了基本无人干扰的自然生态系统，对生物多样性保护起到了极大的作用。2016 年，自治区在阿克苏乌什县成立了采用太阳能发电的农业设施大棚，推进了现代生态观光产业园项目的建成，政府致力于打造集现代农业、观光旅游为一体的全产业链园区，加快反贫困的进程。

十一　内蒙古自治区生态型反贫困制度实施概况

从 2000 年起，国家向内蒙古自治区投入近亿元用于加快自然保护区的反贫困建设，并调动社会各界参与生态保护、聚集社会财力投入资源保护，不断发展和完善生态资源社区共管制度。内蒙古自治区现还有大量的贫困人口，大部分生活在生态恶劣的荒漠化地区。政府按照建设与保护并重、以保护为主的方针，采取"封、飞、造"措施，加快生态恢复速度。同时，将生活条件恶劣、生活资源严重匮乏地区的农牧户，搬迁至生存环境较好的地区，并严格贯彻扶贫资金的投放，直接解决贫困人口温饱问题。生态移民工程始于 1998 年，当时的目的是减轻阴山北麓生态脆弱区人口对生态环境的压力，2001 年又根据《实施生态移民和异地扶贫移民试点工程的意见》开始大规模的生态移民，在全自治区范围内对荒漠化、草原退化等生态环境脆弱地区实施生态移民措施，重点针对沙化区、山区及草原退化区。总体来看，内蒙古生态移民战略的实施，不但使迁出地生态环境得到了恢复，而且促进了地区生态产业结构调整，实现了生态、经济、社会协调发展。①

十二　重庆市生态型反贫困制度实施概况

重庆渝东南、渝东北地区自然条件恶劣，落后的基础设施也一直阻碍着反贫困进程的步伐。三峡库区移民后，重庆利用自身的地理优势，通过

① 初春霞、孟慧君：《内蒙古生态移民面临问题及其对策思考》，《北方经济》2005 年第 6 期。

高山移民扶贫搬迁，引导搬迁群众参与安置区产业开发和生产结构调整，发展特色生态产业园区，拓宽了贫困地区脱贫的道路。2014 年，通过对农户的补助，逐步加强渝东北、渝东南重点生态功能区的生态效益补偿，也让公益林能够得到有效保护。预计 2011—2020 年，共需管护森林 3923 万亩、造林 200 万亩、封山育林 324 万亩。其中，渝东北、渝东南地区多为贫困地区，资源保护配套能力较弱。通过转移支付将资金分配倾斜，2015 年区县生态效益补偿配套就降低近 30%。

第二节　西部地区生态型反贫困法律保障制度的现状

一　法律、行政法规中关于生态型反贫困的规定

当前，我国并没有专门的法律和行政法规对于生态型反贫困进行规制，关于生态型反贫困的相关规定仅散见于《农业法》、《防沙治沙法》《退耕还林条例》以及《国务院实施〈中华人民共和国民族区域自治法〉若干规定》等法律和行政法规中。

为了巩固和加强农业在国民经济中的基础地位，深化农村改革，发展农业生产力，推进农业现代化，维护农民和农业生产经营组织的合法权益，增加农民收入，提高农民科学文化素质，促进农业和农村经济的持续、稳定、健康发展，实现全面建设小康社会的目标，全国人民代表大会常务委员会于 1993 年 7 月 2 日通过了《农业法》，后又经 2002 年和 2009 年两次修订，该法的第 85 条规定："扶贫开发应当坚持与资源保护、生态建设相结合，促进贫困地区经济、社会的协调发展和全面进步。"明确提出将扶贫开发与生态保护相结合的反贫困理念。

2001 年 8 月 31 日第九届全国人民代表大会常务委员会第二十三次会议通过了《防沙治沙法》，制定该法的目的是预防土地沙化，治理沙化土地，维护生态安全，促进经济和社会的可持续发展。在该法中，也有关于生态型反贫困的零星规定，如该法第 32 条规定，"在安排扶贫、农业、水利、道路、矿产、能源、农业综合开发等项目时，应当根据具体情况，设立若干防沙治沙子项目"，突显了扶贫中保护环境的重要性。该法第 35 条

也规定，“因保护生态的特殊要求，将治理后的土地批准划为自然保护区或者沙化土地封禁保护区的，批准机关应当给予治理者合理的经济补偿”，这也是对于生态补偿制度的规定。

2002年12月6日国务院第66次常务会议通过了《退耕还林条例》，制定该条例的目的是规范退耕还林活动，保护退耕还林者的合法权益，巩固退耕还林成果，进而优化农村产业结构，改善生态环境。该法的第4条规定，“退耕还林必须坚持生态优先。退耕还林应当与调整农村产业结构、发展农村经济，防治水土流失、保护和建设基本农田、提高粮食单产，加强农村能源建设，实施生态移民相结合”，第54条规定，“国家鼓励在退耕还林过程中实行生态移民，并对生态移民农户的生产、生活设施给予适当补助”，提出了生态移民制度。第56条规定，“退耕还林应当与扶贫开发、农业综合开发和水土保持等政策措施相结合，对不同性质的项目资金应当在专款专用的前提下统筹安排，提高资金使用效益”，明确要将退耕还林与扶贫开发结合起来。

为了帮助民族自治地方加快经济和社会的发展，增进民族团结，促进各民族共同繁荣，根据《民族区域自治法》的规定，2005年5月11日国务院第89次常务会议通过了《国务院实施〈中华人民共和国民族区域自治法〉若干规定》，该规定第8条明确规定，“国家加快建立生态补偿机制，根据开发者付费、受益者补偿、破坏者赔偿的原则，从国家、区域、产业三个层面，通过财政转移支付、项目支持等措施，对在野生动植物保护和自然保护区建设等生态环境保护方面做出贡献的民族自治地方，给予合理补偿”。提出了建立生态补偿制度的具体措施。第16条规定，“国家加强民族自治地方的扶贫开发，重点支持民族自治地方贫困乡村以通水、通电、通路、通广播电视和茅草房危房改造、生态移民等为重点的基础设施建设和农田基本建设，动员和组织社会力量参与民族自治地方的扶贫开发”。将生态移民作为反贫困的一种重要制度。

二　中央层面政策性文件及国务院部门规章中关于生态型反贫困的规定

虽然在法律、行政法规等立法层级较高的规范性文件中对于生态型反贫困的规定较少，但是在中央层面的政策性文件，如《西部大开发“十二五”规划》和《中国农村扶贫开发纲要（2011—2020年）》中对于生态型反贫困有了较多的规定。

2000 年，我国开始实施西部大开发战略，为了全面贯彻落实党中央、国务院关于实施新一轮西部大开发的战略部署，促进区域协调发展，2012 年 2 月国家发展与改革委员会依据《中共中央国务院关于深入实施西部大开发战略的若干意见》和《中华人民共和国国民经济和社会发展第十二个五年规划纲要》，发布了《西部大开发“十二五”规划》（下文简称《规划》）。《规划》在肯定了“十一五”期间我国反贫困成就的基础上，指出我国反贫困中存在“水资源短缺和生态环境脆弱的瓶颈制约”等主要问题，强调在反贫困的同时要“坚持建设资源节约型和环境友好型社会。要深入贯彻节约资源和保护环境基本国策，加大生态建设和环境保护力度，努力构筑国家生态安全屏障，加强土地、能源、矿产、水等资源的节约和管理，强化节能减排，积极应对气候变化，实现全面协调可持续发展”。《规划》提出在生态脆弱、生态系统重要的重点生态区要“巩固生态工程建设成果，完善政策和相关配套设施，把生态建设与发展替代产业、增加农民收入结合起来。创新管理体制机制，形成生态建设制度保障”。在资源富集区要“统筹资源合理开发利用与生态环境保护、基础设施建设和区域经济社会发展，培育大型企业集团，推进通道建设，推动资源开发利用方式转变，构建现代资源开发利用产业体系”。《规划》的第五章用专门一章的形式指出在西部大开发中要“树立绿色、低碳发展理念，加大生态建设和环境保护力度，从源头上扭转生态恶化趋势。加强环境综合治理，强化节能减排，大力发展循环经济”。并提出要按照谁开发谁保护、谁受益谁补偿的原则，加快建立生态补偿机制；要巩固和发展退耕还林、退牧还草成果，在重点生态脆弱区和重要生态区位继续安排退耕还林（草）任务；以及要加强环境保护等措施。

为进一步加快贫困地区发展，促进共同富裕，实现到 2020 年全面建成小康社会奋斗目标，中共中央、国务院于 2011 年 12 月印发了《中国农村扶贫开发纲要（2011—2020 年）》（下文简称《纲要》）。《纲要》在序言中指出：“我国扶贫开发已经从以解决温饱为主要任务的阶段转入巩固温饱成果、加快脱贫致富、改善生态环境、提高发展能力、缩小发展差距的新阶段”，将改善生态环境当作反贫困的重要问题来抓，并提出“到 2015 年，贫困地区森林覆盖率比 2010 年年底增加 1.5 个百分点，到 2020 年，森林覆盖率比 2010 年年底增加 3.5 个百分点”的生态保护目标。《纲要》十分重视产业扶贫，提出要“充分发挥贫困地区生态环境和自然资源优势，推广先进实用技术，扶持壮大特色支柱产业，大力推进旅游扶贫。促进产业结构调整，通过扶贫龙头企业、农民专业合作社和互助资金组织，带动和帮助贫困农户发展生产。引导和支持企业到贫困地区投资兴业，带动贫困农户增收”。《纲要》也十分重视能源和生态环境建设，提出要“加快贫困地区可再生能源开发利用，因地制宜发展小水电、太阳能、风能、生物质能，推广应用沼气、节能灶、固体成型燃料、秸秆气化集中供气站等生态能源建设项目，带动改水、改厨、改厕、改圈和秸秆综合利用。提高城镇生活污水和垃圾无害化处理率，加大农村环境综合整治力度。加强草原保护和建设，加强自然保护区建设和管理，大力支持退牧还草工程。采取禁牧、休牧、轮牧等措施，恢复天然草原植被和生态功能。加大泥石流、山体滑坡、崩塌等地质灾害防治力度，重点抓好灾害易发区内的监测预警、搬迁避让、工程治理等综合防治措施”。还指出，要“在贫困地区继续实施退耕还林、退牧还草、水土保持、天然林保护、防护林体系建设和石漠化、荒漠化治理等重点生态修复工程。建立生态补偿机制，并重点向贫困地区倾斜。加大重点生态功能区生态补偿力度。重视贫困地区的生物多样性保护”。

三 西部地区地方性法规中关于生态型反贫困的规定

在地方层面，截至2016年5月31日，我国各省、市、区已通过专门的扶贫开发地方立法共16部，且均为地方性法规，其中西部地区有10部，在这些地方性法规中，也有对于生态型反贫困的规定。

1995年11月14日，广西壮族自治区第八届人民代表大会常务委员会第十八次会议通过了《广西壮族自治区扶贫开发条例》，该条例于2002年1月21日，经广西壮族自治区第九届人民代表大会常务委员会第二十八次会议通过的《关于修改〈广西壮族自治区扶贫开发条例〉的决定》进行了修正。该条例第8条规定：“对大石山区、库淹区缺乏必要生存条件的特别贫困人口，有计划地实行移民安置。”这是在反贫困专门立法中首次对于生态移民制度的规定。

2010年5月14日，重庆市第三届人民代表大会常务委员会第十七次会议通过了《重庆市农村扶贫条例》，该条例在第三章“扶贫措施”和第五章“资金管理”中对于生态型反贫困有所涉及。如第18条第2款规定：

“农村扶贫开发规划应当作为国民经济和社会发展规划的重要内容，与本地区城乡总体规划、土地利用规划、产业发展规划、环境保护规划相互衔接。”第 24 条规定：“市、区县（自治县）人民政府应当组织有关部门对生态保护区、生存条件恶劣地区的贫困人口有计划地实施扶贫移民和生态移民，改善贫困人口的生存发展环境。”第 36 条规定：“财政扶贫资金重点用于贫困地区生产、生活条件改善、扶贫产业发展、人力资源开发、扶贫移民。”

2012 年 1 月 6 日，陕西省第十一届人民代表大会常务委员会第二十七次会议通过了《陕西省农村扶贫开发条例》，该条例第 24 条明确规定了生态移民制度：“县级以上人民政府结合乡镇建设，科学编制移民搬迁实施方案，对地质灾害频发区、资源匮乏区、地方病区等生存条件恶劣地区和生态保护区的农户，有计划地实施移民搬迁、就近改建等，帮助贫困人口改善生存和发展条件。”第 31 条规定了生态产业制度：“农业、林业、旅游等部门应当支持贫困地区发展各类专业合作社，合理开发利用贫困地区优势资源，加快建设特色农业，兴办农副产品加工业，发展乡村旅游业，壮大县域经济实力，提高贫困人口收入水平。”

2012 年 3 月 28 日，甘肃省第十一届人民代表大会常务委员会第二十六次会议通过了《甘肃省农村扶贫开发条例》，首先，该条例在总则部分第 2 条对扶贫开发进行了界定，并将其与生态环境结合在一起，指出：“本条例所称农村扶贫开发，是指各级人民政府及其有关部门、企业事业单位、社会团体、其他组织和个人扶助贫困地区、贫困人口巩固温饱成果、加快脱贫致富、改善生态环境、提高发展能力和缩小地区发展差距的各类活动。”并在第 4 条指出：“县级以上人民政府应当建立专项扶贫、行业扶贫、社会扶贫为一体的扶贫开发工作格局，将农村扶贫开发与社会主义新农村建设、生态建设、环境保护、城乡一体化目标统筹推进。”其次，该条例第四章“扶贫措施”对生态型反贫困有所涉及，如第 18 条规定：“县级以上人民政府应当动员生存条件艰苦地区的贫困人口，按照自愿原则，实施易地移民扶贫搬迁。县级以上人民政府应当利用贫困地区优势资源，调整优化产业结构，加快推广先进实用技术，培植壮大特色优势产业，实施产业化扶贫。”第 20 条规定：“县级以上人民政府有关部门应当根据贫困地区不同生态条件、环境状况，制定政策措施，支持实施退耕还林、退牧还草、禁牧休（轮）牧、水土保持、天然林保护和地质灾害治理等重点生态修复工程。”

2012 年 11 月 29 日，内蒙古自治区第十一届人民代表大会常务委员会第三十二次会议通过了《内蒙古自治区农村牧区扶贫开发条例》，该条例在第 7 条中明确指出：“扶贫开发应当与生态建设、环境保护、社会主义新农村新牧区建设、城乡一体化建设和人口统筹发展协调推进。”同时，在第 36 条中指出：“农村牧区扶贫开发项目建设应当依法进行环境影响评价，实行项目责任制、项目档案登记制、公告公示制等。”

2013 年 1 月 18 日，贵州省第十一届人民代表大会常务委员会第三十三次会议通过了《贵州省扶贫开发条例》，该条例在第 9 条第 2 款和第 4 款中分别规定：“县级以上人民政府应当制定本行政区域扶贫攻坚规划，作为国民经济和社会发展规划的重要组成部分，与本级城乡规划、土地利用规划、产业发展规划、环境保护规划等相互衔接，并组织实施”，“各有关部门在组织编制本部门发展规划时，应当把改善贫困地区发展环境和条件作为重要内容，完成国家和省确定的扶贫任务。”

2014 年 7 月 27 日，云南省第十二届人民代表大会常务委员会第十次会议通过了《云南省农村扶贫开发条例》，该条例在第 12 条中规定：“县级以上人民政府及其有关部门应当制定政策措施，加强农村贫困地区的交通、水利、电力、通信等基础设施建设，提高贫困地区的教育、文化、医疗卫生、社会保障、环境保护等基本公共服务水平。”

2015 年 4 月 1 日，四川省第十二届人民代表大会常务委员会第十五次会议通过了《四川省农村扶贫开发条例》，该条例第 15 条明确提出了“生态扶贫”的概念，第 21 条进一步规定：“县级以上地方人民政府应当加强贫困地区生态建设和环境保护，开展环境综合治理，改善人居环境。”在条例的第五章“项目管理”中，第 30 条规定：“扶贫开发项目主要包括基础设施、产业发展、公共服务、新村建设、能力建设、生态环境改善等项目。”

2015 年 7 月 24 日，青海省第十二届人民代表大会常务委员会第二十次会议通过了《青海省农村牧区扶贫开发条例》，该条例第 24 条明确规定：“县级以上人民政府应当对生存条件恶劣地区的扶贫对象实施自愿易地搬迁，培育和发展后续产业，帮助搬迁户改善生存和发展条件。”该条例第 24 条明确提出要发展“生态产业”，规定：“县级以上人民政府应当帮助扶贫对象培育各种经济合作组织和新型经营主体，发展种植养殖业、农副产品加工业、乡村旅游业、民族传统手工业等特色优势产业，构建特色支柱产业体系，壮大贫困村集体经济，增加扶贫对象收入。”同时，该条例第 30 条还规定：“县级以上人民政府应当加强贫困地区生态建设和环境保护，对国家重点生态保护区的扶贫对象给予扶贫开发政策、资金、项目倾斜；加大环境综合整治力度，改善贫困地区人居环境。”

2016 年 3 月 24 日，宁夏回族自治区第十一届人民代表大会常务委员会第二十三次会议通过了《宁夏回族自治区农村扶贫开发条例》，该条例的第 18 条明确支持发展“生态产业”，规定：“各级人民政府应当支持和引导贫困村和贫困户发展优势特色种植养殖业、运输业、服务业、手工业、农副产品加工业、劳务输出、乡村旅游、电子商务等产业。对贫困户发展优势特色产业的给予补助或者贷款支持。引导企业到贫困县及乡、村投资办厂，支持扶贫产业示范园区建设，扶持龙头企业、农民专业合作及互助资金组织，带动贫困村和贫困户发展生产。”第 20 条规定了“生态移民”制度，明确规定：“自治区人民政府应当编制易地搬迁脱贫规划，对符合条件的农村贫困户，有计划地实施易地脱贫搬迁，帮助贫困户改善生存和发展条件。县级以上人民政府应当将符合条件的移民安置区纳入整村推进计划，完善移民安置区基础设施和公共服务体系，改善移民群众生产生活条件。”同时，该条例第 21 条还规定：“县级以上人民政府应当编制和完善贫困县及乡、村生态修复与保护实施方案，组织实施退耕还林还草、天然林保护、防沙治沙、水土保持、小流域治理等生态工程建设，提高贫困地区人口受益水平，促进贫困县及乡、村生态恢复。”

四　西部地区地方规范性文件中关于生态型反贫困的规定

表 5-1　　陕西省地方规范性文件中关于生态型反贫困的规定

颁发单位	文件名	颁布时间	生效时间	内容概要
陕西省人民政府	陕西省人民政府关于印发省矿产资源开发保发展治粗放保安全治隐患保生态治污染行动计划（2016 — 2020 年）的通知	2016-01-27	2016-01-27	以保障发展为第一要务，以建设绿色和谐矿山为载体，大力推广新工艺、新技术、新装备和新管理方式，促进矿业经济走创新发展、绿色发展、循环发展路子，实现开发规模化、产业精细化、利用综合化、产品高端化

续表

颁发单位	文件名	颁布时间	生效时间	内容概要
陕西省财政厅、省林业厅	陕西省财政厅、陕西省林业厅关于印发《陕西省森林生态效益补偿基金管理办法》的通知	2014-03-21	2014-03-21	补偿基金的补偿对象为公益林的所有者或经营者。补偿基金按照国库管理制度有关规定拨付。林业主管部门要与承担管护任务的国有和集体林业单位签订公益林管护合同，与监管员签订监管合同；国有和集体林业单位要与管护人员及个人签订管护合同。国有和集体林业单位、护林员、监管员及个人都要按照合同规定履行管护义务和责任，并根据合同履行情况领取补偿基金
陕西省环境保护厅	陕西省环境保护厅办公室关于印发《2014年全省自然生态和农村环境保护工作要点》的通知	2014-02-26	2014-02-26	以党的十八届三中全会、全省农村工作会议、省委十二届四次全会精神为指导，围绕建设“美丽陕西”这一目标，突出农村环境连片整治和生态创建两个重点，夯实自然保护区管理、土壤环境保护、矿山生态治理三个基础，不断提升自然生态和农村环境保护工作水平
陕西省发展和改革委员会	陕西省发展和改革委员会关于《宝鸡市2012年巩固退耕还林成果生态移民项目实施方案》的批复	2013-10-09	2013-10-09	各有关部门要密切配合，切实加强项目管理和督促检查，确保生态移民项目建设质量和任务的完成。要建档立卡，跟踪问效，确保资料的连续性、真实性和完整性。统筹规划安置区的基础设施和脱贫致富项目建设，真正实现搬迁群众搬得出、稳得住、能发展、可致富
陕西省发展和改革委员会、陕西省财政厅	陕西省发展和改革委员会、陕西省财政厅关于下达2013年陕西省巩固退耕还林成果生态移民任务和项目投资计划的通知	2013-09-30	2013-09-30	坚持政府引导、统一规划、群众自愿、突出重点、分步实施的原则，及时解决项目实施过程中出现的问题，做到公平、公正、公开，真正实现搬迁群众搬得出、稳得住、能发展、可致富
陕西省扶贫办	关于印发《陕西省整村推进扶贫项目管理办法（试行）》的通知	2013-09-12	2013-09-12	各级扶贫主管部门和其他行业部门以列入扶贫开发规划的贫困村为基本单元，按照参与式整村推进扶贫规划的要求，通过财政专项扶贫资金补助、行业资金整合、群众投工投劳等手段，改善贫困村、贫困户基础条件、增加收入和提高自我发展能力，促进贫困村持续发展的综合扶贫项目
陕西省发展和改革委员会	陕西省发展和改革委员会关于进一步加强以工代赈和易地扶贫搬迁管理工作的通知	2013-06-13	2013-06-13	以工代赈资金是国家的专项扶贫资金，必须专款专用，任何部门和个人不得以任何借口挤占、挪用和截留。对项目计划安排的资金，要足额按时拨付到位。并严格按《财政扶贫资金管理办法》的规定和“报账制”要求报账，并足额兑付劳务报酬

续表

颁发单位	文件名	颁布时间	生效时间	内容概要
陕西省汉中市政府办	关于加大扶贫资源整合力度实施区域板块开发提高整村推进实效促进贫困地区社会主义新农村建设的意见	2012-06-04	2012-08-16	各有关部门要认真贯彻科学发展观，牢固树立联合共建观念，紧紧围绕整村推进扶贫开发构建和谐文明新村建设，努力把工作重心下移到扶贫开发工作重点村。在整村推进扶贫和新农村建设中，每个贫困村既是扶贫开发工作重点村，也是新农村建设的重点村，还是各部门支农工作的重点村，各有关部门既是主角，又互为配角，要紧紧结合本部门、本行业的特点，从投入、项目、人才、政策等方面入手，加大对贫困县、贫困村的扶持力度，进一步促进贫困地区整村推进扶贫和社会主义新农村建设
陕西省政府办公厅	陕西省人民政府关于印发省移民搬迁安置税费优惠政策的通知	2012-01-13	2012-01-13	移民搬迁包括陕南地质灾害移民搬迁、陕北白于山区和黄河沿岸土石山区移民搬迁工程。承建单位包括各级政府委托的移民搬迁工程建设单位、承担建设的施工企业、陕南移民搬迁工程有限公司以及分散安置建房的个人
陕西省政府办公厅	关于印发陕北黄河沿岸土石山区（洛河峡谷地带）扶贫移民搬迁规划（2011—2020年）的通知	2011-11-25	2011-11-25	为改善陕北黄河沿岸土石山区（洛河峡谷地带）群众基本生存条件和发展环境，加大集中连片贫困地区扶贫开发力度，实现贫困人口持续、快速、稳定增收，推动城乡统筹发展，通过实施扶贫移民搬迁，努力实现黄河沿岸土石山区（洛河峡谷地带）贫困群众住房有保障、增收有渠道、产业有发展、环境有改善、生活质量有提高的目标
陕西省发展和改革委员会	陕西省发展和改革委员会关于《安康市2008-2010年巩固退耕还林成果生态移民项目实施方案》的批复	2011-05-23	2011-05-23	按照政府引导、群众自愿、统一规划、分步实施、尊重民意的原则，移民搬迁与重点镇建设、新农村建设相结合，与产业发展促进农民持续增收相结合，与农村基础设施建设和公共服务相结合
陕西省人民政府	陕西省渭河流域生态环境保护办法	2009-03-19	2009-06-01	渭河流域县级以上人民政府发展改革、水、林业、农业、国土资源、住房城乡建设、交通运输、旅游、公安等有关行政主管部门，在各自的职责范围内负责渭河流域的生态环境保护工作
陕西省水利厅办公室	关于印发《陕西省大中型水库移民后期扶持项目管理暂行办法》的通知	2007-04-06	2007-04-06	大中型水库移民后期扶持工作，规范和加强全省大中型水库移民后期扶持项目的管理，做到管理科学化、规范化、程序化、制度化

续表

颁发单位	文件名	颁布时间	生效时间	内容概要
陕西省扶贫办	关于加强秦岭北麓山区扶贫开发工作的意见	2002-08-05	2002-08-05	由于一直没有得到有效扶持，加之资源严重短缺，技术文化落后，经济发展不足，自然灾害频繁，目前秦岭北麓山区与全省、全国相比，仍然比较贫困，群众生活还很困难。坚持开发、开放式扶贫的方针，以增加贫困人口收入为重点，加大移民搬迁力度，加强基础设施建设，加快农村经济结构调整，提高贫困人口素质，不断改善贫困群众的生活水平
陕西省扶贫办	关于加强移民扶贫异地开发工作的通知	2002-05-31	2002-05-31	移民扶贫异地开发是扶贫开发工作的重要组成部分，是解决生产、生活条件和生态环境极其恶劣地区贫困人口脱贫致富的有效途径。要搞好"四个结合"，即与重点村建设相结合，解决移民新村基础设施资金不足的问题；与小城镇建设相结合，解决劳动力转移的问题；与退耕还林相结合，解决搬迁户的耕地和近期口粮补助问题；与产业结构调整相结合，解决贫困人口的增收问题
陕西省扶贫办	关于印发《陕西省"十二五"农村扶贫开发规划》的通知	2001-10-19	2001-10-19	新阶段我省的扶贫开发呈现出三个明显特征：一是在扶贫对象瞄准上，过去主要瞄准绝对贫困人口，现在要对低收入人口全面实施扶贫政策；二是在制度安排上，过去主要是开发式扶贫，现在进入了开发扶贫和生活救助"两轮驱动"的新阶段，即基本生活靠低保，脱贫致富靠扶贫；三是在主要任务上，过去扶贫开发的任务主要是解决温饱问题，现在专项扶贫的重点是提高贫困人口的自我发展能力，更要强调进村入户、增加收入、缩小差距、构建和谐
陕西省财政厅、陕西省扶贫开发领导小组办公室	陕西省2000年度移民扶贫异地开发管理办法	2000-06-01	2000-06-01	移民扶贫开发要采用灵活多样的安置形式。坚持以插花式安置和村内安置为主，集中安置和产业转移安置为辅的方针，努力做好工作。为保证移民扶贫开发工作的顺利开展，省扶贫领导小组研究决定，今年再安排1亿元财政扶贫资金继续用于移民扶贫搬迁。集中用于移民扶贫建房安置补助。不能按时落实配套资金的地县，省上将视情况调减搬迁任务和补助资金

表 5-2　　四川省地方规范性文件中关于生态型反贫困的规定

颁发单位	文件名	颁布时间	生效时间	内容概要
四川省经济和信息化委员会	关于印发《四川省加快县域工业发展助推精准扶贫工作实施方案》的通知	2015-09-30	2015-09-30	进一步整合各项政策和资金，加强精准扶贫和对口支援，推动有资源、有特色产业、劳动力富余的贫困县加快发展，努力形成一批新兴工业县
四川省农业厅	关于抓紧落实2015年草原生态保护补助奖励政策的通知	2015-08-03	2015-08-03	各州、县要切实加强草原生态保护补奖政策组织领导，严格按照批复方案的目标任务，统筹安排工作进度，倒排工作时间表，明确工作时限、任务和责任，组织各级、各相关部门及时完成分阶段任务，确保年底前完成直补资金及实物兑现发放工作
四川省人民政府办公厅	关于深入动员社会力量参与扶贫开发的实施意见	2015-06-15	2015-06-15	倡导民营企业捐资扶贫，积极参与“扶贫日”募捐、“结对认亲、爱心扶贫”等扶贫公益活动。探索完善政府扶贫与企业扶贫有机结合、相互促进的协同推动机制，不断拓展民营企业参与扶贫开发的空间
四川省人民政府办公厅	关于深入推进金融支持扶贫惠农工程全面做好四川省扶贫开发金融服务工作实施意见	2014-07-25	2014-07-25	引导信贷资金在风险可控的前提下加大力度投向贫困县域，贫困地区金融机构新增存款主要用于当地信贷投放，力争全省贫困地区每年各项贷款增速高于当年全省各项贷款平均增速，新增贷款占全省贷款增量的比重高于上年同期水平
四川省人民政府办公厅	四川省大中型水利水电工程移民工作管理办法（试行）	2014-02-21	2014-02-21	移民工作坚持开发性移民和先移民后建设方针，坚持以民为本、依法依规、科学合理、规范有序的原则，妥善处理工程建设和移民安置、水利水电开发和移民脱贫致富及地方经济发展的关系，保障移民合法权益，使移民生产生活达到或超过原有水平
四川省人民政府办公厅	关于确保完成新阶段农村扶贫开发目标任务的工作方案	2012-10-15	2012-10-15	各地要按照新阶段的扶贫标准，在开展贫困对象识别的基础上，对符合条件的贫困人口落实低保政策，做到应保尽保；对扶贫对象建档立卡，制订增收脱贫计划，做到应扶尽扶
四川省人民政府办公厅	关于进一步做好人口计生与扶贫开发相结合工作实施意见	2012-08-27	2012-08-27	支持重点县人口计生服务机构建设，根据需要适当配备或更新计划生育、优生优育、生殖保健等设备，不断提高为人民群众提供优质服务的能力和水平

续表

颁发单位	文件名	颁布时间	生效时间	内容概要
四川省环境保护局、四川省农业厅	四川省环境保护局、四川省农业厅关于命名绿野等75个单位为四川省农业生态园区的通知	2008-12-29	2008-12-29	农业生态园区继续做好生态保护和建设工作。市、县（区）环保局、农业局要遵循循环经济规律，加强对生态园区的指导、监督和服务工作
宜宾市人民政府	宜宾市人民政府关于贯彻《四川省生态功能区划》的意见	2006-08-03	2006-08-03	一是市环保局要会同市财政局管理使用好市级自然生态保护专项资金，市级有关部门要继续争取国家和省的相关生态保护与建设政策，落实筹措资金；二是各区县政府要建立和增加财政对生态环境保护预算，积极建立当地生态环境保护专项资金；三是要进一步加大对自然保护区、生态示范区、生态功能区建设的投入力度和融资渠道
四川省人民政府	四川省扶贫资金项目管理办法实施细则	1997-10-31	1997-10-31	本着使用扶贫资金、履行扶贫义务的原则，用于工业、基础设施的扶贫开发项目必须履行扶贫责任。履行扶贫责任的方式包括：帮助贫困地区农民改善生产、生活条件，吸收贫困户劳力务工，效益覆盖贫困户，缴纳扶贫基金等

表 5-3　　云南省地方规范性文件中关于生态型反贫困的规定

颁发单位	文件名	颁布时间	生效时间	内容概要
云南省人民政府财政厅	关于下发《云南省退耕还林由补粮食改为直接补现金管理办法》的通知	2004-07-09	2004-07-09	退耕还林粮食直接补贴现金，是指按照退耕还林政策规定，将应补助退耕农户的粮食折算为现金直接补贴给退耕农户（以下简称粮食折现补贴）。粮食折现补贴的原则是：坚持退耕还林的方针政策，国家无偿向退耕农户提供粮食补助的标准和年限不变；坚持有利于调动退耕农户积极性，保证退耕还林质量，巩固退耕还林成果的原则；坚持有利于保护退耕农户利益，增加退耕农户收入的原则；有利于推进粮食市场化改革的原则；坚持公开、公平、公正和简便易行的原则
云南省环境保护厅	云南省环境保护厅关于印发《云南省生态功能区划》的通知	2009-09-07	2009-09-07	要在生态敏感区、重要生物保护区、江河源头、湖泊流域、重要水源涵养区以及水土保持重点预防保护区积极落实有效保护措施，保持流域、区域的生态平衡，严防各区域生态服务功能下降及造成生态破坏

续表

颁发单位	文件名	颁布时间	生效时间	内容概要
云南省人民政府财政厅	云南省林业产业专项资金管理办法	2008-01-01	2008-01-01	林业产业专项资金是指由省级财政筹集用于扶持林业产业发展的专项补助资金（以下简称专项资金）。包括省级财政预算安排的专项资金；省级统筹的森林植被恢复费和育林基金中用于发展产业的资金；其他用于林业产业发展的资金
云南省人民政府	云南省人民政府关于加强扶贫开发“整村推进”工作的实施意见	2007-12-08	2007-12-08	省委、省政府根据中央关于新阶段扶贫开发工作总体部署，分析了我省过去几年实施重点村、温饱村、民族特困乡扶贫开发项目的情况，决定以贫困自然村为单元实施扶贫开发“整村推进”，这是扶贫思路、扶贫方式、扶贫机制的一种创新，有利于瞄准贫困群体，有利于扶贫资金进村入户，有利于整合各类扶贫资源，有利于发挥贫困农户的积极性，有利于提高贫困人口的综合素质和贫困村可持续发展能力。各级党委、政府和有关部门一定要统一思想，提高认识，切实组织实施好扶贫开发整村推进规划
云南省人民政府财政厅	云南省财政厅关于印发《云南省天然林保护工程财政资金管理实施细则》的通知	2007-05-10	2007-05-10	按照有利于资金整合的原则，森林管护费、社会保险补助费、政策性社会性支出补助费、职工分流安置费等项目之间可进行适当调整，统筹安排使用。年度资金安排使用方案由省林业厅根据省政府批准的《县（局）级天然林资源保护工程实施方案》结合各州市实际情况编制，会同省财政厅报省政府批准后实施
云南省人民政府	中共云南省委、云南省人民政府关于加快“十一五”时期农村扶贫开发进程的决定	2006-09-11	2006-09-11	我省扶贫开发虽然取得显著成效，但贫困面大、贫困程度深的状况仍然没有根本改变。贫困人口主要聚居于自然条件恶劣、经济社会发展落后的山区和少数民族地区、革命老区、原战区、边境一线，这些地区生产力水平低，自我发展能力弱，收入增长缓慢，群众生活困难。同时，扶贫开发成本逐年增加，扶贫投入与需求的矛盾突出，返贫人口比重高，减贫的速度呈下降趋势
云南省财政厅、云南省林业厅	云南省财政厅、云南省林业厅关于印发《云南省森林生态效益补偿基金管理实施细则》的通知	2005-04-14	2005-04-14	云南省森林生态效益补偿基金由中央补助的森林生态效益补偿基金和地方森林生态效益补偿基金组成。中央补偿基金按照国家核定的补偿面积，平均每年每亩补助5元，其中：4.5元由省根据国家核定的补偿面积补助各地，用于补偿性支出；0.5元由省统筹安排用于森林防火等公共管护支出。省级财政安排的森林生态效益补偿基金，主要用于公共管护支出

续表

颁发单位	文件名	颁布时间	生效时间	内容概要
云南省人民政府	云南省人民政府关于确定我省73个国家扶贫开发工作重点县的通知	2001-12-24	2001-12-24	确定贫困的标准：在我省已经取得的农村住户调查、贫困监测调查和全省相关统计等资料的基础上，运用国际通用的统计软件SAS及多维统计分析法对全省分县的人均GDP、人均财政收入、极端贫困发生率、不稳定温饱贫困人口比重、恩格尔系数、农民人均纯收入、少数民族地区、边疆地区和革命老区9个量化指标进行统计测定
云南省人民政府	云南省生态环境建设规划	2000-04-29	2000-04-29	从我省生态环境保护和建设的实际出发，仅对全省陆地生态系统环境建设中以增加绿色覆盖为主，控制水土流失为重点进行规划，帮助贫困群众脱贫致富
云南省人民政府	云南省环境保护条例奖惩实施办法	1995-04-28	1995-04-28	对基本符合本办法第二条规定条件之一的单位、集体和个人，由县以上环境保护行政主管部门、有关行政主管部门或者所在单位给予奖励
云南省国土资源厅	云南省矿产资源补偿费征收管理实施办法	1994-12-10	1994-12-10	征收矿产资源补偿费实行征收资格证制度。征收资格证由省矿产资源行政主管部门核发。征收部门凭征收资格证向同级价格主管部门办理收费许可证。未设立矿产资源行政主管部门或者矿产资源行政主管部门不具备征收资格的地方，由上一级矿产资源行政主管部门负责征收或者委托有关部门征收

表5-4 贵州省地方规范性文件中关于生态型反贫困的规定

颁发单位	文件名	颁布时间	生效时间	内容概要
贵州省人民政府办公厅	贵州省人民政府办公厅关于印发《贵州省2014年扶贫生态移民工程实施方案》的通知	2014-07-31	2014-07-31	搬迁对象以居住在深山区、石山区特别是石漠化严重地区的贫困农户为主，迁出地点以生态位置重要、生态环境脆弱地区的地方为主，搬迁区域以三个集中连片特困地区和民族地区为主，安置地以县城及县城规划区、产业园区、重点小城镇为主，实施方式以发挥基层党委、政府积极性、农民自力更生为主，积极引导社会资金参与支持扶贫生态移民工程
贵州省政府办公厅	贵州省人民政府办公厅关于转发省环境保护厅等部门《贵州省赤水河流域水污染防治生态补偿暂行办法》的通知	2014-04-29	2014-04-29	遵义市人民政府和毕节市人民政府及有关县（市、区）人民政府应当将生态补偿资金纳入当年本级财政预算予以保障。获得补偿资金的地方人民政府，应当将生态补偿资金纳入同级赤水河流域专项资金进行管理，专项用于赤水河流域水污染防治、生态建设和环保能力建设，不得挪作他用

续表

颁发单位	文件名	颁布时间	生效时间	内容概要
贵州省财政厅	贵州省财政厅关于印发《贵州省扶贫生态移民工程资金管理暂行办法》和《贵州省扶贫生态移民住房财政贴息资金管理暂行办法》的通知	2013-12-13	2013-12-13	本办法所称扶贫生态移民工程资金，是指各级财政及部门用于扶贫生态移民工程的资金。扶贫生态移民工程资金使用和管理，坚持“依据方案、以县为主、核定总量、定额补助”的原则，做到任务到县、资金到县、责任到县
贵州省人民政府	中共贵州省委、贵州省人民政府关于加快创建全国扶贫开发攻坚示范区的实施意见	2012-10-15	2012-10-15	把生态文明理念、原则、目标深刻融入和全面贯穿到改革发展各方面和全过程，切实加强生态建设和环境保护。积极推大型水库建设，建设一批中小型水库和引提水工程项目。深入推进小水窖、小水池、小塘坝、小泵站、小水渠建设。加强石漠化地区生态用水研究，形成水利工程与生态建设良性互动，大力打造国家级石漠化综合治理示范区
省财政厅、省发展改革委、省扶贫办	《贵州省财政专项扶贫资金管理办法》	2012-08-14	2012-08-14	财政专项扶贫资金按使用方向分为发展资金、以工代赈资金、少数民族发展资金、国有贫困农场扶贫资金、国有贫困林场扶贫资金、扶贫贷款贴息资金等
贵阳市人民政府	贵阳市人民政府办公厅关于转发市扶贫办等部门《贵阳市农村最低生活保障制度和扶贫开发政策有效衔接扩大试点工作实施方案》的通知	2010-08-02	2010-08-02	通过探索农村最低生活保障制度与扶贫开发政策的有效衔接，充分发挥农村低保制度和扶贫开发政策的作用，保障农村贫困人口基本生活，提高收入水平和自我发展能力，稳定解决温饱并实现脱贫致富，为全面实施两项制度有效衔接，实现到2020年基本消除绝对贫困现象的目标奠定基础
贵州省人民政府办公厅	贵州省人民政府办公厅关于转发省扶贫办等部门《贵州省农村最低生活保障制度和扶贫开发政策有效衔接扩大试点工作实施方案》的通知	2010-07-16	2010-07-16	通过探索农村最低生活保障制度与扶贫开发政策的有效衔接，充分发挥农村低保制度和扶贫开发政策的作用，保障农村贫困人口基本生活，提高收入水平和自我发展能力，稳定解决温饱并实现脱贫致富，为全面实施两项制度有效衔接，实现到2020年基本消除绝对贫困现象的目标奠定基础
贵州省人民政府	贵州省人民政府关于印发《贵州省水利建设生态建设石漠化治理综合规划》的通知	2011-07-08	2011-07-08	贵州水利设施薄弱、生态环境恶化、石漠化加剧已成为制约贵州省发展的主要因素。正确把握水利建设、生态建设和石漠化治理之间的内在联系，遵循客观规律，“三位一体”，统筹规划，协调推进

续表

颁发单位	文件名	颁布时间	生效时间	内容概要
贵州省财政厅、水利厅	关于印发《贵州省小型农田水利设施建设补助专项资金管理办法》的通知	2010-02-03	2010-02-03	小农水专项资金由省财政厅和省水利厅共同管理。省财政厅和省水利厅根据各自管理职能和职责分工，加强对专项资金的管理和监督，相互协调配合，共同做好小型农田水利设施建设项目的组织实施和指导工作
省财政厅、水利厅	关于印发《贵州省清水江流域水污染治理补助资金管理暂行办法》的通知	2010-01-08	2010-01-08	补助资金专项用于清水江流域污染治理、生态补偿、生态修复、生态农业、农村环保综合整治项目等。补助资金不得用于单位人员和公用经费补助、楼堂馆所建设项目
贵州省财政厅、林业厅	关于印发《贵州省地方财政森林生态效益补偿基金管理暂行办法》的通知	2009-12-31	2009-12-31	地方财政森林生态效益补偿基金，补偿范围暂定为非天保工程区内地方公益林及全省林业系统国家级、省级自然保护区内集体林
贵州省财政厅、贵州省环境保护厅	关于印发《贵州省农村环境保护专项资金管理暂行办法》的通知	2009-09-15	2009-09-15	“以奖促治”资金主要用于符合以上内容的农村环境污染防治设施或工程支出。“以奖代补”资金主要用于农村生态示范成果巩固和提高所需的环境污染防治设施或工程，以及环境污染防治设施运行维护支出等
贵州省人民政府	关于印发《贵州省天然林保护工程财政资金管理实施细则》的通知	2007-09-05	2007-09-05	为加强天然林保护工程财政资金（以下简称天保资金）管理，提高天保资金的使用效益，保障天然林保护工程顺利实施，根据财政部《天然林保护工程财政资金管理规定》以及有关法律、法规，并结合我省实际、制定本实施细则
贵州省财政厅、贵州省移民办	关于印发《贵州省大中型水库移民后期扶持资金使用管理暂行办法》的通知	2007-03-14	2007-03-14	大中型水库移民后期扶持资金（以下简称后期扶持资金），是国家为扶持大中型水库农村移民解决生产生活问题，由中央统一筹集并按国家核定的移民人数和统一标准分配的政府性专项资金
贵州省财政厅	关于印发《贵州省财政扶贫资金报账制管理实施细则（试行）》的通知	2005-12-31	2005-12-31	财政扶贫资金，包括中央财政预算安排补助地方的扶贫专项资金（发展资金、新增财政扶贫资金和以工代赈资金）、地方各级财政预算安排的扶贫专项资金（冬修水利扶贫资金、易地扶贫搬迁资金、基本农田建设扶贫资金和财政扶贫培训资金等）和其他纳入财政扶贫资金专户管理的扶贫资金
贵州省财政厅	关于印发《贵州省财政扶贫资金专户管理暂行办法》的通知	2000-03-06	2000-03-06	财政扶贫资金包括：支援不发达地区发展资金、新增财政扶贫资金、以工代赈资金、渴望工程资金及其他财政方面的扶贫资金

表 5-5　广西壮族自治区地方规范性文件中关于生态型反贫困的规定

颁发单位	文件名	颁布时间	生效时间	内容概要
广西壮族自治区财政厅、广西壮族自治区扶贫开发办公室、广西壮族自治区发展和改革委员会	广西壮族自治区财政厅、广西壮族自治区扶贫开发办公室、广西壮族自治区发展和改革委员会、广西壮族自治区民族事务委员会关于印发《自治区财政专项扶贫资金绩效考评试行办法》的通知	2016-01-28	2016-01-28	财政专项扶贫资金绩效考评的目标是突出成效，强化监督，保证财政专项扶贫资金管理使用的安全性、规范性和有效性，通过开展财政专项扶贫资金绩效考评，充分调动市、县（市、区）扶贫资金使用管理争先创优的积极性，提高资金精准扶贫、精准脱贫的使用效果，全面提升我区财政专项扶贫资金管理水平
广西壮族自治区国土资源厅	广西壮族自治区国土资源厅关于印发《广西壮族自治区纳入〈滇桂黔石漠化片区区域发展与扶贫攻坚广西实施规划〉35 个县（区）城乡建设用地增减挂钩节余指标有偿使用暂行办法》的通知	2015-11-26	2015-12-01	节余指标交易收入主要用于城乡建设用地增减挂钩拆旧区的复垦费用、复垦管理费用、流转费用等支出，剩余收益资金原则上全部用于 35 个县（区）指标转出村集体建设，主要用于复垦土地使用权人（农户）购房或建房补贴、基础设施建设、集体公益事业等移民搬迁工程
广西壮族自治区人民政府办公厅	广西壮族自治区人民政府办公厅关于建设生态产业园区的实施意见	2015-07-21	2015-07-21	到 2017 年，50% 以上国家级园区、30% 以上自治区级园区实施生态化改造，南宁、梧州、贺州等规划新建的生态产业园初具规模。到 2020 年，全部国家级园区和 30% 的自治区级园区完成生态化改造，其他自治区级园区全部启动生态化改造，构建起一批主导产业链型的生态产业园区，南宁、梧州、贺州生态产业园建成并发挥示范带动作用；初步建立起生态型产业体系，绿色产业集群优势进一步显现，资源产出率大幅提高
广西壮族自治区国土资源厅	广西壮族自治区国土资源厅办公室关于进一步强化扶贫生态移民工程建设用地保障的补充通知	2015-06-16	2015-06-16	对列入《中国农村扶贫开发纲要（2011-2020 年）》的“滇桂黔石漠化”范围的我区 35 个县（区），通过城乡建设用地增减挂钩试点获得的节余周转指标可在全区范围内实行有偿交易使用，有偿使用收益用于支持扶贫生态移民工程建设
广西壮族自治区人民政府办公厅	广西壮族自治区人民政府办公厅关于印发《广西 2015 年扶贫生态移民工程实施方案》的通知	2015-04-26	2015-04-26	搬迁重点对象是连片特困地区县和国家扶贫开发工作重点县大石山区、高寒山区和生态脆弱地区的农村贫困人口。搬迁具体对象，以项目县人民政府进村入户调查造册、经户主签字同意后列入当年扶贫生态移民实施方案的农户为准

续表

颁发单位	文件名	颁布时间	生效时间	内容概要
广西壮族自治区财政厅	广西壮族自治区财政厅关于开展广西2014年扶贫生态移民工程资金筹措落实情况专项检查的通知	2015－03-10	2015－03-10	以突出重点、务求实效为原则，着重对各市、县扶贫生态移民资金筹措的落实情况进行督查。通过督查，找准扶贫生态移民政策执行过程中存在的主要问题，有针对性地提出关键环节的整改措施，使扶贫生态移民政策资金真正落到实处，促进社会和谐与发展
广西壮族自治区人民政府办公厅	广西壮族自治区人民政府办公厅关于印发《广西2014年扶贫生态移民工程实施方案》的通知	2014－09-19	2014－09-19	重点是连片特困地区县和国家扶贫开发工作重点县大石山区、高寒山区和生态脆弱地区的农村贫困人口。搬迁的具体对象，以项目县人民政府进村入户调查造册、经户主签字同意后列入当年扶贫生态移民实施方案的农户为准。因采矿沉陷、开发占地、工程建设等原因需要搬迁的人口，不列入扶贫生态移民安置范围
广西壮族自治区人民政府	广西壮族自治区人民政府关于整合资源支持和推进扶贫生态移民工作的实施意见	2014－06-05	2014－06-05	加大扶贫生态移民工程建设资金投入。整合安排资金引导和扶持扶贫生态移民就业创业，2014年至2020年，各级人民政府每年整合安排必要的资金引导和支持扶贫生态移民就业创业。整合用好我区各级财政专项扶贫资金及涉农资金。自治区每年安排的财政专项扶贫资金及涉农资金，向集中连片特困地区和国家扶贫开发工作重点县倾斜，县级各主管部门根据扶贫生态移民规划和资金整合方案要求，优先支持扶贫生态移民工程建设
广西壮族自治区政府、中共广西壮族自治区委员会	中共广西壮族自治区委员会、广西壮族自治区人民政府印发《关于创新和加强扶贫开发工作的若干意见》、《关于创新和加强农民工工作的若干意见》的通知	2014－06-05	2014－06-05	通过完善扶贫开发责任体制、扶贫资金管理使用机制、重点推进扶贫生态移民工程及加强贫困地区基础设施和公共服务建设等措施，走出一条富有广西特色、更加精准有效的扶贫开发新路子，加快实现“两个建成”目标
广西壮族自治区扶贫办	广西壮族自治区人民政府关于整合资源支持和推进扶贫生态移民工作的实施意见	2014－06-19	2014－06-19	加大整合资源支持和推进我区扶贫生态移民工作，整合专门的生态环境建设资金，主要指国家林业、发展改革等部门安排的农村沼气池、重点防护林、石漠化综合治理、巩固退耕还林、造林绿化和生态林管护、污水垃圾处理、生态文明示范工程试点等专项建设资金，整合用于相应的扶贫生态移民安置点绿化美化、环境整治及恢复生态等配套设施建设

续表

颁发单位	文件名	颁布时间	生效时间	内容概要
广西壮族自治区人民政府	广西壮族自治区人民政府关于加强金融支持扶贫开发的实施意见	2014-06-05	2014-06-05	提升贫困地区金融服务水平。引导金融机构设立扶贫贷款绿色通道，简化手续，减少流程，缩短放贷时间，贷款利率应执行优于同类贷款的利率水平
自治区扶贫办	关于印发广西壮族自治区财政专项扶贫资金管理办法的通知	2013-05-09	2013-05-09	各级财政预算安排用于支持农村贫困地区、少数民族地区、边境地区、国有贫困农场、国有贫困林场加快经济社会发展，改善扶贫对象基本生产生活条件，增强其自我发展能力，帮助提高收入水平，促进消除农村贫困现象的专项资金。按专项资金使用方向，具体包括发展资金、以工代赈资金、少数民族发展资金、国有贫困农场扶贫资金、国有贫困林场扶贫资金、扶贫贷款贴息资金等
广西壮族自治区人民政府办公厅	广西壮族自治区人民政府办公厅关于印发开展职业培训扶贫攻坚工程工作方案的通知	2012-02-28	2012-02-28	以邓小平理论和“三个代表”重要思想为指导，全面贯彻落实科学发展观，按照构建社会主义和谐社会的要求，以促进贫困地区经济发展，改善贫困地区生产、生活条件为目标，切实帮助农村劳动力通过职业培训提高职业技能和就业能力，取得初级、中级职业资格证书并实现转移就业，促进社会公平，维护社会稳定
广西壮族自治区人民政府	广西壮族自治区人民政府关于印发《“雨露计划”扶贫培训工作方案》的通知	2012-02-23	2012-02-23	职业教育和创业培训的资助对象为国家和自治区扶贫开发工作重点县（包括享受重点县政策待遇的县）的家庭困难学生和农村青壮年劳动力，农村实用技术培训主要面向贫困村的扶贫对象
广西壮族自治区人民政府	广西壮族自治区人民政府关于确定广西新阶段扶贫标准及农村贫困人口规模的通知	2012-02-25	2012-02-25	按我区新的扶贫标准，扎实做好扶贫对象的扶持工作。要建立健全扶贫对象识别机制，全面开展扶贫对象识别和建档立卡工作，为开展专项扶贫、行业扶贫、社会扶贫搭建通用的扶贫工作信息平台。要针对扶贫对象的贫困成因、贫困程度、发展需求制定具体的帮扶规划，明确帮扶目标、帮扶项目和帮扶措施
广西壮族自治区人民政府	广西壮族自治区人民政府印发《关于广泛动员社会力量参与扶贫开发工作方案》的通知	2012-02-23	2012-02-23	定点扶贫的帮扶对象是列入“十二五”时期实施整村推进扶贫开发的3000个贫困村及其贫困户。区直、中直驻桂单位的帮扶点在国家扶贫开发工作重点县或自治区扶贫开发工作重点县（含合山市）中确定，非重点县的贫困村由所在地的市、县（市、区）

续表

颁发单位	文件名	颁布时间	生效时间	内容概要
广西壮族自治区人民政府	广西壮族自治区人民政府印发《关于把农民人均纯收入增长率等指标纳入扶贫开发工作重点县政绩考核工作实施方案》的通知	2012－02－23	2012－02－23	为贯彻落实《中国农村扶贫开发纲要（2011－2020年）》和《中共广西壮族自治区委员会、广西壮族自治区人民政府关于实施我区新一轮扶贫开发攻坚战的决定》，扭转我区扶贫开发工作重点县农民收入与全国平均水平和城镇居民可支配收入差距不断扩大趋势，确保我区扶贫开发工作重点县农民收入实现持续快速增长，制定本方案
广西壮族自治区人民政府办公厅	广西壮族自治区人民政府办公厅印发《关于人口计生与扶贫开发相结合工作方案》的通知	2012－02－16	2012－02－16	加大对我区贫困地区人口计生工作的支持力度，加大对计划生育扶贫对象的扶持力度，全面推进我区诚信计生工作，实现和稳定低生育水平，提高人口素质，优化人口结构，引导人口合理分布，促进贫困地区人口与经济、社会、资源、环境协调发展和可持续发展
广西壮族自治区人民政府	广西壮族自治区人民政府关于下达《广西壮族自治区2012年国民经济和社会发展计划》的通知	2012－02－11	2012－02－11	全力做好扶贫开发工作。以增加贫困群众收入为中心，以集中连片特困区域和贫困村为主战场，实施连片开发、整村推进、扶贫到户，实行扶贫开发与农村低保两轮驱动，打好新一轮扶贫开发攻坚战
广西壮族自治区扶贫开发领导小组	广西壮族自治区扶贫开发领导小组关于印发《广西壮族自治区扶贫开发领导小组关于深入推进参与式扶贫工作的意见》的通知	2009－01－13	2009－01－13	参与式扶贫赋权贫困群众参与贫困村屯扶贫开发规划制定、项目选定，贫困群众真正做到当家作主，能有效地激发他们参与扶贫开发的热情，培育和强化自立、自强和自尊精神，克服等、靠、要的思想，更积极地投身到扶贫开发和新农村建设中来
广西壮族自治区人民政府办公厅	广西壮族自治区人民政府办公厅关于印发《广西壮族自治区生态功能区划》的通知	2008－02－14	2008－02－14	根据生态系统的自然属性和所具有的主导生态服务功能类型，全区划分为生态调节、产品提供与人居保障等3类一级生态功能区。生态调节功能区包括水源涵养与生物多样性保护功能区、水源涵养功能区、生物多样性保护功能区、土壤保持功能区；产品提供功能区为农林产品提供功能区；人居保障功能区为中心城市功能区
广西壮族自治区人民政府	生态广西建设规划纲要（2006—2025年）	2007－09－10	2007－09－10	以促进经济增长方式转变和保障生态环境安全为主线，运用生态学和生态经济学原理、循环经济理念以及系统工程方法，把经济社会与人口资源环境有机结合起来，统筹规划和实施经济建设、环境保护和社会发展，优化配置资源，充分发挥生态资源优势和体制机制优势

续表

颁发单位	文件名	颁布时间	生效时间	内容概要
广西壮族自治区人民政府办公厅	广西壮族自治区人民政府办公厅关于印发《广西壮族自治区分批整村推进贫困村扶贫开发工作意见》的通知	2005-01-25	2005-01-25	各级和各有关部门要按照自治区确定的总体要求和目标任务，以稳定增加贫困人口收入为核心，以改善贫困人口基本生产生活条件、推进产业开发、搞好富余劳动力转移为重点，整合资金，集中力量，统筹规划，分步实施，强化责任，注重实效，从根本上整体改变我区4060个贫困村的贫困状况
广西壮族自治区人民政府	广西壮族自治区人民政府关于印发《广西壮族自治区人民政府贯彻落实〈中国农村扶贫开发纲要（2001-2010年）〉的若干意见》的通知	2003-09-22	2003-09-22	深入动员贫困地区干部群众，广泛调动各方面力量，以贫困村为主战场，以农村未解决温饱和低收入贫困人口为扶持对象，以扶贫规划为工作基础，以县为基本责任单位，围绕增加群众收入、加强基础设施建设、改善生态环境和提高劳动者素质四个方面主要内容加快推进贫困地区经济发展和社会进步
广西壮族自治区人民政府办公厅	广西壮族自治区人民政府办公厅关于印发《2003年我区财政扶贫资金计划分配方案》的通知	2003-07-25	2003-07-25	重点用于贫困村的原则。安排到贫困地区基础设施建设的资金主要按贫困村数分配到各县（市、区），适当考虑全县农民人均纯收入、人均财政收入、农业人口等因素
广西壮族自治区政府	广西壮族自治区贫困山区移民安置用地暂行规定	2000-07-12	2000-07-12	为做好贫困山区移民安置工作，加强对移民安置用地的管理，切实维护土地所有者和使用者的合法权益，保证移民安置工作的顺利进行，根据土地管理法律、法规，结合本自治区的实际情况，制定本规定
广西壮族自治区人民政府办公厅	广西壮族自治区人民政府办公厅关于印发《2000年广西扶贫攻坚实施方案》的通知	2000-03-27	2000-03-27	2000年全区贫困人口要全部解决温饱问题，进一步改善贫困地区的生产条件和生态环境，巩固温饱成果，降低返贫率；在总结扶贫攻坚实践经验的基础上，紧紧抓住西部大开发的机遇，结合我区实际，加大非国家重点扶持贫困县、贫困村的扶贫工作力度，抓好生态扶贫和教育扶贫，带领贫困群众脱贫致富，为21世纪的扶贫开发工作开好头、起好步

表 5-6　　甘肃省地方规范性文件中关于生态型反贫困的规定

颁发单位	文件名	颁布时间	生效时间	内容概要
甘肃省人民政府办公厅	甘肃省人民政府办公厅关于印发《甘肃省贯彻新一轮草原生态保护补助奖励政策实施意见（2016—2020 年）》的通知	2016-06-02	2016-06-02	通过实施新一轮草原补奖政策，全面落实草原禁牧休牧和草畜平衡制度，完善基本草原划定和草原承包经营制度，减轻天然草原放牧压力，遏制草原退化趋势，改善草原生态环境，巩固草原保护建设成果。转变草原畜牧业发展方式，加快草牧业发展步伐，改善牧区基础设施条件，增强畜产品生产和供给能力，不断拓宽农牧民增收渠道，稳步提高农牧民收入水平，促进牧区经济可持续发展
甘肃省人民政府办公厅	甘肃省人民政府办公厅关于动员和鼓励社会各方面力量参与扶贫开发的实施意见	2015-05-29	2015-05-29	深化组织动员，强化政策支持，创新体制机制，挖掘并激发社会各方面力量，特别是民营企业（商会）、社会组织和公民个人参与扶贫开发的潜力和活力，聚集更多扶贫资源加快推进我省“1236”扶贫攻坚行动
甘肃省人民政府办公厅	甘肃省政府办公厅关于《甘肃省财政专项扶贫资金使用管理实施办法（试行）》和《甘肃省财政专项扶贫资金县级报账制实施细则（试行）》有关补充规定的通知	2015-01-06	2015-01-06	以持续增加贫困人口收入为核心任务，加大路、水、电、房等基础设施建设，着力培育发展特色优势富民产业，加强易地扶贫搬迁工作，努力构建多元化、多层次的金融扶贫服务体系，进一步强化贫困地区劳动力技能培训，切实提升教育、文化、医疗、卫生、低保等基本公共服务保障水平，确保贫困地区扶贫开发工作取得显著成效
甘肃省人民政府办公厅	甘肃省人民政府办公厅关于印发《甘肃省财政专项扶贫资金县级项目库建设管理暂行办法》和《甘肃省财政专项扶贫资金监管体系建设方案》的通知	2014-11-29	2014-11-29	财政专项扶贫资金项目库建设的范围是 58 个国家集中连片特困县和 17 个插花贫困县。财政专项扶贫资金项目库由财政、扶贫、发展改革、民委等扶贫主管部门负责建设，适用于全省各类财政专项扶贫资金
甘肃省人民政府扶贫办	关于印发《甘肃省建立精准扶贫工作机制实施方案》的通知	2014-05-25	2014-05-25	分析致贫原因，制定扶贫规划，实施精准扶贫，必将从根本上解决扶贫工作底数不清、情况不明、指向不准、针对性不强等老大难问题，使整体推进与扶贫到户相辅相成、相互促进，确保扶贫资金发挥最大效益，脱贫目标如期实现

续表

颁发单位	文件名	颁布时间	生效时间	内容概要
甘肃省扶贫办	甘肃省扶贫到户贷款财政贴息资金管理办法	2014-05-13	2014-05-13	按照贫困地区区域发展与扶贫攻坚相结合的原则，加快编制甘肃省以“三大片区”为重点的区域发展与扶贫攻坚总体规划，坚持领导干部联系国家重点片区贫困县，与部门帮扶相配套，定点帮扶”的工作机制。同时，加强考核管理，各级党委要把扶贫成效作为干部考核的重要项目，列入考核体系，将年度减贫任务、资金规范管理、项目实施质量等指标作为县级扶贫工作年度考核的重点。并严格执行扶贫资金专款专用，建立健全财政等扶贫资金“专户、专账、专人”管理制度和公示、报批等制度
甘肃省人民政府办公厅	中共甘肃省委、甘肃省人民政府关于深入实施“1236”扶贫攻坚行动的意见	2014-04-30	2014-04-30	以持续增加贫困人口收入为核心任务，加大路、水、电、房等基础设施建设，着力培育发展特色优势富民产业，加强易地扶贫搬迁工作，努力构建多元化、多层次的金融扶贫服务体系，进一步强化贫困地区劳动力技能培训，切实提升教育、文化、医疗、卫生、低保等基本公共服务保障水平，确保贫困地区扶贫开发工作取得显著成效
甘肃省人民政府办公厅	省政府印发《甘肃省易地扶贫搬迁实施规划（2013—2018年）》	2014-01-17	2014-01-17	第一，安置区基础设施明显改善，公共服务设施基本配套，群众生活水平稳步提高，户均住房面积达到81平方米；第二，农业生产抵御自然灾害的能力得到增强，迁出区水土流失和沙化等生态恶化趋势得到有效遏制，生态环境有较大改善；第三，种植结构有效调整，农业产业加速发展，产业结构趋于合理，收入结构明显多元，经济收入整体提高，全面实现脱贫致富，人均收入达到8000元以上；第四，人口素质不断提高，群众文化精神生活日益丰富，公共服务均等化水平明显提升，农村环境及村容村貌大为改善，建成宜居、宜业的生态家园和美丽乡村
甘肃省人民政府办公厅	甘肃省人民政府办公厅关于认真做好2012年度草原生态保护补助奖励机制政策落实工作的通知	2012-09-26	2012-09-26	落实补奖政策对于促进草原保护建设，改善草原生态环境，维护全省乃至全国的生态安全，促进生态文明建设具有十分重要的作用。各地、各有关部门要从加快构建国家生态安全屏障、增加农牧民收入和全面建设小康社会的战略高度出发，进一步统一思想，提高认识，切实增强落实补奖政策的责任感和紧迫感，把实施补奖政策作为稳当前、保长远的重要任务抓紧抓好、抓出实效

续表

颁发单位	文件名	颁布时间	生效时间	内容概要
甘肃省扶贫办	甘肃省人民政府办公厅批转省扶贫办《关于进一步搞好参与式整村推进扶贫开发工作意见》的通知	2012-07-23	2012-07-23	在实施发展特色产业、可再生能源开发利用、贴息贷款、小额信贷、定点扶贫等政策或项目时，优先向农村计生家庭倾斜。通过多种渠道，支持农村计生家庭调整产业结构，因地制宜发展种植、养殖、农产品加工、手工艺品制作等产业，提高家庭发展能力。在扶贫开发、农田基本建设、水利设施建设、土地开发、以工代赈、易地搬迁、危房改造、乡村道路、电力建设和医疗卫生、教育文化基础设施建设、新农村建设等项目及资金安排上，优先向计生家庭倾斜
甘肃省人民政府办公厅	《关于贯彻落实秦巴山片区区域发展与扶贫攻坚规划（2011—2020年）的意见》	2012-07-09	2012-07-09	按照统筹规划、适度超前、优化布局、提升水平的原则，加强交通、水利、能源、通信及城镇功能配套等基础设施项目的规划，有效解决我省秦巴山片区（陇南市）经济社会发展中的突出矛盾和问题，整体推进陇南市扶贫攻坚，实现陇南市与全省同步进入全面小康社会目标
甘肃省人民政府办公厅	甘肃省人民政府关于贯彻国务院草原生态保护补助奖励政策全面推进草原保护建设的实施意见	2011-07-25	2011-07-25	以科学发展观为指导，坚持生态优先发展战略，以保护草原生态、加强草原建设、促进牧民增收为目的，以落实草原经营管理制度为基础，以强化草原执法监督为保障，以加强草原监测为支撑，全面落实草原补奖政策，促进草原畜牧业生产方式转变，增强畜产品生产和供给能力，稳定提高农牧民收入，保障和改善民生，促进草原牧区可持续发展
甘肃省财政厅、甘肃省林业厅	甘肃省财政厅、甘肃省林业厅关于印发《甘肃省森林生态效益补偿基金管理实施细则》的通知	2010-07-02	2010-07-02	对原细则（甘财农〔2007〕182号）进行了修订完善。依法设立专项用于公益林营造、抚育、保护和管理的资金。中央和省级财政补偿基金作为森林生态效益补偿基金的重要组成部分，重点用于国家级和省级公益林的保护和管理。市州、县市区都要按照事权划分的原则，建立地方森林生态效益补偿基金
甘肃省甘南藏族自治州人民政府	甘南藏族自治州人民政府关于甘南黄河重要水源补给生态功能区生态保护与建设规划实施意见	2009-04-10	2009-04-10	围绕恢复生态、增强黄河水源补给及涵养功能这一主线，特别注意根据生态面临问题的特点，按照生态保护区、生态恢复与治理区、农牧民生产生活基础设施建设、生态经济示范、科技支撑体系建设五大工程和43个子项目实施，以最终实现生态环境优良、黄河补水量显著增加、区域经济可持续发展三大建设目标

续表

颁发单位	文件名	颁布时间	生效时间	内容概要
甘肃省林业厅	甘肃省林业厅关于印发《甘肃省重点公益林生态效益补偿工作检查技术细则（试行）》的通知	2008－06－19	2008－06－19	客观评价重点公益林管护质量，确保补偿基金安全使用，提高管理水平，为全省森林生态效益补偿基金的下达和补偿制度的完善提供依据
甘肃省扶贫开发办公室	甘肃省扶贫开发办公室关于印发《甘肃省贫困地区“雨露计划”实施细则》和《甘肃省贫困地区劳动力转移培训基地管理办法》的通知	2007－11－06	2007－11－06	“雨露计划”是以农村贫困户中青年劳动力为对象，以帮助贫困农户增收脱贫为目标，以转移就业前的技能培训为重点，按照“政府推动、学校承办、市场运作、部门监管、扶贫到户、农民受益”的原则，多渠道、多形式开展的贫困劳动力转移培训
甘肃省林业厅	甘肃省森林生态效益补偿基金会计核算办法（暂行）	2007－09－18	2007－09－18	实施森林生态效益补偿基金管理的各级林业部门和实施单位，要按照事业单位会计要素设置会计科目，具体分为资产、负债、收入、支出、净资产五类
甘肃省人民政府办公厅	甘肃省人民政府办公厅关于印发《甘肃省易地扶贫搬迁试点工程实施意见（试行）》的通知	2004－09－21	2004－09－21	只有通过易地扶贫搬迁的办法才能从根本上解决脱贫和发展问题，积极稳妥地开展易地扶贫搬迁试点工程，对解决缺乏基本生存条件地区贫困人口脱贫致富、恢复和保护生态环境、统筹区域发展、统筹城乡发展、统筹经济社会可持续发展具有重要意义
兰州市人民政府办公厅	兰州市贯彻落实《甘肃省〈中国农村扶贫开发纲要（2011—2020年）〉实施办法》的实施方案	2004－09－21	2004－09－21	把稳定解决扶贫对象温饱、尽快实现脱贫致富作为首要任务，着力加强基础设施建设和生态环境建设，优化发展环境；着力培育特色优势产业，增强自我发展能力；着力促进人力资源开发，提高贫困人口的综合素质；着力创新扶贫机制，形成全社会扶贫和全方位协作的扶贫格局

表 5－7　青海省地方规范性文件中关于生态型反贫困的规定

颁发单位	文件名	颁布时间	生效时间	内容概要
青海省人民政府办公厅	青海省人民政府办公厅关于印发《青海省发展产业、易地搬迁等七个脱贫攻坚行动计划和交通、水利等九个行业扶贫专项方案》的通知	2016－02－29	2016－02－29	通过发展产业，到2019年，使每个有劳动能力的贫困农牧户有1项稳定增收的特色产业，实现贫困户长期稳定增收，农牧民内生发展动力进一步增强。到2020年，实现13万户、39.9万贫困人口通过发展产业全部脱贫，人均可支配收入高于国家扶贫标准，贫困村全部退出，为贫困县摘帽打牢基础

续表

颁发单位	文件名	颁布时间	生效时间	内容概要
青海省人民政府办公厅	青海省人民政府办公厅转发省扶贫局等部门《关于青海省2015年光伏扶贫试点工作方案》的通知	2015-06-29	2015-06-29	各级扶贫部门要严格执行扶贫政策，按照精准扶贫的原则，筛选扶持对象。要严格遵守财经纪律，确保项目收益资金足额拨付到户。加强项目宣传。利用电视、广播、网络等媒体，大力宣传光伏扶贫项目，充分调动贫困群众参与光伏扶贫项目的积极性和主动性
青海省人民政府办公厅	青海省人民政府办公厅转发省财政厅《关于青海省重点生态功能区转移支付试行办法》的通知	2013-05-31	2013-05-31	突出重点，分类施策。加大省财政对国家重点生态功能区所在县的转移支付力度，在认真落实三江源生态补偿政策的同时，给予生态保护引导性补助。奖惩结合，强化约束。完善生态补偿、生态环境保护及生态环境质量考核机制，根据考核结果采取相应的奖惩措施
青海省人民政府办公厅	青海省人民政府办公厅转发省扶贫开发局《关于建立健全扶贫开发工作机制意见》的通知	2012-09-20	2012-09-20	坚持开发式扶贫方针，充分发挥农村最低生活保障和扶贫开发两项制度的作用，推动扶贫开发和农村最低生活保障制度有效衔接。把扶贫开发作为脱贫致富的主要途径，鼓励和帮助有劳动能力的扶贫对象通过国家扶持和自身努力摆脱贫困；把社会保障作为解决温饱问题的基本手段，逐步完善社会保障体系，切实形成扶贫促进发展、低保维持生存的工作格局
青海省人民政府办公厅	青海省人民政府办公厅转发省财政厅等部门《关于青海省重点生态功能区草原日常管护经费补偿机制实施办法》的通知	2012-08-07	2012-08-07	建立补偿资金使用管理的绩效考核制度。各级农牧和财政部门要将重点生态功能区草原日常管护经费补偿机制落实情况列入年度绩效考核范围，明确考核内容及程序，建立考评结果与补偿资金挂钩的激励约束机制
青海省人民政府办公厅	青海省人民政府办公厅《关于编制青海省六盘山片区和藏区区域发展与扶贫攻坚规划实施规划》的通知	2012-08-15	2012-08-15	明确建设任务。包括基础设施、产业发展、改善生产生活条件、就业与农村人力资源开发、社会事业发展与公共服务、生态建设和环境保护等，突出扶贫攻坚的重点
青海省人民政府	青海省人民政府关于进一步加快农牧民易地扶贫搬迁的指导意见	2011-10-13	2011-10-13	易地扶贫搬迁项目的实施彻底改变了贫困群众的居住环境，拓宽了增收渠道，加快了脱贫致富的步伐。但目前全省仍有10万余人居住在缺乏基本生存和发展条件的地区，行路难、看病难、增收难的问题十分突出，就地难以实现脱贫致富的目标

续表

颁发单位	文件名	颁布时间	生效时间	内容概要
青海省人民政府办公厅	青海省人民政府办公厅关于印发《青海省“十二五”扶贫开发规划》的通知	2011-07-27	2011-07-27	创新扶贫开发工作机制，全方位加大扶贫开发力度，精心组织实施了《青海省“十一五”扶贫开发规划》，着力实施了整村推进、易地扶贫、产业扶贫、连片开发、“雨露计划”、科技扶贫、社会扶贫等重点工程
青海省人民政府办公厅	青海省人民政府办公厅关于印发《三江源生态补偿机制试行办法》的通知	2010-10-28	2010-10-28	支持各县从实际需要出发，合理设置草原生态管护公益性岗位，引导生态移民和退牧还草减畜户从事天然林、河床、退耕地、野生动物和湿地等日常管护工作。公益性岗位优先从实现草畜平衡，未超载的牧户中安排
青海省发展和改革委员会	青海省发展和改革委员会关于组织开展以工代赈建设、易地扶贫搬迁“十二五”规划编制工作的通知	2010-09-08	2010-09-08	以工代赈建设“十二五”规划以国家扶贫开发工作重点县和藏区集中连片贫困地区为重点实施范围，以农村小型基础设施为主要建设内容，把以工代赈项目建设与促进农牧民增收、新农村建设和民生改善更加精密地结合起来，合理确定建设目标和建设任务，着力改善贫困地区生产生活条件和发展环境，为贫困地区的可持续发展打下坚实基础
青海省人民政府办公厅	青海省人民政府办公厅转发省扶贫局等部门《关于做好农村最低生活保障制度和扶贫开发政策有效衔接扩大试点工作意见》的通知	2010-07-13	2010-07-13	坚持实事求是，认真了解不同贫困群体收入情况，按照各地农村低保标准和全省扶贫新标准，识别出低保和扶贫两种对象，努力做到应扶尽扶、应保尽保，并强化动态管理，做到应退尽退
青海省人民政府办公厅	青海省人民政府办公厅关于印发《2010年省级财政支农和扶贫专项资金安排方案》的通知	2010-02-12	2010-02-12	2010年，计划将财政支农专项资金、扶贫资金、少数民族发展资金、农业综合开发资金和辽宁援助青海帮扶资金整合使用，总规模达到151700万元
青海省人民政府办公厅	青海省人民政府办公厅转发省林业局省财政厅制定的《青海省国家级公益林森林生态效益补偿方案》的通知	2010-02-24	2010-02-24	确定国家级公益林中央财政森林生态效益补偿基金用于补偿有林地、疏林地、灌木林地，未成林造林地成林后经调查核实纳入补偿范围，剩余资金由省级林业、财政部门制定实施方案，专项用于国家级公益林的营造生产活动
青海省人民政府办公厅	青海省人民政府办公厅关于进一步加强扶贫开发整村推进工作的意见	2010-02-22	2010-02-22	按照“政府主导、群众主体、部门联动、社会参与、统筹规划、整合资源、综合扶贫、全面发展、整体推进”的大扶贫开发格局要求，努力实现六个转变：扶贫开发对象、扶贫开发目标、扶贫开发投入、扶贫开发方法途径、扶贫开发制度

续表

颁发单位	文件名	颁布时间	生效时间	内容概要
青海省人民政府办公厅	青海省人民政府办公厅关于对三江源生态移民困难群众发放生活困难补助的通知	2009－04－17	2009－04－17	通过发放生活困难补助，切实解决三江源生态移民困难群众生活困难问题，对于确保三江源生态保护和建设工程顺利推进，维护当地社会稳定，促进三江源地区人与自然和谐具有重要意义
青海省人民政府办公厅	青海省人民政府办公厅转发省扶贫开发办公室《关于做好扶贫开发整村推进工作意见》的通知	2005－05－08	2005－05－08	整村推进工作要直接瞄准贫困村和贫困户，在扶持的方法上采取先难后易，集中力量首先解决最困难贫困村的问题，要做到最贫困的农牧民优先扶持，最贫困的村优先集中力量解决。在项目和资金的安排上，优先安排绝对贫困村和绝对贫困户，同时也要兼顾低收入贫困村和低收入贫困户
青海省人民政府办公厅	青海省人民政府办公厅关于贯彻国务院办公厅《关于切实做好扶贫开发工作的通知》的通知	1998－10－22	1998－10－22	自然条件严酷，生产力水平低，脱贫的难度很大，严重影响和制约着我省扶贫攻坚的进程。各级政府要按要求认真落实配套资金，动员地方财力、集体和群众及社会各界多渠道增加扶贫投入，加大投入力度。扶贫资金来之不易，各地要严格执行扶贫资金管理的有关规定，管好用好这些资金，更好地发挥扶贫资金的效益

表 5-8　宁夏回族自治区地方规范性文件中关于生态型反贫困的规定

颁发单位	文件名	颁布时间	生效时间	内容概要
宁夏回族自治区人民政府办公厅	宁夏回族自治区人民政府办公厅关于印发《提升和推广金融扶贫“盐池模式”工作方案》的通知	2016－04－22	2016－04－22	盐池县认真贯彻落实中央和自治区扶贫开发决策部署，坚持将脱贫攻坚作为政治使命和头号民生工程，围绕群众脱贫致富，认真组织实施国务院扶贫办扶贫小额信贷、自治区“金扶工程”，创新开展了“信用+产业+金融”（信用建设+产业基础+金融支撑）“三位一体”的金融扶贫“盐池模式”
宁夏回族自治区教育厅	宁夏回族自治区教育厅关于印发《宁夏教育精准扶贫行动方案（2016—2020年）》的通知	2016－04－18	2016－04－18	全面贯彻落实国家和自治区脱贫攻坚总体部署和要求，把教育扶贫作为长远脱贫的根本之策，聚焦全区58.12万贫困人口脱贫、800个贫困村销号、9个贫困县（区）摘帽，以全面提高贫困地区群众基本文化素质和劳动者职业技能为重点，瞄准短板、精准施策、差别支持

续表

颁发单位	文件名	颁布时间	生效时间	内容概要
宁夏回族自治区人民政府办公厅	宁夏回族自治区人民政府办公厅关于进一步动员社会各方面力量参与扶贫开发的实施意见	2015-10-23	2015-10-23	坚持精准扶贫。推动社会扶贫资源动员规范化、配置精准化和使用专业化，通过分类施策、精准滴灌、靶向治疗，大力实施精准扶贫、精准脱贫，切实惠及贫困群众。坚持开发扶贫。动员各类社会扶贫主体帮助扶贫对象解决发展中面临的民生难题，重点帮助改善基础设施、发展致富产业、提高劳动技能和提供就业岗位，增强"造血"功能，提高自我发展能力
宁夏回族自治区人民政府办公厅	宁夏回族自治区人民政府办公厅关于改革财政专项扶贫资金管理机制的实施意见	2015-08-17	2015-08-17	在综合扶贫政策框架下，科学编制扶贫攻坚规划，并与行业规划紧密衔接，处理好财政专项扶贫资金和其他涉农资金的关系，突出财政专项扶贫资金使用重点；强化资金整合统筹，形成资金合力，充分发挥资金引导作用和放大效应．
宁夏回族自治区人民政府办公厅	宁夏回族自治区人民政府办公厅关于印发农垦系统生态移民安置区移交地方管理实施方案的通知	2015-05-11	2015-05-11	由农垦系统负责建设的易地扶贫搬迁移民安置区，其中南梁农场安置区移交西夏区，简泉农场安置区移交石嘴山市，长山头农场安置区、渠口农场安置区移交中宁县；由农垦系统负责建设的"十二五"中南部地区生态移民安置区，其中暖泉农场安置区移交贺兰县，简泉农场安置区移交石嘴山市，连湖农场安置区移交青铜峡市，渠口农场太阳梁安置区移交中宁县
宁夏回族自治区金融管理办公室	宁夏回族自治区金融工作办公室关于印发《金融支持生态移民区发展试点方案》、《宁夏回族自治区村级互助担保基金设立工作指引（试行）》的通知	2014-08-25	2014-08-25	设立村级互助担保基金，是金融支持生态移民区发展的有益探索。这种模式有利于解决生态移民区农户融资担保难、成本高的难题；有利于解决农户贷款期限短、额度小的问题；有利于提高涉农财政扶持资金利用效率和金融机构服务生态移民区的积极性
中共宁夏回族自治区党委、宁夏回族自治区政府	宁夏回族自治区党委办公厅、宁夏回族自治区人民政府办公厅印发《关于创新机制深入推进百万贫困人口扶贫攻坚战略的实施意见》的通知	2014-04-04	2014-04-04	当前和今后一个时期，扶贫开发工作要进一步解放思想，深化改革，创新机制，大胆实践，充分发挥市场在资源配置中的决定性作用，更好发挥政府的调控、指导作用，调动发挥贫困群众在脱贫致富中的主体作用，更加广泛、更为有效地动员社会力量，构建政府、市场、社会协同推进的大扶贫格局，力争在新一轮扶贫开发中走在全国前列，创建国家扶贫开发的样板

续表

颁发单位	文件名	颁布时间	生效时间	内容概要
宁夏回族自治区人民政府办公厅	宁夏回族自治区人民政府办公厅关于印发《宁夏回族自治区农村残疾人扶贫开发计划（2011—2020年）》的通知	2012-07-31	2012-07-31	坚持产业带动，基地扶持。以地方特色优势产业为依托，发挥龙头企业和扶贫基地的辐射带动作用，促进农村残疾人就地就近实现就业。坚持社会参与，结对帮扶。动员党员干部、社会各界参与残疾人扶贫开发，通过“帮、包、带、扶”等多种形式，帮扶贫困残疾人及其家庭增加收入，摆脱贫困
宁夏回族自治区人民政府办公厅	宁夏回族自治区人民政府办公厅关于印发《生态移民法律服务办法》的通知	2012-07-26	2012-07-26	为充分发挥律师、公证、司法鉴定等法律服务机构在生态移民工作中的职能作用，为生态移民提供优质高效的法律服务，预防纠纷，减少诉讼，维护国家、集体和公民的合法权益，保障生态移民工作顺利进行，制定本办法
宁夏回族自治区人民政府办公厅	宁夏回族自治区人民政府办公厅关于成立宁夏生态纺织产业示范园筹备处的通知	2012-02-08	2012-02-08	自治区人民政府2012年1月29日第109次常务会议纪要决定，成立宁夏生态纺织产业示范园筹备处，全面负责园区的规划建设和管理工作
宁夏回族自治区人民政府	宁夏回族自治区人民政府办公厅转发《关于建立和落实草原生态保护补助奖励机制实施方案》的通知	2011-09-13	2011-09-13	全面贯彻落实科学发展观，以促进农牧民持续增收为核心，以加强草原生态保护、加快转变畜牧业发展方式为主线，坚持全境禁牧封育、山川互济、农牧互补，构建草原生态保护建设与现代畜牧业良性互促长效机制，推动牧区经济社会协调发展
宁夏回族自治区人民政府	宁夏回族自治区人民政府关于印发《宁夏回族自治区生态移民资金管理暂行办法》的通知	2011-05-16	2011-05-16	承担生态移民建设任务的市（县、区）财政部门应当开设资金专户，实行单独建账、单独核算，并报自治区财政部门备案。与生态移民无关的其他资金不得进入专户核算
宁夏回族自治区人民政府办公厅	宁夏回族自治区人民政府办公厅关于印发《宁夏中部干旱带县内生态移民规划提要（2007—2011年）》的通知	2008-01-21	2008-01-21	从2001年起，国家在西部地区对一部分生活在自然条件严酷、资源贫乏、生态环境恶化地区的贫困人口，实施易地扶贫搬迁，我区称为“生态移民工程”，通过对生活在不适宜人类生存和发展地区的贫困人口实施搬迁，达到消除贫困和改善生态的双重目标
宁夏回族自治区政府	宁夏回族自治区少生快富扶贫工程实施办法	2005-05-23	2005-07-01	少生快富扶贫工程，是指对按照计划生育政策可以生育两个或者三个孩子，而自愿少生一个或者两个孩子并采取永久性节育措施的农村育龄夫妇，或者对自愿采取永久性节育措施的农村计划生育纯女户给予一次性奖励资金及其他政策优惠，帮助其发展经济，促使其尽快致富的计划生育奖励措施

续表

颁发单位	文件名	颁布时间	生效时间	内容概要
宁夏回族自治区人民政府	宁夏回族自治区人民政府关于进一步做好县外移民吊庄扶贫开发工作的实施意见	2004-12-23	2004-12-23	坚持走政府主导、社会参与、自力更生、开发式扶贫的道路，以移民吊庄整村推进为切入点，进一步改善移民吊庄地区的基本生产生活条件和生态环境；以劳动力的培训和转移为切入点，提高移民的综合素质；以发展特色农业、劳务输出、畜牧养殖等主导产业和扶贫龙头企业为切入点，带动移民吊庄调整产业结构，增加群众收入
宁夏回族自治区人民政府	宁夏回族自治区人民政府批转自治区发展计划委员会《关于实施国家异地扶贫移民开发试点项目意见》的通知	2001-12-17	2001-12-17	实施异地移民扶贫开发试点项目，转移部分人口，缓解人地矛盾，恢复和改善生态环境，是帮助他们彻底摆脱贫困的有效途径，对全面完成扶贫开发任务，实现民族团结和社会稳定，加快西部大开发战略的实施，具有重要的现实意义

表 5-9　西藏自治区地方规范性文件中关于生态型反贫困的规定

颁发单位	文件名	颁布时间	生效时间	内容概要
西藏自治区人民政府办公厅	西藏自治区生态环境保护监督管理办法	2013-07-25	2013-07-25	坚持生态优先、保护优先，在保护中开发、开发中保护的方针，鼓励低能耗、高附加值的高新技术产业和特色优势产业，推动绿色发展、循环发展、低碳发展。严禁引进高污染、高排放、高能耗产业和项目，严禁引进淘汰落后的生产技术和设备，不应以牺牲生态环境为代价换取经济效益
西藏自治区人民政府办公厅	西藏自治区人民政府办公厅关于印发《西藏自治区建立草原生态保护补助奖励机制 2011 年度实施方案》的通知	2011-07-29	2011-07-29	坚持保护优先和自然恢复为主，以落实草场承包经营责任制为前提，以实行补助奖励为手段，以生态改善和牧民增收为目标，在西藏可利用天然草原范围内，实施禁牧补助、草畜平衡奖励，落实牧民生产性补贴，全面建立草原生态保护补助奖励机制，基本实现草畜平衡，从源头上扭转草原生态环境退化趋势，切实提高牧民增收能力
西藏自治区人民政府办公厅	西藏自治区人民政府办公厅关于做好生态公益林补偿有关工作的通知	2008-06-02	2008-06-02	国家于 2004 年正式设立中央补偿基金，专项用于重点公益林的保护管理，对加强森林资源保护，有效增加农牧民群众收入，促进社会经济和谐发展具有重要的意义

表 5-10 新疆维吾尔自治区地方规范性文件中关于生态型反贫困的规定

颁发单位	文件名	颁布时间	生效时间	内容概要
新疆维吾尔自治区人民政府办公厅	新疆维吾尔自治区人民政府办公厅关于进一步动员社会各方面力量参与扶贫开发的实施意见	2015-06-05	2015-06-05	鼓励民营企业积极承担社会责任，充分激发市场活力，发挥资金、技术、市场、管理等优势，通过资源开发、产业培育、市场开拓、村企共建等多种形式到贫困地区投资兴业、培训技能、吸纳就业、捐资助贫，将贫困地区的资源优势转化为产业优势，激活内生动力、推动扶贫开发
新疆维吾尔自治区人民政府办公厅	新疆维吾尔自治区人民政府办公厅关于印发《自治区农村残疾人扶贫开发规划（2011-2020年）》的通知	2013-01-04	2013-01-04	加大农村残疾人扶贫开发力度，缓解并逐步消除残疾人绝对贫困现象，缩小残疾人生活水平与社会平均水平的差距，是贯彻落实科学发展观的迫切需要，是全面建成小康社会、实现全体人民共同富裕的必然要求，是促进社会公平、构建社会主义和谐社会的重要内容
新疆维吾尔自治区林业厅、新疆维吾尔自治区公益林和林场管理总站	新疆维吾尔自治区林业厅计资处、自治区公益林和林场管理总站关于各地州对2013年贫困国有林场扶贫项目实施方案进行审查的通知	2013-10-12	2013-10-12	根据《新疆维吾尔自治区国有贫困林场扶贫资金管理办法实施细则》第九条和第十条规定，自治区林业厅会同财政厅对2013年各地州林业局和财政局上报的贫困国有林场（站）扶贫项目进行了审核，根据中央财政补助的林场扶贫资金额度确定了今年的项目和补助资金额度
新疆维吾尔自治区林业厅	新疆维吾尔自治区林业厅关于下达2012年中央财政森林生态效益补偿基金控制数的通知	2012-06-04	2012-06-04	营造林项目由自治区结合重点造林项目统筹安排，各管护单位根据自治区下达的营造林任务及金额，认真编制作业设计，由地州市林业局或国有林管理局审批后实施
新疆维吾尔自治区扶贫开发领导小组	新疆维吾尔自治区扶贫领导小组办公室关于印发《自治区对农村低收入人口全面实施扶贫政策进一步做好扶贫工作意见》的通知	2010-03-30	2010-03-30	要统筹城乡发展，巩固大扶贫格局，完善国家扶贫战略、政策规划体系和工作机制。坚持开发式扶贫方针，帮助扶贫对象尽快摆脱贫困，促进贫困地区经济和社会事业加快发展
新疆维吾尔自治区环境保护局、新疆维吾尔自治区经济贸易委员会、新疆维吾尔自治区科学技术厅	新疆维吾尔自治区环保局、自治区经济贸易委员会、自治区科学技术厅关于开展自治区生态工业示范园区建设工作的通知	2008-05-30	2008-05-30	自治区环保局、自治区经贸委、自治区科技厅会同有关部门鼓励具备条件的国家级经济技术开发区、高新技术产业开发区、自治区级工业园区（开发区）以及大型企业为核心的工业聚集区域申报国家生态工业示范园区及自治区生态工业示范园区

续表

颁发单位	文件名	颁布时间	生效时间	内容概要
新疆生产建设兵团	新疆生产建设兵团办公厅关于印发《新疆生产建设兵团特殊困难群体扶贫帮困实施办法》的通知	2002－08－06	2002－08－06	扶贫帮困资金以兵、师为单位，实行分级筹集、分级管理和使用。兵、师两级在财务部门设“扶贫帮困资金专户”，专款专用。各师负责本师特困群体的扶贫帮困工作，除特殊情况外，原则上兵团不予调剂补助。资金的筹集、管理和使用要按规定公布，接受社会监督
新疆维吾尔自治区政府	关于发布《新疆维吾尔自治区扶贫资金管理办法》的通知	1997－08－11	1997－08－11	扶贫资金使用必须以贫困户为扶持对象，以贫困乡村为扶贫攻坚主战场，以解决温饱问题为目标，以有助于直接提高贫困户收入的产业主要内容进行投放。要坚持扶贫资金到乡村，项目覆盖到贫困户，效益兑现到贫困户，解决温饱到户，做到真扶贫、扶真贫

表 5-11　内蒙古自治区地方规范性文件中关于生态型反贫困的规定

颁发单位	文件名	颁布时间	生效时间	内容概要
内蒙古自治区农牧业厅	内蒙古自治区农牧业厅关于协助做好草原生态保护补助奖励机制政策实施成效评估工作的通知	2014－07－14	2014－07－14	随着经济的迅速发展，生态和环境问题已经成为阻碍经济社会发展的瓶颈。近年来党和政府提出了科学发展观，强调以人为本，全面、协调、可持续发展，对生态建设给予高度重视，并采取了一系列加强生态保护和建设的政策措施，有力地推进了生态状况的改善
内蒙古自治区扶贫开发办公室	关于印发《内蒙古自治区扶贫攻坚工程“三到村三到户”项目管理指导意见》的通知	2014－07－25	2014－07－25	“三到村三到户”财政扶贫专项资金主要用于扶持优势特色产业发展，促进贫困农牧民增收。必须用于自治区确定扶持的贫困嘎查村
内蒙古农牧业厅、财政厅	内蒙古农牧业厅、财政厅关于深入推进草原生态保护补助奖励机制政策落实工作的通知	2014－07－04	2014－07－04	各盟市要进一步加大工作力度，按照目标、任务、责任、资金“四到盟市”的总体要求和任务落实、补助发放、服务指导、监督管理、建档立卡“五到户”的工作原则，切实把各年度任务资金落实到草场牧户。补奖资金不得长期滞留各级财政，要将任务资金落实情况纳入绩效考核指标体系，扎实开展绩效评价，深化评价结果与绩效考核奖励资金安排挂钩的机制

续表

颁发单位	文件名	颁布时间	生效时间	内容概要
内蒙古自治区党委办公厅、内蒙古自治区人民政府办公厅	内蒙古自治区党委办公厅、自治区人民政府办公厅关于印发《深入推进扶贫攻坚工程“三到村三到户”工作方案》的通知	2014-04-23	2014-04-23	通过规划、项目、干部“三到村三到户”，实施精准扶贫，做到规划跟着贫困村、贫困户走，项目跟着规划走，干部跟着项目走，实现扶贫规划、扶贫项目、扶贫干部与扶贫对象无缝对接。坚持开发式扶贫方针，以省级领导干部联系贫困旗县为龙头，以规划、项目、干部“到村到户”为支撑，建立精准扶贫工作机制，推进扶贫攻坚重心下沉，确保让贫困户直接受益、贫困人口如期稳定脱贫
内蒙古自治区人民政府办公厅	内蒙古自治区人民政府办公厅关于印发《自治区生态脆弱地区移民扶贫资金管理办法》的通知	2013-12-04	2014-01-01	生态脆弱地区移民扶贫资金（以下简称生态移民资金）的安排和使用，坚持“依据方案、核定总量、旗县为主、包干使用”的原则，做到任务到旗县、资金到旗县、职权到旗县、责任到旗县
内蒙古自治区人民政府办公厅	内蒙古自治区人民政府办公厅关于印发《内蒙古自治区生态脆弱地区移民扶贫规划》的通知	2013-04-08	2013-04-08	生态脆弱地区，特别是农牧交错带不具备生存条件地区是内蒙古全面建成小康社会的重点和难点地区。要实现自治区党委、政府提出的扶贫目标，必须要抓好全区移民扶贫工作，尤其是农牧交错带不具备生存条件地区移民扶贫工作，这是从根本上解决这一地区贫困问题的重大举措
内蒙古自治区人民政府办公厅	内蒙古自治区人民政府办公厅关于印发《草原生态保护补助奖励机制实施方案》的通知	2011-05-23	2011-05-23	以保护和改善天然草原生态环境，增加牧民收入，促进畜牧业生产经营方式转变，发展现代草原畜牧业为目标，整合多渠道资金、技术以及资源优势，促进牧区经济社会稳定与繁荣，推进生态文明建设
内蒙古自治区人民政府财政厅	内蒙古自治区财政森林生态效益补偿基金管理实施细则	2011-05-26	2011-05-26	森林生态效益补偿基金，是指各级政府依法设立用于公益林营造、抚育、保护和管理的资金。中央财政补偿基金是森林生态补偿基金的重要组成部分，重点用于国家级公益林的保护和管理。自治区、盟市、旗县财政补偿基金用于地方公益林的营造、抚育、保护和管理
内蒙古自治区扶贫办	内蒙古自治区扶贫开发资金及项目管理暂行办法	2010-06-17	2010-06-17	中央和自治区专项扶贫资金的分配和使用管理，要体现中央提出的“分级负责、以省（自治区）为主”和资金、权力、任务、责任“四到省（自治区）”的精神，资金投放要和扶贫攻坚任务紧密结合起来，与解决温饱问题的进度直接挂钩。所有拨到自治区的扶贫资金，一律由自治区人民政府统一安排使用，由自治区扶贫开发领导小组组织各有关部门具体负责计划的制订和实施

续表

颁发单位	文件名	颁布时间	生效时间	内容概要
内蒙古党委办公厅、政府办公厅	内蒙古党委办公厅、政府办公厅转发自治区扶贫开发领导小组办公室《关于加强贫困旗县人才队伍建设的意见》的通知	2004-10-11	2004-10-11	坚持以本地人才培养和使用为主，同时加大引进和交流力度的原则，以更新观念为先导，以深化改革为动力，以提高人才素质为中心，以创新人才机制和优化人才环境建设为重点，逐步建立起适应贫困旗县经济社会发展和全面建设小康社会要求的党政领导干部、经营管理人才和专业技术人才以及乡土人才队伍，为加快贫困地区发展步伐提供强有力的人才保证
内蒙古自治区人民政府	内蒙古自治区人民政府批转自治区发展计划委员会《关于实施生态移民和异地扶贫移民试点工程意见》的通知	2001-05-23	2001-05-23	长期以来，内蒙古由于多种因素影响，造成生态严重恶化。荒漠化面积仅靠人工治理短期内恐难奏效，必须按照建设与保护并重、以保护为主的方针，采取“封、飞、造”措施，加快生态恢复速度。同时，将生活在生态环境十分恶劣、水资源严重匮乏地区和自然保护区、禁牧区内的农牧户，搬迁至小城镇或水土资源条件较好的地区。实践证明，这是恢复当地生态平衡，帮助贫困农牧民脱贫致富的有效途径

表 5-12　　重庆市地方规范性文件中关于生态型反贫困的规定

颁发单位	文件名	颁布时间	生效时间	内容概要
重庆市人民政府	重庆市人民政府关于丰都县建设庙梁子等26个高山生态扶贫搬迁集中安置点公共设施和基础设施用地农用地转用的批复	2015-11-06	2015-11-06	批准转用土地 19.8652 公顷。农用地转用经依法批准后，由你县按照土地管理法律法规的有关规定办理乡（镇）村建设用地审批手续，进一步落实补充耕地方案，采取有效措施，提高已补充 12.9335 公顷耕地的质量
重庆市人民政府	重庆市人民政府关于南川区实施高山生态扶贫搬迁安置点建设用地农用地转用的批复	2015-11-03	2015-11-03	批准转用土地 0.4368 公顷。农用地转用经依法批准后，由你区按照土地管理法律法规的有关规定办理高山生态扶贫搬迁安置点用地审批手续．进一步落实补充耕地方案，采取有效措施，提高已补充 0.4368 公顷耕地的质量
重庆市人民政府	重庆市人民政府关于垫江县太平镇等3个镇4个高山生态扶贫搬迁安置点公共设施和基础设施配套项目农用地转用批复	2015-10-18	2015-10-18	要进一步落实补充耕地方案，采取有效措施，提高已补充 6.2770 公顷耕地的质量

续表

颁发单位	文件名	颁布时间	生效时间	内容概要
重庆市人民政府	重庆市人民政府关于潼南区高山生态扶贫搬迁集中安置点公益设施用地农用地转用的批复	2015-10-10	2015-10-10	将梓潼街道云谷村1社等20个镇39个村49个社集体农用地10.9642公顷（其中耕地9.6001公顷）转为建设用地。共计批准转用土地10.9642公顷。农用地转用经依法批准后，由你区按照土地管理法律法规的有关规定办理镇村建设用地审批手续
重庆市扶贫办	关于集中力量开展扶贫攻坚的意见	2015-02-12	2015-02-12	在全面建成小康社会的大局中来考虑，集中力量开展扶贫攻坚，让全市贫困地区群众早日脱贫致富。到2017年，基本实现202万扶贫对象不愁吃、不愁穿以及义务教育、基本医疗、住房有保障的“两不愁三保障”目标，扶贫开发重点区县农民人均纯收入增幅高于全市平均水平，基本公共服务主要领域指标接近或达到全市平均水平
重庆市农业委员会	重庆市农业委员会关于进一步加强高山生态扶贫搬迁工作的通知	2014-08-11	2014-08-11	有关区县（自治县）农业部门，要立足自己的职能职责，合理引导高山生态扶贫搬迁农户向高山生态扶贫搬迁集中安置点、新农村（美丽乡村）建设示范村、农民新村等集中居住。对总人数在100人以上的高山生态扶贫搬迁集中安置点，要主动谋划、出台措施、重点支持，着力推进配套产业发展、基础设施建设、新型农业经营主体培育等，努力实现搬得出来、住得舒服、富得起来
重庆市人民政府	重庆市人民政府办公厅关于印发《重庆市农村残疾人扶贫开发规划（2011—2020年）》的通知	2013-01-31	2013-01-31	以建设农村贫困残疾人社会保障体系、服务体系为主线，以武陵山片区、秦巴山片区两个国家连片特困地区为重点，扎实推进农村贫困残疾人扶贫开发工作，全面改善农村贫困残疾人生产生活状况，实现共享改革发展成果

续表

颁发单位	文件名	颁布时间	生效时间	内容概要
重庆市扶贫办	重庆市扶贫开发领导小组关于印发《关于武陵山、秦巴山片区扶贫攻坚措施到户到人的工作意见》、《关于推进行业扶贫工作的意见》以及《关于进一步加强片区扶贫开发工作的意见》的通知	2013－07－10	2013－07－10	根据扶贫到村、措施到户、开发到人的原则，以武陵山、秦巴山片区扶贫攻坚为主要平台，以正在实施的整村脱贫村、小片区开发的贫困人口以及规划当年脱贫农户为主要对象，以增加贫困家庭收入和自我发展能力为根本目标，按照“规划到户、项目到人”的要求，积极开展到户到人帮扶。片区外区县参照实行。从2013年起，国家财政专项扶贫资金70%用于产业扶贫，20%用于扶贫搬迁，10%用于人力资源开发。产业扶贫资金的70%用于到户到人。到2017年，力争通过“一户一法、一人一计”的到户到人扶贫措施，促进全市202万贫困人口基本脱贫。扶贫对象实现“‘两不愁三保障’、年人均纯收入达到国家规定的脱贫标准、具备一定的自我发展能力”的脱贫目标。对符合条件的扶贫对象，按脱贫先后顺序分批实施，原则上只享受一次同类到户政策
重庆市扶贫办	重庆市扶贫开发领导小组关于印发《重庆市扶贫开发工作考核办法（试行）》的通知	2012－09－21	2012－09－21	通过建立扶贫开发工作考核机制，进一步增强区县政府、市级相关部门推进扶贫开发工作的责任感和紧迫感，调动参与扶贫开发工作的积极性和主动性，巩固发展大扶贫格局，引导区县政府、市级相关部门协调各种资源参与扶贫开发，切实担负起扶贫开发的重要职责
重庆市扶贫办	重庆市农村扶贫开发纲要实施办法（2011—2020年）			强化贫困地区广大干部群众的自强不息意识和奋发进取观念，积极鼓励和充分发挥贫困地区干部群众的积极性、创造性，尊重农户的知情权、选择权、监督权和管理权，突出农户在扶贫工作中的主体地位。到2015年，全面消除绝对贫困现象，实现2000个贫困村整村脱贫扶贫开发工作重点区县特色产业局面基本形成，集中连片特殊困难地区的发展环境和条件明显改善；贫困地区公共服务基本实现均等化，基础设施和生态环境明显改善
重庆市水利局	重庆市水利局转发长江委《关于巫山县土城包移民安置生态综合整治工程涉河建设方案的批复》的通知	2009－10－15	2009－10－15	要督促项目业主单位严格按照长江委批复的规模、位置、界限、方案和市水利局的要求，实施工程建设

续表

颁发单位	文件名	颁布时间	生效时间	内容概要
重庆市人民政府办公厅	重庆市人民政府办公厅关于加快实施生态和扶贫移民工作的意见	2008-03-19	2008-03-19	到2012年，全市完成生态和扶贫移民35万人，到2017年基本完成生态和扶贫移民搬迁任务，使居住在自然环境恶劣地区的农民群众从根本上改善生产、生活和生存条件，尽快脱贫致富，同时推进生态环境建设
重庆市人民政府	重庆市“绿地行动”实施方案	2006-03-31	2006-03-31	由于重庆所处的地理环境以及历史、人口、资源、发展模式等多种因素的影响，致使生态环境恶化的基本因素仍然存在，我市生态环境仍面临着非常严峻的形势。为此，必须加快实施“绿地行动”，以提高生态环境对持续发展的支撑能力，全面改善全市生态环境质量
重庆市市扶贫办	重庆市财政扶贫资金管理实施办法（试行）	2005-05-26	2005-05-26	财政扶贫资金是指国家设立的用于经济不发达的贫困地区、少数民族地区、边远地区改变落后面貌，改善贫困群众生产、生活条件，提高贫困农民收入水平，促进经济和社会事业全面发展的专项资金。扶贫资金包括以工代赈资金、新增财政扶贫资金、发展资金和其他财政性扶贫资金

第三节　西部地区生态型反贫困法律保障制度的不足

一　缺乏专门的反贫困基本立法

制定明确的法律法规来规范反贫困行动是世界反贫困战略的基本经验，从某种意义上说，世界反贫困的历史也是一部立法保障的历史。早在1536年，英国就颁布了《亨利济贫法》，它标志着英国政府开始为解决社会贫困问题承担一定的职责。1601年英国女王伊丽莎白（Elizabeth I）颁布了世界第一部《伊丽莎白济贫法》，该法律以传统的慈善救济为主要特征，正式确立了政府救济穷人的责任，这是欧洲最早出现的国家济贫制度，同时还颁布有《济贫税法》，开始实施以救济贫民、失业者为主的社会保障制度。1832年成立的皇家济贫法委员会在调查济贫法实行情况的基础上，制定了19世纪最重要的社会性立法——《1834年济贫法修正案》（*The Poor Law Amendment Act of* 1834），又称新济贫法，第一次以社会政策的方式规定接受救济的人应给予一种比独立的劳动者低的生活标准，这成为以后福利政策的基本思想。在发展中国家，扶贫立法在立法体系中也占有重要地位，在反贫困历史进程中普遍建立了不同类型的、以反贫困为核心的社会保障法律制度。

新中国成立后，我国也建立起包括贫困救助、自然灾害救助、特殊对象救助以及扶贫工作在内的各种贫困救济制度，但尚无一部综合的反贫困法，而且立法进程非常缓慢，现行法律法规存在的缺陷日益明显。由国务院颁布的行政法规及相关部委颁布的各种规章，往往以“规定”“试行”“决定”“意见”“通知”“暂行办法”等形式出现，而地方规定基本都是以“红头文件”形式发布，不仅层次偏低，而且比较分散，体系不健全，部门利益和地方利益的色彩较浓，存在扶贫对象和实际覆盖面极为有限，扶贫标准过低，资金投入严重不足，工作的随意性过大等问题。由于没有严格的法律制度保障，各级管理部门在政策、资金及项目管理上相当混乱，“靠山吃山，靠水吃水”、以权谋私、贪污挪用等腐败现象屡屡发生。由于我国各地区的经济发展和社会保障制度发展不平衡，如何以全国一盘棋的思想规划立法，确定哪些法律需要立即制定、那些现有法律法规应当完善、哪些地方性法规应当清理、哪些应当通过政策来调节、哪些问题应当授权地方政府解决等，成为反贫困制度安排面临的严峻挑战。

二　生态型反贫困法律保障体系尚不健全

自西部地区坚持改革开放以来，社会经济快速发展，群众的生产生活条件得到明显改善，农村贫困人口的温饱问题得到基本解决，而这些成果离不开反贫困法律体系的保障与支持。生态型反贫困法律保障体系作为市场经济发展和法治社会的要求应运而生，也是我国社会保障体系的重要组成部分，对我国反贫困战略具有重要意义。近些年来，国家也不断完善贫困人口的法律保障机制，通过法律制度的构建或完善来减缓、减少、消除贫困，使反贫困行为体现出制度化和法律化，增进贫困人口主动参与反贫困战略的积极性，增加贫困人口收入，保障贫困人口的生存权和发展权，最终推进西部生态贫困地区经济社会全面快速发展，减少贫富差距。

国务院扶贫办在扶贫纲要新闻发布会上表示，到 2010 年，我国贫困农村的居民生存和温饱问题可以基本解决，中国扶贫开发从以解决温饱为主要任务的阶段向巩固温饱成果阶段转入，加快脱贫致富的同时兼顾改善生态环境。随之，西部地区各省份积极响应，相继也出台了很多关于生态型反贫困的地方性规范性文件。例如《重庆市人民政府办公厅关于加快实施生态和扶贫移民工作的意见》《广西壮族自治区财政专项扶贫资金管理办法》《贵州省水利建设生态建设石漠化治理综合规划》等，都针对生态贫困地区提出了相应的改善措施。但是地方出台的规范性文件总体上仍存在结构单一、内容简单、体系化不强等问题，而这些问题也是西部生态型反贫困法律保障体系完善的攻坚难点。

在现行立法中，有针对生态移民和生态补偿的专门规范性文件，但效力较低，例如《甘肃省易地扶贫搬迁实施规划（2013—2018 年）》。自然资源产权制度、生态资源社区共管制度和其他制度都散见于其他法律文件中。归纳起来，现有生态型反贫困法律保障体系存在以下问题：

（一）大多数规范性文件法律位阶较低，法律的权威和效力不高

关于扶贫制度的规范性文件，目前已经颁布的 9 部地方农村扶贫开发条例，都是由享有地方立法权的地方人大制定，以扶贫开发总则、对象标准和法律责任等为主要内容，并冠之以“条例”之名，属于典型的地方性法规，具有较高的法律位阶和效力。而占大比例的多为“规划”“纲要”“办法”“通知”、“意见”等，除“办法”之外都不属于形式意义上法律文件，效力较低。作为生态型反贫困活动的中坚力量，地方立法应为我国国家层面的反贫困法律制定提供了重要的立法经验，但从现行立法来看，效力高的地方性法律文件较少，大多数的地方规范性文件位阶低，法律效力明显不高，不利于生态型反贫困实践工作的开展。

《中国农村扶贫开发纲要（2011—2020）》是对我国 2011—2020 年十年农村扶贫开发的目标、步骤等问题所做的要领性规定。《西部大开发“十二五”规划》是对我国“十二五”期间西部大开发整体性、长期性的计划，这两类扶贫性文件都具有明确的政策导引性，应属于国家政策的范畴，不具有法律约束力。《财政专项扶贫资金管理办法》是由财政部、发展和改革委、国务院扶贫办三部门联合印发的有关财政专项资金管理方面的事务性规定，属于部门规章的范畴，具有一定的法律效力，但法律位阶较低，权威性及约束性不够。

关于生态移民环境保护的立法，大都属于层级比较低的规范性文

件，如《陕西省2000年度移民扶贫异地开发管理办法》《陕西省人民政府关于印发省移民搬迁安置税费优惠政策的通知》等。

关于生态补偿制度的立法，散见于《环境保护法》和《水土保持法》等单行性法律中，难以体现其作为生态保护制度的重要性。且有些单行性规范文件也是政策性的，执行效力较低，不能作为规范和约束破坏环境的违法行为的直接依据。

（二）政策色彩浓厚，未能体现出地方立法的特色性与多样性

地方规范性文件中章节结构千篇一律，未能体现出地方立法的特色性与多样性，尤其是针对少数民族聚居地的生态反贫困问题体现不出少数民族的独特性。

综观这些地方性法规，除《广西壮族自治区扶贫开发条例》只罗列32个条文，未设章节外，其他“条例”都设有6—9个章节，32—61个条文。这些“条例”共有的章节有：总则、扶贫对象标准、对象和范围、扶贫措施、项目管理与资金管理、法律责任、附则。其中陕西省扶贫开发条例中另设了“制度与机制”一章，贵州扶贫开发条例另设了“政府责任与社会参与”一章。总的来看这些“条例”几乎都是官方模式，行政色彩较浓厚，章节结构也千篇一律，完全没有体现出地方立法的特色性与多样性。除条例外，其他地方规范性文件大都是以“规划”“通知”的形式发布。发布主体普遍为省人民政府办公厅、省扶贫开发办公室、民政局，内容也如出一辙，不具有地方独特性。例如，《广西壮族自治区财政专项扶贫资金管理办法》和《贵州省财政专项扶贫资金管理办法》，结构一致，均分为资金预算与分配、资金安排与拨付、资金管理与监督等章节，条款数目也保持一致。

此处需要特别提出少数民族贫困自治地区。我国法律明确规定民族自治地方可以在不与宪法、法律法规相抵触前提下，制定相关的自治条例或单行条例在本区域予以实行。目前对于生态型反贫困的发展，国家还没有统一的立法，相关规定多散见于一些规章、政策文件中，且大多规定都缺乏可操作性。在这种情况下，作为少数民族贫困地自治区应该进行大胆创新和突破，填补上位法的空白，解决返贫现象。而从西部地区相关规范性文件来看，大部分贫困地区缺少先行立法的理念，未真正充分利用自治权，考虑少数民族的独特生活习惯，对自然资源产权、生态补偿、生态产业并没有充分的立法保护，也没有体现出与其他贫困地区的区别。

（三）规范性文件滞后，制度相关立法文件零散

立法落后于经济发展、生态保护和建设的发展要求，对生态反贫困中保护贫困人口的权利和利益、生态迁出地的环境恢复和整理等问题未能及时提供有效的法律依据和支持。从现行立法文件上看，生态型反贫困的立法状况已滞后于贫困地区社会经济的发展形势，且生态经济落后地区立法滞后于经济发展较快的其他地区。在整个生态型反贫困的制度体系中，自然资源产权、社区共管制度等法治保障明显滞后，相对而言，生态移民和生态补偿制度确立得较及时一些。

大多数制度都散见相关法律法规中，没有相关的成体系的成文法。例如，自然资源产权制度散见于《矿产资源法》《森林法》等单行法中，并没有针对性；生态资源社区共管制度散见于《广西壮族自治区森林和野生动物类型自然保护区管理条例》《云南省文山壮族苗族自治州森林和野生动物类型自然保护区管理条例》等文件中；生态产业制度散见于《全国生态产业建设技术规范》、《甘肃省农业生态环境保护条例》等文件中。且一些地方性规范性文件施行时间较短即被修改或暂停，缺乏稳定性。除了旅游、畜牧业以外，其他产业的发展目前无法可依，而出台的办法不仅没有针对性也缺乏实际可操作性。而且同一个单行法往往涉及多种生态型反贫困基本制度，交叉重叠，例如《水法》《野生动物保护法》《森林法》《草原法》《渔业法》《矿产资源法》等法律同时涉及自然资源物权制度、生态产业制度和生态补偿制度，显得更加杂乱。同时，各法律、规范性文件之间缺乏整体配合，未形成协调统一的保护和合理反贫困的规范体系，留下很多立法空白或者灰色部分，成为维护部门利益的工具。

（四）未能体现实体权利和程序权利，可操作性弱

目前出台的反贫困地方立法从结构看千篇一律，倾向于法律条文的堆砌和照本宣科，基本为原则性规定，权利义务关系和法律责任的内涵未能体现，失去了法律本身的价值。对于生态补偿制度，很多地方性立法都注重法律条文的堆砌，宣示性条款过多、权利、义务及法律责任规定不清，使一些立法沦为“观赏法”。例如，《内蒙古自治区森林生态效益补偿办法》基本是根据国家部门规章的结构制定，整个办法中都很少体现补偿者和受偿者的权利义务，对于补偿资金如何监督也只是原则

规定，很难体现出生态补偿法律关系中的主体、客体等内容，背离了法律应有的核心。实践中，这种生态补偿的原则性规定又难以转化为具体的执行条款的，或者在转化为具体的执行条款时，因为缺乏法定程序和法定条件，在执行中因人而异，具有很大的随意性，难以实现生态补偿的目标。

（五）法律文件之间相互不协调，甚至冲突交叉

当前，西部各地区相继出台了生态型反贫困的相关政策和地方立法，但因为国家层面设计滞后与地方立法效力较低等原因导致各规范性文件的衔接性十分欠缺，立法文件之间存在不协调甚至冲突交叉问题，给整体的反贫困工作形成阻碍。

在生态补偿方面，经过多年来的不断探索和完善，我国已经初步建立起了一种由国家立法和地方立法共同构成的法律体系，但其中又存在法律法规之间缺乏一致性和协调性、补偿实践工作效果不明显等问题。例如，环境保护立法与自然资源立法相对分离。前者强调对环境的保护，侧重于对生态环境资源开发利用过程中所产生的副作用的限制；后者强调通过环资源权属的确认，规范其利用，侧重于对生态环境资源的利用。环境保护立法和自然资源立法在现实中的相对分离使得环境部门与资源部门之间各自为政。例如，在矿场资源开发利用中的环境保护问题，由于地矿部门与环保部门的部门利益各有不同，使得矿产资源的开发利用与环境保护难以协调达到最佳状态。导致的结果是重开发利用，轻治理保护，只重视数量增长，而忽视质量提高，资源供需紧张，利用效率低下，破坏浪费严重。因此，应该建立起生态环境保护与自然资源利用相统一的环境法律体系，减少各部门法之间的适用冲突。

（六）缺乏下位法，执行力度较弱

在一些自然资源法中，对生态补偿有原则性的规定。但是具体的内容很模糊，比如在生态补偿的办法、方式和程序。同时，地方立法不完善，造成下位法的具体规定缺乏，最终导致实际执行中于法无据，从而使生态补偿制度难以贯彻落到实处。

从生态补偿制度的立法和实践看，范围最广泛且效果最佳的是“退耕还林”中对耕地农户的补偿。退耕还林工程也是我国跨区域生态补偿的重要体现，在执行过程中存在“生态补偿不到位”等问题。例如浙江省临安市天目山自然保护区的243名村民状告当地政府不作为，要求给予生态补偿一案，当时产生了很大的社会反响，引起社会各界的广泛关注，也成为我国第一起“生态补偿”纠纷案件。该案中，由于临安市天目山自然保护区生态建设的需要，致使村民失去林地生活来源，但因缺乏具体的补偿规定，一审判决驳回了原告的诉讼请求。还有，2003 年在重庆市巴南区界石镇上，被列为重点保护动物的野猪数量激增，野猪经常毁损当地村民的农作物，甚至发生野猪伤人事件，村民们为此向界石镇政府提出给予生态补偿。根据我国《野生动物保护法》第 14 条之规定，如果因为保护国家和地方重点保护野生动物的，导致农作物或者其他损失的，可以由当地政府给予补偿。具体补偿办法和标准由省、自治区、直辖市政府自行制定。正是因为重庆市政府未制定相关的具体补偿办法，对补偿主体、补偿标准等缺乏相应的执行依据，导致村民们长期得不到补偿，损害了村民的土地使用权，也大大降低保护野生动物的积极性。

三　生态型反贫困的配套立法存在瑕疵

针对西部地区生态型反贫困现状，我们需要有配套的法律法规，以保障生态型反贫困实践的成功完成。结合反贫困制度体系的基本构成和现行相关立法文件，总结归纳后发现生态型反贫困的配套立法存在瑕疵，主要表现在贫困者识别、运行程序和法律责任等方面。

（一）贫困者识别不准

生态型反贫困法律保障的基础就在于贫困者识别。目前，贫困对象的识别机制并不健全，许多真正贫困的人群并未纳入其中。同时，由于贫困现象本身是一个动态的发展过程，对贫困者的识别也应是一个动态的过程，再加上我国农村福利依赖现象普遍存在，迫切需要建立完善的动态管理机制和贫困的识别、退出机制。

在贫困者的识别层面，虽然在已有的法律法规中对贫困者有所界定，但是在实践中，识别贫困者的首要工作是核定农村家庭收入，而农村家庭收入的来源较多，稳定性相对不足，再加之负责核定工作的扶贫部门、民政部门以及统计部门采用的统计指标不同，各部门的统计数据存在一定的偏差，给贫困者的识别带来一定困难。

当前，我国农村贫困者识别、退出的动态调整机制尚未建立。在实践中，扶贫部门以年人均纯收入低于 2300 元的国家扶贫标准划定扶贫开发工作重点县，将贫困县中的特困乡、村作为扶贫开发的重点，政策直接指向地区，缺乏严格的识别机制，难以对贫困者进行清晰的界定。而民政部门采取的一般是调查和补差相结合的救助方式，在这种方式的影响下，当农村居民依靠农业或外出劳动所获得的收入与低保金不相上下时，往往不愿外出劳动，最终导致具有劳动能力的农村贫困者不愿退出农村最低生活保障，而遭遇突发事件陷入暂时性贫困的农村居民，又无法及时纳入，既浪费了反贫困的资源，又不利于实现贫困者的全面脱贫。

（二）制度运行程序不畅

目前，我国生态型反贫困的法律制度之间存在不配套的问题。主要体现为相互之间不协调和缺乏一致性、上位法和下位法具体内容上的不一致。生态型反贫困的法律制度主要分布在反贫困立法、环境保护立法以及资源利用立法中。但总体而言，从中央到地方三者的立法目的不同，是相对分离的。反贫困立法主要侧重于保障贫困者的生存权和发展权，解决的是贫困者的生存问题和发展问题；环境保护立法从生态学和经济学的角度，强调对自然环境的保护，侧重于对生态环境开发利用过程中所产生的副作用的限制；而资源利用立法强调通过对环境资源权属的确认，规范利用资源的行为，侧重于规范生态环境资源的利用方式。在实践中，相关制度运行程序的不畅又表现为扶贫部门、民政部门、资源部门、环保部门等相关部门各自为政，互不让步，导致反贫困资金使用效益不高、地方政府部门之间的利益不平衡。一方面，当前西部农村的扶贫资金存在整体使用效益不高的问题，部分贫困地区依然存在克扣资金、滥用资金的情况；另一方面，反贫困、生态环境保护与自然资源利用三者之间存在一定的冲突，对此，应当打破行政区域的界限，建立专门的区域性管理机构，联合完善生态型反贫困具体制度，共同完成生态移民等扶贫脱贫工作，避免区域内相互转移生态环境成本而加速自然环境的恶化。

（三）法律责任追究不力

强有力的责任追究机制对于参与生态型反贫困的机构和个人履行反贫困职责具有重要意义，然而，各地方性法规对此规定得却不够明确、合理，存在很多问题，极不利于反贫困领域违规违法行为的惩处。如广西的扶贫开发地方性法规仅在第 29 条中规定了对违规使用扶贫专项资金的行政处分，以及“构成犯罪的，依法追究刑事责任”；广西人民政府颁布的农村最低生活保障法规第29条仅规定对违反规定者“依法给予处理”，但是却没有指出具体应当如何处理，法律责任规定得不明确。虽然此后颁布的地方性法规对法律责任的规定愈加详细，但是均采用大量的篇幅来规定相关责任主体的行政责任与刑事责任，并未涉及对因不遵守法律规定，损害社会公共利益、损害贫困主体权益行为的规制，为介于行政责任和刑事责任之间的违法行为留下了逃避法律追究的空当。

第六章

建立和完善西部地区生态型反贫困法律保障体系的思考

尽管我国的生态型反贫困法律制度存在诸多不足，但这不是单单靠制定几部法律、修订几项规章就能有效弥补的，不加分析而大规模盲目立法不但无助于生态型反贫困制度的建立，更有可能导致法律资源的浪费，甚至影响反贫困的进程。合理分析我国西部地区生态型反贫困法律制度缺陷的成因，并有针对性地加以弥补，是建立和完善西部地区生态型反贫困法律保障体系的理智之举。同时，在立法策略的选择上，应当立足我国国情，以最有利于我国经济发展、环境保护的方式建立和完善我国西部地区的生态型反贫困法律保障体系。

第一节　完善西部地区生态型反贫困法律保障体系的基本思路

“设计良好的制度与规则会产生一个有效率的、增长迅速的、生活水平不断提高的社会，设计不良的制度和规则会引起停滞，甚至衰退。”①生态型反贫困法律保障体系的构建与完善是一个为生态型反贫困设计制度与规则的过程，该制度与规则的设计合理，便会促使保护环境与消除贫困的双重目标尽快达成；反之，便会导致生态环境与贫困状况无法得到改

---

① ［美］约瑟夫·E. 斯蒂格利茨、卡尔·E. 沃尔升：《经济学》，黄险峰、张帆译，中国人民大学出版社 2010 年版，第 14 页。

善，而良好制度与规则的制定必须遵循制度设计的基本规律，注重制度设计的科学性。

一 理性选择西部地区生态型反贫困制度保障路径

正如有学者所言："理性是法律的生命和本质，理想的法律就是符合理性的法律。"[①] 法律只有符合理性，体现理性，才能有其真正存在的价值，构建西部地区生态型反贫困法律保障体系必须遵循理性这一前提，而理性的特点之一便是法律是否为生态型反贫困所必需，盲目冲动立法不但不能确保法律的理性，更易导致效率的损失。为此，我们必须从以下几个方面进行深入的思考。

（一）在政策与法律之间进行合理选择

在法治社会中，政策与法律作为两种社会调控手段，两者之间具有密切的联系，主要体现在三个方面：首先，政策与法律都是国家进行社会管理的工具和手段，共同调整、控制和规范社会关系，具有功能上的共同性；其次，在我国，作为国家基本政策的大政方针，往往体现在宪法和法律之中，具有明显的法律效力，是宪法和法律的核心内容，因此，国家政策往往成为法律的指导原则或法律本身，所以，政策与法律具有内容上的一致性；最后，政策与法律还具有适用上的互补性，两者的适用范围并不完全相同，只在自己所调整的社会关系的领域内发生作用，政策比法律的调整范围更加广泛，社会生活的各个方面都受政策的调整和规范，而法律则并不可能深入社会生活的各个方面，比如宗教、道德、民族等领域的许多问题只能适用政策调整，而不能用法律进行硬性约束。

当前，我国各地政府已经出台了一系列与生态型反贫困相关的政策，面对政策所涉及的各个领域，我国是否应及早建立相应的法律保障体系是一个十分现实的问题。我们认为，在做出最终的选择之前，必须充分地考量政策与法律对于生态型反贫困发展的有利性，从而发挥法制对于生态型反贫困的促进作用。同时，我们必须充分认识到政策与法律之间存在的不同，充分发挥各自的优势。法律是由国家机关依照法定职权和法定程序制定的，一般是对试行和检验为正确的政策定型化，制定的程序相对复杂，

---

① 刘艳红：《理性主义法律观之解读——以自然法的传统与历史为视角》，《中国政法大学学报》2009 年第 6 期。

一旦制定，具有较强的稳定性，法律的优势在于其高度的明确性、鲜明的强制性和惩罚性，强制力大，持续性强，执行力度大，能够长效、充分地保障制度的实施。而政策相对于法律而言，更为灵活，制定方便，遇到问题可以及时调整，其时效性更强，制定的成本也远远低于制定法律的成本。

（二）促进法律与政策的配套融合

在合理选择了政策与法律之后，我们在规范制定与实践中，应当促进两者的配套融合，充分发挥两者的协同作用。构建西部地区生态型反贫困法律保障体系是保护环境与消除贫困的现实需要，这意味着在西部地区生态型反贫困的基本方面应当有法律依据，在具体行动上也尽可能有立法保障。我国实行中央统一领导和一定程度分权的多级并存、多类结合的立法权限划分体制。在这种立法体制下，我们应当实现法律与政策的配套融合，其中配套是指在西部地区生态型反贫困法律保障体系的构建中法律与政策应发挥相互间的协同作用，融合则是指生态型反贫困政策应是法律的渊源，是以法律来体现政策精神。这就意味着，生态型反贫困相关法律与政策并不能等同划一，但也不是互不联系，两者应具有相互联系、相互促进和协同作用的内在关系。要达到这一目的，比较理想的做法是，在各层级立法中使政策与法律相互融合。在我国的反贫困过程中，政策为立法提供了基本依据和方向。所以，西部地区生态型反贫困法律保障体系的构建也不能离开政策，尤其是党和国家的政策，应实现立法与政策的融合。

同时，我国当前一些具体的反贫困政策与要求对立法具有直接的指导意义，在西部各地生态型反贫困制度的实践中，一些地方性的政策规范也不可忽视，为保障政策执行的有效性，在立法条件成熟后应及时地把政策转化为地方性立法，乃至上升为全国性立法。

（三）合理选择不同的立法方案

美国著名的法律经济学家波斯纳曾经指出：“不同的法律方案实现人们既定目标的程度有所不同，而在特定的时空领域只能选择一种而放弃其他。诸如对某种社会关系是否运用法律手段进行调整，选择何种法律规范，不同选择之间的效益差别和得失就构成了法律（立法）的机会成本

(opportunity cost)，也叫选择成本。”[①] 在立法条件已经成熟，需要法律对生态型反贫困相关领域进行规制时，我们也必须合理选择立法方案，尽可能节约法律成本，确立恰当的立法层级，避免法律资源的浪费，实现法律效益的最大化。

我国的法律根据制定机关及效力的不同可分为：法律，行政法规，地方性法规、自治条例和单行条例，部门规章等。法律由全国人大及其常务机构制定并通过，经国家主席签署公布，其层级是最高的；行政法规则是由最高行政机关——国务院制定、通过，并经国务院总理签署公布后生效，它是法律的有力补充，在条件成熟时可通过相关立法程序上升为法律，其特点是在全国范围内有效；地方性法规、自治条例和单行条例则由各省、自治区、直辖市的人民代表大会及其常务委员会等制定，其效力仅限于各地方；部门规章则由国务院各部委、中国人民银行、审计署和具有行政管理职能的直属机构制定的、在本部门权限范围内有效的立法形式。

以上立法形式中，法律的效力高于行政法规、地方性法规、规章；行政法规效力高于地方性法规、规章；地方性法规效力高于本级和下级地方政府规章；省、自治区人民政府制定的规章效力高于本行政区域内较大市的人民政府制定的规章。而在所有法律中，作为国家根本大法的宪法具有最高法律效力，一切法律、行政法规、地方性法规、自治条例和单行条例、规章都不得同宪法相抵触。

就生态型反贫困立法而言，选择何种层级及效力的法律不仅关系到保障作用的大小，更关系到法律是否经济、效率等问题，对目标容易实现而范围相对狭小的生态型反贫困领域，不一定选择国家立法形式，而可以选择行政法规、部门规章等，如果某项生态型反贫困措施仅能在特定地区推广，而在其他地区推广的条件还不具备，就不一定选择国家专门立法加以规制，而可选择专门的地方法规或规章，在国家综合性立法中确立鼓励性条款，以保证对该领域进行规制的法律的低成本与高效率。而在生态型反贫困发展具有重大战略意义的领域，条件成熟时则应选择国家法律的规制，国家立法效力更强、强制力更高、效力范围更广，更有利于生态型反贫困的发展。并且，在选择国家立法时，还必须根据生态型反贫困发展的

① ［美］理查德·波斯纳：《法律的经济分析》，蒋兆康译，法律出版社 2012 年版，第 6 页。

需要在综合性立法、专门立法等形式上进行选择，以期更理性地利用法律资源，充分保障生态型反贫困的发展。总体而言，构建西部地区生态型反贫困法律保障体系必须以客观的法律需求为前提，合理选择不同的立法方案，以此实现既定生态型反贫困的目标，节约法律成本，发挥法律效益，并立足于不同的历史时期选择不同的立法方案，高效推进生态型反贫困制度的发展。

二　合理设计西部地区生态型反贫困法律保障体系

如前文所述，选择恰当的生态型反贫困制度保障措施是构建西部地区生态型反贫困制度的必然之举，只有在合理配置的政策与法律双重作用下，生态型反贫困具体制度方能有序推进。而单就西部地区生态型反贫困法律保障体系建设而言，建立起符合我国反贫困实际、制度体系健全、配置合理的生态型反贫困法律制度便十分关键。而要实现上述目标，首先必须克服我国目前立法技术方面存在的重复立法、交叉立法、立法简单粗糙、法律配置不合理、法律层级不完整等弊端，法律只有实施方具有生命力，如果所立之法难以在现实生活中发挥作用，便失去了存在的正当性，法律的设计者们在进行相关设计时，必须力图使某一社会关系被所立之法调整到所设想的最佳状态，这需要理性、智慧与技术。

改革开放以来，我国的法制建设取得了巨大进步，但也存在诸多不足。单就数量而言，一些领域内的法律法规纷乱繁多；而另一些领域却立法不足，重要法律法规仍然缺失。造成上述现象的原因很多，主要是立法思想偏差、立法决策不科学、立法技术落后等造成的。就立法思想而言，从国家到地方、各行业、各领域都普遍存在着“法越多越好”的思想，而不考虑所立之法是否真正必需，是否符合成本与效益原则，是否比其他措施更具效率，是否存在执法、守法与司法障碍等，且对立法的重视程度远远高于执法与司法，某些受人关注的领域立法力度远远大于少人关注、新兴、偏冷领域的立法力度，导致我国的立法速度与规模空前，但法律配置却不尽合理，有法不依、有法难依现象突出，某些领域的法律供求失衡，法与法之间协调性差，从而抵消了法律体系的整体效益。就立法决策而言，我国各级立法还或多或少存在着论证不足，论证欠缺广度与深度，论证缺乏严密的逻辑线索，上位法与下位法的配置缺乏科学谋划，论证时间分配不合理，有的时间仓促、有的则耗时久远等问题，降低了法律效率，影响了法律效能的发挥，制约了法律制度体系的科学性。而在立法技术方面，从立法预测技术上讲，有些立法缺乏对社会发展客观趋势的准确把握，导致立法本身的质量不高；在立法规划技术方面，法与法的协调缺乏技术支持，法的移植技术简单、粗犷，本土化不足，而法的结构、语言表述、条文安排等缺乏深入细致的技术性安排等；在立法的语言表达技术方面，则存在着立法语言过于简洁、粗放，可操作性差等特点。①

西部地区生态型反贫困法律保障体系的构建必须避免我国立法中的上述弊端，应树立科学的立法思想、做出理性的立法决策、运用先进的立法技术来保证立法质量。

（一）树立科学的立法思想

立法思想是指立法主体据以进行立法活动的重要理论依据，是为立法活动指明方向的理性认识。它反映立法主体根据什么思想、理论立法和立什么样的法，是执法者的法意识在立法上的集中体现。立法思想构成一定立法的内在精神品格的主体框架。立法活动作为政权活动的极为重要的内容，作为本身亦是或应当是科学的、有规律的活动，它只有以一定的思想为指导，立法主体才能通过立法活动，把自己的意志有效地上升为政权意志，使所立的法能有效地实现自己的目的。② 过去我国立法机关曾流行这样的立法思想，如“成熟一个制定一个”“有比没有好”“快比慢好”“宜粗不宜细”等。在这样的立法思想指导下，我国的立法速度与规模空前发展，但现实情形是，一方面有法难依，法律规定过于原则、法律条文疏漏，执法困难；另一方面无法可依，一些现实迫切需要法律加以调整的，却又囿于立法自身的工作成本高而不立，社会的法律供求失衡，法律与法律之间不能配套衔接，从而削弱或抵消了法律体系的整体效益。在这种立法思想指导下制定的法律，本身的工作成本不是很高（法律原则，条文简单），但立法的社会成本很高，社会为这样的立法付出了代价，却无法实现立法的目标或效益。在构建西部地区生态型反贫困法律保障体系的过程中，我们要选择科学的立法思想，做到三个结合。

一是立法的前瞻性与可操作性相结合。要根据现有的法律、法规、国家方针政策、社会发展趋势、经济增长水平以及环境状况，科学地做出合

① 汪全胜：《论立法成本》，《理论与改革》2001 年第 6 期。

② 周旺生：《立法学》，法律出版社 2002 年版，第 65 页。

理预测，使西部地区生态型反贫困相关立法能体现一定的包容性和前瞻性，不仅能承继优良传统，又能有所创新，引领潮流；使相关立法不仅能解决一时一地的问题，而且也应该在可以预见的将来地解决不断出现的新问题；使其不因环境状况的不断变化而过于频繁修订，而保持法的稳定性和连续性，实现法制的统一。同时，如果一部法律制定出来以后，不能被有效地实施，形同虚设，成为一纸空文，那么它的立法质量就无从谈起，所以，我们要细化西部地区生态型反贫困相关立法的具体条文，使其具有较强的可操作性。

二是示范性与本地性相结合。地方立法的存在是由于我国各地的政治、经济、文化发展很不平衡所致。我们必须根据当地的实际情况，通过地方立法对宪法和法律做出更加具体的规定，使之更具操作性，从而促进宪法和法律的实施；必须根据当地的具体情况制定地方立法，自主地解决地方所特有的问题；也必须通过地方立法解决中央立法不能独立解决或暂时不宜由中央立法解决的问题，以弥补实际需要，为国家统一立法积累经验，加快国家立法步伐，促进依法治国的实现。因此，我们在构建西部地区生态型反贫困法律保障体系的过程中，在把握宪法、法律等上位法的基本原则和精神的前提下，一定要充分、准确地了解西部地区生态型反贫困的实际情况，体现西部地区的地域特色，以有效地解决西部地区反贫困过程中的特有问题。

三是理论性与实践性相结合。根据马克思辩证唯物主义理论，我们知道，意识对物质的反映是以实践为基础的能动的辩证过程，它依赖于实践，又转过来为实践服务。立法理论应当产生于并服务于实践，应当能动地改造客观世界，而不应当是离开实践的纯粹闭门造车式的产物，或是对实践无用而空洞的纸上谈兵的东西。所以，我们要以理论为支撑，吸收先进的理论研究成果，先进的思想理念。一方面，保证法规条文之间，法规与法规之间，以及法规与法律之间的和谐一致；另一方面，保证立法与行政执法、司法、法律监督、法治宣传教育的协调发展。更重要的是保证法规中具体制度的先进性、科学性和合理性。同时，又要切合实践的需要，解决现实中出现的环境问题，将理论融贯于具体的条文，体现于具体的实践操作。因此，我们应少一些理论上的表述，多一些实践上的实施；既要体现理论的科学性，又要具有实践的可行性，使理论与实践完美结合。

（二）做出理性的立法决策

决策，是指主体依据其对客观需要和其所代表的利益得失的判断，及对满足这种需要与利益所必需而且可能采取的策略与手段的权衡，作出对策性的决定。所谓立法决策，也是对上述因素作出判断与权衡后，而作出的是否采取立法手段和选择立法方略与模式的决定。① 它也是直接依靠主体的立法意识的成熟程度和拥有的知识与经验，既可以看作有权主体在立法过程中依据立法程序针对立法议案所进行的决策活动；也可以看作立法决策系统与社会之间通过法定渠道进行的有目的的信息交流过程。在立法活动中，立法决策起着很重要的作用，它往往决定着一部法律法规的优劣。一般来讲，理性的立法决策是建立在科学论证和正确决策的基础上的。

因此，在构建西部地区生态型反贫困法律保障体系的过程中，一方面，我们要搞好调查研究，弄清法律法规主要解决的问题有哪些？难点问题及解决难点问题的最佳方法是什么？要弄清与相关法律法规有无抵触，如何解决？还要弄清法律法规草案的起草背景，将涉及哪些方面的关系，如何加以协调？国内外这方面的立法经验如何借鉴、吸收与移植？等等。另一方面，我们要提高公众的参与程度，在相关立法的起草阶段，就应该让民众参与进来，在民众自愿参与基础上，参与决策者无论社会地位高低，参与地位必须平等；参与决策者无论能力大小，参与发言机会必须充分对等；参与决策者无论复杂与否，参与程序必须系统和完整。应当逐步建立以立法机关组成人员和人大工作机构为主导，政府及其部门为基础，社会团体、大专院校和科研单位为补充，立法工作者、实际工作者与专家结合的法规草案拟定制度。西部地区生态型反贫困的相关立法往往涉及政府的多个部门，可以由政府法制办公室和人大有关专门委员会牵头，组织有关部门、专家学者参加起草，同时其也具有一定的专业性，可以委托大专院校、科研机构、专家学者以及有能力的实际工作者进行调研和起草。

（三）运用先进的立法技术

立法技术是指为了促进立法的科学化而在立法过程中所必须遵守的程序或规则。立法技术主要包括立法方法、策略和要求、立法预测、规划、创意、决策、法案起草等方面工作的运筹技术；由法案到法的阶段的运筹技术，如关于如何做好提案、审议、表决、公布等方面工作的运筹技术；进一步对各种法律规范进行完善的运筹技术，如规范地进行立法解释、法

① 郭道晖：《论立法决策》，《中外法学》1996 年第 3 期。

的变动、清理、汇编、编纂、立法信息反馈等方面工作的运筹技术；构造法的体系的运筹技术、设定法的形式的运筹技术和营造法的结构和表述法的语言的运筹技术。[①] 具体而言，立法技术是操作立法的一种程序或规则，不是立法中动态的程序过程，而是立法过程中应当采取的一种静态的策略或技巧，是为实现立法目的应当遵循的一种规律。其主要体现在立法过程中，立法技术产生于立法实践又为立法实践所应用，为提高立法水平、实现立法目的服务。离开立法实践和立法过程，立法技术就无法立足和发展，也就失去其运用价值。同时，立法技术也是促进立法科学化的一种操作方法或技巧。立法技术对提高立法的科学化程度有重要影响，所谓立法的科学化是指立法过程中可能达到的，使制定出的法律在司法过程中得到顺畅实施，符合守法者利益和立法者立法意愿的程度或水平。提高立法的科学化水平，是实现立法目的和功能的需要，是完善法律、实现法治的必然选择。

在构建西部地区生态型反贫困法律保障体系的过程中，我们要运用先进的立法技术，一方面，要完善立法预测和立法规划技术。立法预测是一种技术性要求非常高的工作，实施立法预测，需要一支高素质的专门队伍。立法预测工作人员应该熟悉和了解立法的相关情况，依据法治建设的实际情况制定明确的立法预测目标，该目标应该包括立法预测的方法，立法预测的期限，开展立法预测工作所需要的人力、财力和物力。目标确定之后才可以正式开展立法预测工作，预测时根据拟搜集目标信息的特点选择合适的预测方式，充分、扎实地收集各种与立法相关的信息，在充分研究和分析的基础上形成立法预测报告。立法规划是结合立法预测成果进行的，进行立法规划首先应该组织精干的立法规划工作组，在搜集各种信息的基础上起草立法规划草案，该规划草案应当包括编制规划的主体、规划的期限、立法规划的性质、规划的指导思想、目标、任务、立法项目的配备、有关立法规划的论证和说明、具体落实立法规划的相关措施等内容。

另一方面，要完善立法语言文字表达技术，做到立法语言文字准确、简洁、严谨。首先，立法语言文字要能够准确地表达立法意图，能够让一般人理解，也能够形成共识，不会产生语词的歧义。这是立法语言文字最基本的要求。在操作中，一般要做到：（1）用精确的词语表达法的概念

---

① 周旺生：《立法学》，法律出版社 2002 年版，第 389—399 页。

和语句；（2）同样含义的语言文字要用同样的方式来运用；（3）使用明确、肯定的用语表达法的内容，不能用建议性的、商榷性的、询问性的等不肯定的词语来表达意思；（4）尽量使用明确的全称概念，不要用简称或缩写。其次，力求做到用最少的语言文字，能够正确表达出尽可能多的内容，而且应当准确无误。在操作上，应注意：第一，少用或慎用甚至不用形容词；第二，不用深奥难懂的词语，要用人们简单易懂的词语；第三，除地方立法外，尽量不用方言土语，而应当使用绝大多数群众都能接受的语言；第四，运用一些专业性、技术性的术语或概念，要在附则中予以明确解释；第五，立法语言文字要严密周详，不能出现矛盾和漏洞。这就要求在立法技术上：其一，同一个词语在同一部法律中甚至在整个法律体系保持同一个意思和用法；其二，在同一部法律甚至整个法律体系中同样的意思要用同一个词语来表达，不能用多个词语表达同一个意思；其三，不要使用含义不确定的词语，尽量使用大家都能接受的词语。

三　持续推进生态型反贫困相关制度的衔接整合

制度的衔接整合是社会整合的主要内容。美国社会学者兰德克认为，社会整合有四个基本维度：文化整合、规范整合、意识与信息整合、功能整合。实际上，社会整合的内容十分丰富，利益、组织、规范等都可以成为社会整合的基本内容。按照法国社会学家涂尔干的理论，社会整合是一种以社会分工和异质为基础的有机团结。社会整合是指促进社会个体或者群体结合为社会共同体的过程。它也指社会不同的因素、部分结合为一个统一、协调整体的过程及结果。制度的衔接整合是社会整合的重要表现形式，是各种制度有机联系、形成互动和谐关系使制度体系达到均衡的状态。

通过制度衔接整合这一过程，应当能够达到三个方面的效果：第一，避免各种制度之间出现冲突、重复和失衡等明显缺陷，使制度结构不断健全。第二，发挥制度的整体功效。通过制度结合为一个统一、协调的整体，实现法律保障的体系化，发挥制度的协同效力。第三，实现利益关系的协调，进而实现社会公平。法律保障体系的构建过程也是社会利益再分配的过程，在此过程中使社会不同利益主体的需要得到一定的满足。虽然其根本利益是一致的，但特定主体也存在着差别和矛盾，这些都需要利益关系的整合协调，而制度的衔接整合具有关键性作用。

持续推进生态型反贫困相关制度的衔接整合能够优化生态型反贫困相关制度之间的关系，获得更好的效果。西部地区生态型反贫困的相关制度无论是构成上还是运行上都具有复杂性，要使其运行功效处于充分发挥的状态，就必须注重各种制度之间的合作互动，而这又需要相应的制度保障。具体而言，生态型反贫困相关制度的衔接整合主要表现在以下两个方面：一是生态型反贫困各项制度内部的衔接整合。我们认为，西部地区生态型反贫困制度体系的基本架构主要包括“集体赋权”与“个体补偿”两个方面，其中以“集体赋权”为中心的生态型反贫困基本制度主要包括自然资源物权制度、生态资源社区共管制度和生态产业制度，以“个体补偿”为中心的生态型反贫困基本制度主要包括生态补偿制度、生态移民制度和环境侵权损害赔偿社会化制度。目前，这六项制度内部较为分散，并没有形成合力，必须加以梳理和完善，而在梳理和完善的过程中，推进生态型反贫困各项制度内部的衔接整合便显得尤为关键。二是生态型反贫困相关制度整体的衔接整合。目前，生态型反贫困制度缺乏整体性的制度安排，政出多头、制度分割等问题较为严重，必须通过制定反贫困基本立法和西部地区生态型反贫困专门领域立法才能从根本上解决这些问题。

第二节　构建西部地区生态型反贫困法律保障体系的路径

我国现行生态型反贫困相关法律制度在促进与保障我国西部地区生态型反贫困的进程方面还存在诸多缺陷，难以承担起我国西部地区反贫困的重任，在合理的制度选择基础上，构建我国西部地区生态型反贫困战略，完善我国相关领域立法，形成符合西部地区实际的生态型反贫困法律保障体系当是我国发展生态型反贫困的必由之路。

一　酝酿制定反贫困立法

反贫困是我们国家政府的重要职责。新中国成立以来，国家政府积极作为，研究和制定了一大批反贫困政策文件，组织并实施了众多切实有效的反贫困实践活动，并取得了丰硕的阶段性成果。同时，学术界也从经济学、社会学等不同角度对反贫困进行了深入研究，得出了许多颇具实用性的理论建议。但是，无论是官方的反贫困实践还是学术界的反贫困研究都很难看到法律的影子，反贫困似乎与法律无关，长期处于被忽视和边缘化的尴尬境地。诚然，反贫困是一项综合性的系统工程，单靠法律固然解决不了反贫困的所有问题，但是离开法律调整和保障的反贫困实践肯定是不可想象的。

（一）反贫困立法的意义及定位

对于反贫困，上有大批政策文件，下有形式多样的实践活动，一直以来国家政府可谓不遗余力，但是这些都不能掩盖其早已有之的法律缺失问题，随着反贫困事业的深入化推进和自然环境恶劣、经济发育迟滞等客观致贫因素的缓解，法律缺失现象将会更加凸显，若不及时解决，终将发展成为制约反贫困实践的最大瓶颈，对来之不易的发展成果贻害无穷。反贫困立法是针对贫困这一特殊社会问题而制定的专门法律规范，是特殊立法而非基本立法，必须正确客观地看待反贫困立法在治理贫困上的作用，既不夸大，也不缩小。反贫困是一项复杂而系统的社会治理工程，涉及政治、经济、环境、制度等方方面面。反贫困必须要有法律的参与，但法律又不是万能的，以法律调节为主要内容的反贫困立法不可能“包罗万象”，这是法学学者在呼吁反贫困立法的同时也必须承认的现实。具体而言，反贫困立法的意义和定位主要表现在以下几个方面。

1. 反贫困立法是贯彻落实国家政策的迫切需求

2011年是“十二五”规划的开局之年，同时也是全面建设小康社会最后十年的重要节点，党中央、国务院在客观分析过去反贫困经验教训基础上，审时度势，接续出台了《中国农村扶贫开发纲要（2011—2020年）》。该纲要第47条针对当前反贫困工作中法制建设严重滞后问题，明确指出：“加强法制化建设。加快扶贫立法，使扶贫工作尽快走上法制化轨道。”① 这是国家高层对反贫困立法的明确肯定和要求，同时也是对地方人大、政府今后反贫困立法工作的重要指引。

2. 反贫困立法是确保反贫困实践公平正义的本质需求

关于贫困的本质，除了收入低下之外，至少还包括以下两个方面：其一，不平等。“贫困问题的本质就是一个不平等问题。”就城乡二元结

① 《中国农村扶贫开发纲要（2011—2020年）》，人民出版社2011年版，第25页。

构来说，农村贫困者虽然在形式上与城市居民具有平等的法律地位，但实质不平等问题却普遍存在。如城乡之间的流动“壁垒”、城乡社会保障产品供给失衡等问题。其二，“基本可行能力的被剥夺”。此处的“基本可行能力”主要是指“一个人所拥有的、享受自己有理由珍视的那种生活的实质自由”①，也即个人为满足其最基本生存和发展所必须具备的相关权利、能力、机会和资源等工具。然而事实上这些“可行能力”都被“病态的制度”给剥夺了。丧失了社会保障权利、就业能力、公平交易的机会、良好教育资源的贫困者当然要自己承担高昂的发展成本，在下一轮的分配过程中再度陷入贫困。面对贫困者生存、发展等基本权利的被剥夺和被扭曲，作为“病态制度”设定者和维护者的法律当然应该“自我检讨”。从另一方面讲，贫困所反映的不平等和非正义问题又与法律的公平、正义价值直接对立，参与反贫困又是法律义不容辞的责任。此处似乎存在一个悖论：病态的法律制度既是贫困的成因，又怎么能再用法律去治愈这种病态呢？其实这并非悖论，法律也是一个辩证的客观实在，其本身发展的过程就是正面战胜反面、否定既存错误的自我修复、自我发展的矛盾运动过程。总之，法律参与反贫困既不是法学家的“一厢情愿”更不是“牵强附会”，② 而是法律在面对其调整“辖下”生如水火的“子民”的“本性回归”，这种“回归”同时也是法律对其自身长期的制度病态和缺失的一种“自我救赎”。

3. 反贫困立法是规范反贫困实践的客观需求

由于贫困的复杂性与顽固性特点，反贫困必然是一项长期而艰巨的系统工程，而调整这项工程的政策却是暂时性和随意性的，这就产生了许多问题，如政策的变化中断将会导致反贫困工作的无法接续以及贫困者预期利益落空。另外反贫困实践中也存在许多问题需要有法律的引入方能得到比较好的处理，这些问题有：（1）反贫困实践中主体不明确，权利义务关系不明晰；（2）反贫困资金管理不规范，资金渗漏问题严重；（3）缺乏有效的监督和责任追究机制。

4. 反贫困立法是反贫困实践的首要条件

从国外特别是发达国家的反贫困实践经验来看，其普遍的做法是

---

① ［印］阿马蒂亚·森：《以自由看待发展》，任赜、于真译，中国人民大学出版社 2002 年版，第 85 页。

② 孟庆瑜：《反贫困法律问题研究》，《法律科学》2003 年第 1 期。

特别重视法律在反贫困领域的前导和保障作用。这些国家往往于反贫困实践之前先行通过相关立法，对资源的再分配与后进地区的开发进行法律的矫正和规定，确保以后的各项反贫困活动和环节都置于法律制度的规范之下。如英国早在17世纪初就为救济失业贫民制定了《济贫法》，开制度化反贫困之先河。另外有美国的《地区再开发法》《加速公共工程法》，日本的《农业巩固法》等也是这方面的典型。

（二）反贫困立法的具体建议

关于反贫困立法的构建，大体而言主要有两种观点，一种是官方立法模式，该模式以“条例”命名，以总则、扶贫对象、扶贫措施、法律责任等章目为框架和内容，其本质就是对以往扶贫政策与经验的“法律性”宣示，具有很强的行政“暧昧”关系。另一种是学者的立法构想，大多数学者都主张反贫困立法应该适当地“去行政化”，突出贫困者的权利主体地位，强化政府的反贫困职责，完善监督惩戒机制，使反贫困立法真正成为贫困者的保障之法、政府机关的工具之法、违法者的惩戒之法。通过分析，本书较为赞同第二种观点，同时也不放弃官方立法模式的先进经验，以此为基础，对我国反贫困立法略提以下几点建议。

1. 反贫困立法应坚持的理念

理念是人们认识事物、处理矛盾所一贯依靠的内心确认。反映到反贫困立法领域，理念就是贯穿立法动因、法律制定、法律实施等整个环节的最高思想指引。具体而言，反贫困立法应当坚持的理念主要包括两个方面：一是保障人权的理念，二是平衡协调的理念。首先，反贫困立法保障人权的理念是从社会个体的角度来说的，人权即作为人，而不是其他，所应该享有的最基本的权利，而生存权和发展权作为其中两项最基本的人权，在人权序列中占有重要的地位。所谓生存权是指生命安全得到保障和基本生活需要得到满足的权利，法律制度中的生存权不仅指每一个生命得以延续的权利，并且被具体化，使得生命权这一较为抽象的权利体现在具体的权利上，大致包括人的生命不受非法剥夺的权利，人有尊严地活着的权利以及与生存密切相关的衣、食、住、行等方面的基本权利。所谓发展权是人的个体和人的集体参与、促进并享受其相互之间在不同时空限度内得以协调、均衡、持续地发展的一项基本人权，简言之，发展权是关于发展机会均等和发展利益共享的权利。[①] 贫困者之所以贫困，以及返贫现象不断发生的一个重要的原因就在于其发展权的缺失或者根本得不到保障。反贫困立法就是以此为理念缘起，旨在运用多种手段维护贫困者生存与发展的基本权利。其次，反贫困立法的平衡协调理念是从社会整体角度来说的，该理念以社会贫富差距、地区经济失衡、城乡资源配给不公等社会病态为出发点，以实现权利实质公平、社会平衡协调为归宿。作为经济法范畴的反贫困立法必须始终坚持平衡协调理念，切实落实到反贫困立法的思想指导、调整方式和调整目标中去，以确保反贫困立法目标的最终实现。

2. 反贫困立法应遵循的原则

相对于理念而言，原则与反贫困立法的关系更为密切，其贯穿于反贫困立法的始末，对反贫困实践具有重要的指导意义。同时，反贫困立法表意有限性与反贫困实践复杂性的矛盾也需要确立良好的原则来加以调和。结合我国反贫困立法的经验和实际，国家责任和保护贫困者权益应该成为今后反贫困立法重点考虑的原则。

（1）国家责任原则。之所以提出国家责任原则是从贫困的制度性根源和国家的固有职能两方面考虑的。一方面，贫困绝不只是因为“穷山恶水”，隐藏在自然环境背后的“制度病态”问题更是导致贫困的深层根源，而产生这种“病态制度”的主体不是其他，正是人们熟悉的“国家”。按照马克思的观点，国家是维护统治阶级意志的工具，既然是一种客观实在的工具，其自然就符合辩证法的规律，不可能完美无瑕，当前诸如分配不公、城乡二元等“制度病态”其实就是国家在其发展过程中不可回避的“成长烦恼”。[②] 从这个方面来讲，作为“病态制度”发酵者的国家对其辖下的贫困问题当然负有不可推卸的原始责任。另一方面，国家作为社会统治工具，管理社会资源、调控社会关系是其固有的职责，面对以资源分配不公、社会关系扭曲为特点的贫困问题，国家亦负有义不容辞的责任。明确反贫困立法的国家责任原则就是要让政府主体提高对其当前所从事的扶贫开发行为的“法定义务性”认知，变“施舍性扶贫”为

---

① 汪习根：《法治社会的基本人权——发展权法律制度研究》，中国人民公安大学出版社2002年版，第60页。

② 王大超：《转型期中国城乡反贫困问题研究》，博士学位论文，东北师范大学，2003年，第38页。

“义务性扶贫”，还贫困者不再卑微的受助权利。

（2）社会公平原则。公平是现代社会的首要价值取向，同时也是一个历来为学者们所争论不休的命题，基于不同的视角，对公平内涵的认识也不相同。从伦理学的视角来看，公平是道德信仰与物质利益的统一，是评判善与恶、是与非的道德规范；从经济学的视角来看，公平是一种合理的资源配置方式；从政治学的视角来看，公平是一种公正合理地配置权利与义务的制度安排；从社会学的视角来看，公平是一种社会基本结构的规范性价值，以及对一定社会结构、社会制度、社会关系和社会现象的价值判断。[①] 建构和完善反贫困立法需要将社会公平的价值取向内化为法律的基本原则，并以社会公平为标准来评价扶贫开发工作。具体而言，社会公平原则反映到反贫困立法的领域，要求立法能够保障贫困主体的权利公平、机会公平、规则公平以及分配公平等，同时保障社会赋予贫困主体的政治利益、经济利益和其他利益能够得到较为充分的实现。

（3）政策性平衡原则。在当代社会，由于利益配置与利益占有的非均衡性现象十分严重，以及主体之间对自由发展利益享有的不对称性问题相当突出，导致了贫困问题的出现，而传统的、以平等保障为原则的法律的缺陷就在于其对待所有的权利都不加以区别，不能反映对于弱者的倾向性保护。因此，在反贫困立法中，有必要采用一种新的原则，即政策性平衡原则，它是指“法律通过对公理的修正或政策的增加，结合了自行性调节和强制性干预的方式，并对某种利益进行倾斜性的保护，从而实现利益的平衡”[②]，它是通过“权利←法→权力”关系来完成的，即法律既对权力进行控制，又对权利进行约束，旨在实现社会和谐与公共福利。具体而言，在反贫困立法领域必须注重“分配正义”，追求“机会均等”，即各项稀缺资源要向所有人开放，要在保证起点公平和过程公正的前提下，通过给予贫困主体更多的关怀而达致结果的相对公正。正如罗尔斯在“不平等的平等”的正义理论中所强调的那样，对于社会的和经济的不平等应当这样安排，使它们“在与正义的储存原则一致的情况下，适合于最少受惠

① 汪习根：《区域发展权法律制度的基本原则》，《中南民族大学学报》（人文社会科学版）2010 年第 2 期。

② 张文显主编：《法理学》，法律出版社 1997 年版，第 275 页。

者的最大利益”①。

（4）权力能动性原则。权力能动性原则是指在对公共权力进行制约与监督的基础上充分保证权力运行的主动性和高效率，实行控制权力与保障权力能动运行的统一。② 具体到反贫困领域，它要求政府不只是消极地不予妨碍即排除公共权力对贫困主体权益的侵害，更强调构建能动的权力运作架构，使政府能够积极地担负起促进贫困主体权益实现的责任。贫困主体权益的实现，离不开公权力的积极作为，反贫困要求国家和各级地方政府积极提供法律、政策、资源与服务的支持，同时，这些要求均需要政府采取适当的立法措施对能动的公权力依法进行控制与制约，因此，反贫困立法有必要遵循权力能动性原则，防止公权力对贫困主体利益的侵害。

3. 反贫困立法的适用范围及调整对象

贫困不只存在于农村，城市亦有贫困，但是反贫困立法又不能包罗万象、面面俱到，考虑到我国长期反贫困的目标投向、农村贫困面广量大以及城市有较好的社保制度等实际情况，此处的反贫困立法只能是反农村贫困立法，其适用的范围也以农村贫困问题为宜。与此相适应，反贫困立法的调整对象也应该是以农村贫困问题为核心而展开的各种社会关系，这种社会关系应主要包括以下几个方面：首先是贫困主体与反贫困主体之间的权利义务关系，涉及发生于二者之间的标准界定问题、资金发放问题、权益保护问题、权利救济问题等，该层关系不仅是反贫困领域众多社会关系的核心，同时也是反贫困立法的重点调整对象。其次是反贫困主体之间的组织协调关系，涉及的主体主要有政府与银行、政府与企业、中央与地方、政府各部门等，包括的社会关系主要是资金使用关系、行政管理关系和经济管理关系等。最后是监督主体与被监督主体的监督关系，监督是决定反贫困成败的关键一环，是反贫困立法的调整重点。③ 这里的反贫困监督关系既包括自上而下的财政、监察等方面的监督，还应包括自下而上的贫困者、媒体、普通公众的监督。

---

① ［美］约翰·罗尔斯：《正义论》，何怀宏、何包钢、廖申白译，中国社会科学出版社1998年版，第292页。

② 汪习根：《论西部发展权的法律保障》，《法制与社会发展》2002年第2期。

③ 王俊文：《当代中国农村贫困与反贫困问题研究》，湖南师范大学出版社2010年版，第257页。

4. 反贫困立法中的主体框定

如果把主体比成社会平面中的点，那么社会关系就是联结这些点或曲或直的连线，由此来看，主体对社会关系的形成起着举足轻重的作用。具体到反贫困领域，反贫困法的主体框定和明确不仅是理清反贫困关系的重要前提和捷径，同时也是当下反贫困立法亟待解决的“开门”问题。关于反贫困法的主体大体可以框定为贫困主体、反贫困主体和监督主体。贫困主体的范围并不复杂，其主要指的就是贫困者，但是关于贫困的标准、贫困者的识别等问题却一直困扰着反贫困立法和实践。贫困本来就是一个复杂的概念，不仅具有多维交错的内涵结构，同时还有绝对贫困与相对贫困之分。识别贫困是一切反贫困工作的前提，如果该问题处理不好，势必会导致反贫困瞄准机制的混乱，最终影响国家反贫困工作的大局。

因此，今后的反贫困立法必须高度重视贫困的识别问题，完善贫困统计监测机制，建立多维度的贫困评价体系，综合考虑贫困者的收入、资产、健康、环境、子女教育等多元指标值，给其以客观合理的评价，为反贫困立法的深入铺开奠定重要的主体条件。与贫困主体的单一性相比，反贫困主体略显多元。就目前我国反贫困实际而言，反贫困主体主要呈现出以政府为主导，以社会组织、企业和个人为重要参与的格局。不可否认，基于政府的固有职责和资金优势，以政府为主导的反贫困主体设计长期以来甚至在当下都发挥了非常重要的作用，但是，随着贫困边缘化、反贫困高原期现象凸显以及社会反贫困制度的不断建立和完善，唯以政府为反贫困主体的反贫困模式已然力不从心，与之相对的社会组织扶贫、企业扶贫、民间扶贫等社会化反贫困模式开始异军突起，并显现出了与“政府独角”不同的社会大扶贫的多元性魅力。反贫困立法应该在充分肯定政府主体地位的同时，顺应现实的需要，以兼容并蓄的胸怀积极引入社会组织、企业、个人等多元化的反贫困主体，尽快给这些反贫困主体以合理的法律地位，保障其权利，监督其行为，让社会反贫困早日走上规范化和良性化的道路。关于反贫困法的监督主体，学者多未涉及，但这并不代表当前的反贫困监督制度是完善的，恰恰相反，我国的反贫困监督机制存在着严重的隐患，并尤以监督主体制度为甚，主要表现为监督主体缺位、财政监督权利无合法依据等。因此，将来的反贫困立法必须充分审视监督主体的框定、赋权等问题，适当确立纪检、审计、社会公众等反贫困监督地位，改变由来已久的财政部门自己监督自己、监督松懈的痼疾，保障反贫困实践的高效健康运行。

5. 反贫困立法中拟设定的基本法律关系

法律关系是法律对社会关系调整的结果，由于目前还没有正式统一的反贫困立法，所以本书所要讨论的反贫困法律关系实践中还不能这样称谓，这里仅是对将来反贫困立法应该设定和呈现的反贫困法律关系的一种设想性讨论。另外，考虑到反贫困法律关系归根结底是各个主体之间的权利义务关系，所以相关的讨论也将重点以各个主体权利的赋予和义务的负担为核心展开。

首先是贫困者与反贫困者之间的权利义务关系，该层关系是所有反贫困法律关系的重点，主要以贫困者、政府、社会组织等为主体，以资金、资源、项目以及政府对贫困的识别、救助行为等为客体，以贫困者的财产权利、社会保障权利、迁徙权利、受教育权利、公平交易权利和政府的反贫困义务为主要内容。具体而言就是要求反贫困立法对贫困者缺失的权利进行弥补和回拉，以法律的形式对贫困者的诸如社会保障权利、迁徙权利进行明确，赋予其可靠的法律效力和可诉性。与此同时还要对以政府为中心的反贫困主体设定严格的反贫困义务，使政府的反贫困不再是“同情施舍”或“政策倡导”，而是有法有据的法定义务。

其次是反贫困主体之间的权利义务关系，主要表现为政府、银行、社会组织、企业等反贫困主体之间基于工作协调、资金项目管理、政策优惠等事项而形成的经济管理关系。反贫困主体是反贫困立法的重要执行者和实践者，反贫困主体内部运行的健康与否直接关系到反贫困工作的效率与成败。因此，反贫困立法必须充分认识到当前反贫困主体内部机构冗杂、纵横双向不良博弈、权力责任模糊等混乱局面，以消除自身管理低效和失范为目标，明确内部主体之间的权力界限，精简优化反贫困结构，健全责任约束机制，依法律之力规范反贫困主体的内部关系，确保反贫困政策不扭曲、反贫困资源不渗漏、反贫困工作不低效。

最后是监督主体与被监督主体之间的监督关系。如上文所述，监督是决定反贫困事业成败的关键一环，加之反贫困领域监督主体缺位、监督机制松懈等问题根深蒂固，未来的反贫困立法必须对此给予高度重视。一方面，应完善财政监督的传统模式，改变财政部门既是“运动员”又是“裁判员”的矛盾境地，尝试增设独立、规范、多元的监督主体，变内部监督为外部监督，强化监督主体的监督能力和职责；另一方面，创新反贫困立法思路，赋予反贫困主体以明确的质询权、检查权、处罚权等刚性的监督权力，保障监督主体执法有据、执法有力。

6. 强化反贫困法律责任

关于反贫困法律责任的问题前文已有论及，一是追责标准不明，即反贫困主体为什么样的行为以及行为到什么程度该追究责任以及该追究什么样责任的问题，这在目前反贫困立法尚不健全的情况下都很难得到有效的识别和评判。二是“责任弱化”问题，具体来说就是行为主体的危害程度与其实际负担的责任严重悬殊，总体呈现处理过轻的弊端，这无疑就纵容了反贫困领域渎职、贪污等违法犯罪行为的发生。当然，冠以法律之名，并应以法律责任和国家强制力为特点的反贫困立法是决不允许上述现象发生的，未来的反贫困立法应该对法律责任标准进行统一和细化，增强责任判断的识别性与可操作性，同时强化法律的责难力度，加重反贫困违法成本，以此对违法者“有恃无恐”和“投机侥幸”心理进行震慑。另外，反贫困立法还应该就行政责任与刑事责任之间的责任空挡进行考虑，细化反贫困责任体系，使反贫困违法行为无机可乘。

二 梳理并完善现行的生态型反贫困相关立法

为满足我国西部地区生态型反贫困实践的需要，在国家层面统一的反贫困立法如“反贫困法”的引领下，加强对我国现有生态型反贫困相关立法的梳理、修订，完善相关配套法规、政策措施，便成为我国西部地区生态型反贫困法制建设的又一项重要内容。

（一）推进以“集体赋权”为中心的生态型反贫困基本制度建设

以“集体赋权”为中心的生态型反贫困基本制度主要包括自然资源物权制度、生态资源社区共管制度以及生态产业制度，目前，这三项制度在我国西部地区都有所发展，但仍然需要进一步梳理和完善。

1. 梳理和完善我国自然资源物权制度的立法建议

首先，在自然资源所有权制度方面，其具体制度分别规定在《宪法》、自然资源法、《民法通则》、《物权法》等相关法律中。[①] 从所有权结构来看，我国现行自然资源所有权实行的是国家所有和集体所有的二元结构。因此，自然资源或者属于国家所有，或者属于集体所有。根据我国

① 黄锡生：《我国自然资源物权制度的总体构想》，《江西社会科学》2008年第1期。

现行法律的规定，在自然资源国家所有的情况下，其所有权行使的主体是国务院。实践中，自然资源国家所有权实际上是由各级政府或者政府的各个部门行使。这样，国家所有的自然资源所有权在行使中，其所有权主体实际上被虚化，权利主体利益被地方化或部门化。在集体作为自然资源所有权主体的情况下，农民集体不是某个具体的人，而是作为人的集合体存在。但在现实中，这个集合体尚未形成一个实体，不符合民事主体的要求，不能成为所有权的主体。于是造成自然资源所有权主体虚位现象。自然资源所有权主体虚位是一个由来已久的老问题，该问题十分复杂，物权法对此也不得不选择“逃逸”。[①] 针对这种情况，一方面，我们要加强以国有自然资源所有权行使主体为核心的权利行使立法规制；另一方面，要促进农村集体的实体化和法人化，让农村集体有自己的名称、治理机构和必要的办公场所、经费等，并依法进行登记，并在其内部制定相应的治理规则，如制定章程、规定法定代表人制度、表决制度等。

其次，在自然资源用益物权制度方面，《物权法》在第三编“用益物权”中分别由第122条、第123条规定了几种常见的自然资源用益物权，但没有使用“自然资源用益物权”这个名称。《物权法》采取列举的方法规定常见的自然资源用益物权的类型，难免挂一漏万，不能适应自然资源用益物权不断发展的实际需要，不能形成一个科学的规范体系。应在《物权法》第三编第十章“一般规定”中，明确自然资源用益物权的共同性的规定，如在第123条之后规定“海域使用权、探矿权、采矿权等自然资源用益物权的权利人有生态保护义务，其权利行使不得违反生态保护义务”，实现自然资源可持续利用，“公民、法人也可以依照其他法律的规定享有自然资源用益物权”，“其他法律对自然资源用益物权有特殊规定的，适用其规定”等。《物权法》对自然资源用益物权规定得较少，实践中势必过多依赖自然资源法的规定。而自然资源法规定的自然资源用益物权，一般是从行政管理的角度进行规定的，其规定的自然资源用益物权缺乏财产权利属性，不利于其与《物权法》衔接。因此，在以后自然资源法的修改中，要注意从财产权利的角度对现行规定进行修改。

最后，在自然资源担保物权制度方面，我国现行《担保法》规定了抵押、质押和留置三种担保物权。自然资源担保物权是从担保物的类型上

① 尹田：《物权主体论纲》，《现代法学》2006年第2期。

对担保物权的细分，在《担保法》上目前还没有自然资源担保物权这种提法。根据现行《担保法》规定，与自然资源相关的担保形式只有抵押一种。而且，适用的范围很窄。从《担保法》第34条第3项、第5项、第36条第3款的规定来看，自然资源作为抵押物的只有三种情形，即国有土地使用权、属于集体所有的“四荒”土地以及乡（镇）、村企业的厂房等建筑物占用范围内的集体土地的使用权。同时《担保法》第37条明确禁止土地所有权，耕地、自留地、自留山等集体所有的土地使用权用于抵押。除上述第34条第5项、第36条第3款规定外，《物权法》第184条再次重申了《担保法》上不得抵押的财产的范围。由此可见，目前我国现行法律中并没有使用“自然资源担保物权”的名称，也没有对自然资源作为担保物进行专项规定，同时，自然资源担保物权只有抵押一种，其他两种物权担保形式都不是我国自然资源担保物权的法定类型，自然资源所有权不得作为担保财产，此外，我国的自然资源担保物权仍然是以土地为中心，其他自然资源很少涉及，而土地作为担保物主要体现在国有土地的使用权上。针对这种状况，我们一方面应当逐渐扩大自然资源抵押物的范围，完善自然资源抵押制度；另一方面，也要建立相应的配套制度，如制定统一的登记制度等。

2. 梳理和完善我国生态资源社区共管制度的立法建议

首先，从宏观层次来说，我国生态资源的社区共管是一个综合性很强的、复杂的、多层次的管理体系，涉及自然、社会、人文和工程技术等学科领域，以及有关行政、治安、法律、经济等部门。这些因素相互渗透和制约，共同影响管理系统的运转和效果。因此要有一定程度的区别对待，需要根据本地特点制定和完善具体法律法规，使自然资源保护区能够根据当地情况对自然资源和环境进行适当保护，并为保护机构解决当地问题提供应有的法律保障。但同时，也需要通过国家立法能够提供一定的原则性和概括性规定，为各自然资源保护区具体管理的规定提供指导。例如：可以考虑扩大国家立法中保护区的概念，包括需要保护的关键地区、允许使用受限制资源地区，以及可以放宽对资源使用的地区，在这点上，可以采取划分区域的方法，其目标是对既保护文化又保护生物多样性的地区给予法律上的承认，可以作为社区保护区或生物圈保护区；应在法律法规中确定保护区周边社区发展工作的地位和作用，考虑当地社区的权利及其在保护区内的行为，明确对于社区政府和居民行为的限制是基于保护区的具体保护优先顺序而不是根据其范围而定；立法应设立保证社区参与各种相关决策的规定，特别应当能够保证获得信息、公众意见以及共管机构人员资格、职责、权限和地位等，并考虑在现有法律法规中补充有关法律责任方面的内容，制定可操作的细则，以便对违反者实行处罚。

其次，从微观层面来说，就是要加强对自然资源保护区及周边自然资源开发利用政策的研究，并在此基础上对保护区周边地区自然资源可持续利用和开发政策进行调整，探索和研究地方政府对保护区及周边社区在农业税收等方面的政策优惠的可行性及具体的政策调整意见；探索和研究政府对保护地区扶持以及保护间接损失补偿的政策和立法的可行性及具体方案。积极开展宣传教育，进一步提高公众特别是各级政府领导对自然保护区建设的认识，使其牢固树立可持续发展的思想，正确处理眼前利益和长远利益、局部利益和全局利益的关系，把自然保护区事业的发展纳入当地国民经济和社会发展计划，努力解决自然资源社区共管制度建设过程中的各种实际困难。同时，由于我国的自然保护区大多处于偏远山区，保护区内及周边社区经常居住着各种少数民族，他们有自己民族的宗教信仰和民风民俗，在生物多样性保护和自然资源利用中发挥了重要作用，因此，在国家政策法规允许的前提下，借鉴和采纳当地社区及资源管理的村规民约的制定和管理方式，对我国自然资源社区共管的开展是非常必要的。

3. 梳理和完善我国生态产业制度的立法建议

首先，在生态农业制度方面，我国至今尚未制定专门保障生态农业发展的综合性法律，在国家层面上没有形成系统、全面的促进生态农业发展的法律制度框架体系，有关生态农业的法律制度主要散见于《农业法》《土地管理法》《环境保护法》《农产品质量安全法》《基本农田保护条例》等法律法规中，内容分散，不系统，且这些法律法规并非专门针对生态农业发展而制定的，其中仅部分涉及生态农业或生态农业发展的相关规则。同时，现行有关发展生态农业的法律规范的位阶相对较低，效力不高，其作用的发挥在实践中受限，效果不佳。我国现有生态农业发展的相关配套法律制度体系不完善，有的相互冲突，协调性差，有的原则滞后，操作性、实效性缺乏，与生态农业发展的要求和趋势很不适应。如《农业法》规定的相关原则和制度需要在具体部门法中加以落实和体现，但由于缺乏配套法律制度和规范的操作体系，致使涉及农业可持续发展和生态农业的重要问题仍停留在原则规定上，导致生态农业发展中的环境恶化趋势难以依法有效加以遏制。另外，生态农业标准制度和标识制度、农产品质量安全检测和生态农业环境监测等制度尚未建立或不健全，导致农民在具体操作中缺乏标准依据，农产品质量的提升难以得到有效保证。[①] 针对上述问题，一方面，我国应根据经济社会发展的现状和趋势，以及我国生态农业的发展需要，适时制定较为完善的《生态农业发展促进法》，对我国发展生态农业的指导思想、总体目标、农业生态环境保护和生态农业建设规划、基本原则、基本制度、农业生产主体以及政府与社会在生态农业发展中的权利和义务、保障生态农业稳健发展的法律机制、基本措施和手段等重大问题和社会关系明确加以规范，为我国农业可持续发展提供有效的制度支持。另一方面，必须健全相关配套的法律法规，注重法律法规的可操作性、实效性和相互协调性，引导、规范、协调好农业生产关系，处理好资源利用和环境保护的关系，重点要对《农业法》《清洁生产促进法》《种子法》《农产品质量安全法》《农业技术推广法》等法律重新进行修订，制定土壤污染防治法律制度、农用植物遗传资源保护法律制度、农村环境保护法律制度，形成促进生态农业发展的良好法律机制，同时，还应对生态农业建设技术规范和农产品认证制度进行修订完善。

其次，在生态工业制度方面，我国目前尚没有一部关于生态工业园的法律，有的只是与之相关的一些法律法规和规范性文件，如《循环经济促进法》《清洁生产促进法》《废弃电器电子回收处理管理条例》，投融资方面的《关于支持循环经济发展的投资融资政策措施意见的通知》，民间投资方面的《关于鼓励和引导民间投资健康发展的若干意见》等。[②] 在技术创新方面，我国自 1985 年以来颁布了大量有关科技成果应用的法律法规，如《科学技术进步法》《促进科技成果转化法》，但这些法律法规的立法目的侧重于激励科学技术的开发和利用，而科技对自然环境的副作用和对人类社会可持续发展的副作用没有予以足够重视。因此，我们必须抓紧对这方面的法律法规的修改和完善，促进现有科学技术在产生、管理、转化、应用等方面的绿色效益。其中，环境成本内部化法律机制的健全是激励技术创新的一个重要手段，一方面，我们应当完善环境资源税制度、排污权交易制度、生产者责任延伸制度、环境标志制度等，使企业的外部不

① 杨建军：《完善生态农业法律制度的构想》，《陕西农业科学》2012 年第 5 期。

② 刘宏钊：《西部新型工业化困境与工业生态化法制保障论》，《理论界》2015 年第 2 期。

经济内部化，相对地降低生态工业园区的企业产品的价格，从而赢得市场竞争力，激励技术创新；另一方面，政府应当给予生态工业园区更多的优惠政策，在投融资、税收、贷款、补贴等方面给企业创造一个技术创新的良好环境。

最后，在生态服务业方面，我国现行的生态服务业法律制度主要体现在一些环境法规中对服务业的规定，以及服务业相关法律中对环境方面的规定。对于生态贸易服务，我国《环境保护法》第46条规定："禁止引进不符合我国环境保护规定的技术、设备、材料和产品。"《水污染防治法》第41条中规定："国家对严重污染水环境的落后工艺和设备实行淘汰制度。国务院经济综合宏观调控部门会同国务院有关部门、公布限期禁止采用的严重污染水环境的工艺名录和限期禁止生产、销售、进口、使用的严重污染水环境的设备名录。生产者、销售者……规定的工艺名录中的工艺。"《民法通则》《产品质量法》《消费者权益保护法》《食品安全法》《水污染防治法》《大气污染防治法》《环境噪声污染防治法》《对外贸易法》《进出口货物原产地条例》《进出口商品管理暂行办法》《进出口商品检查办法》《进出境动植物检疫法》等一系列法律法规中均对我国生态贸易服务均有规定。关于生态旅游服务，全国人大、国务院制定和颁布了一系列与之发展相关的法律法规，主要有《城市规划法》《环境保护法》《文物保护法》《野生动物保护法》《森林法》等基础性法律。同时还制定颁布了《风景名胜区管理法》《建设项目环境保护管理办法》《关于环境保护若干问题的决定》《全国生态环境建设规划》等政策法规。国家旅游局制定和颁布了一系列旅游规章和标准，一直坚持把环境保护工作作为旅游发展必不可少的内容。在1985年制定的《旅游涉外饭店星级的划分及评定标准》、1990年制定的《旅游基本建设管理暂行办法》中也对旅游行业中的服务的质量以及服务设施的要求进行了规定。在《中国优秀城市检查标准》及2003年制定的《旅游区（点）质量等级的划分与评定》《旅游规划通则》《绿色饭店标准》等一系列标准办法中，都把生态环境保护作为重点内容，有力地促进了生态旅游服务的发展。上述规定对我国生态服务业的发展起到了积极的促进作用，但是还存在一定的缺陷，主要表现为有关生态服务业的规定较为零散和原则性较强，可操作性较低，有时甚至无法可依。同时，对于旅游业等其他绿色服务业资源保护的法律制度也不完善。针对这种状况，我们一方面要完善生态服务业的相关制度，增强法律法规的可操作性；另一方面要完善生态服务业的绿色认证制度，加强对我国的服务行业软件设施认证的相关规定，如服务行业的服务态度、服务质量等。

（二）推进以“个体补偿”为中心的生态型反贫困基本制度建设

以“集体赋权”为中心的生态型反贫困基本制度主要包括生态补偿制度、生态移民制度以及环境侵权损害赔偿社会化制度，目前，这三项制度在我国西部地区都有所发展，但仍然需要进一步梳理和完善。

1. 梳理和完善我国生态补偿制度的立法建议

当前，与蓬勃发展的生态补偿实践相比，生态补偿的法治保障明显滞后。我国的生态补偿相关立法起步于20世纪90年代。有关生态补偿的规定散见于《森林法》《水法》《土地管理法》《野生动物保护法》《防沙治沙法》《草原法》，以及这些法律的配套立法，如《森林法实施条例》《退耕还林条例》《土地复垦规定》《基本农田保护条例》《自然保护区条例》的个别条款中，它们从不同的侧面对生态补偿作出了零星规定，多为原则性规定。许多地方在生态补偿基层实践和地方性政策的基础上，也在地方性法规、规章中，对生态补偿制度作出探索。尽管从中央到地方对于建立系统的生态补偿机制和法律框架都有迫切的需求，但是在现行环境法律体系中，生态补偿立法存在严重的缺失。受立法背景的局限，作为环境保护领域基本法的《环境保护法》，并没有将生态补偿确立为环境保护法的基本制度之一，也就无法对生态补偿的内容提供完整的制度架构。与此同时，缺少关于生态补偿的专门立法。

随着生态补偿实施维度和深度的拓展，法治保障不足的危机，已经对建设系统完备、科学规范、运行有效的生态补偿制度构成严重制约。由于生态补偿立法的缺失，迄今为止，各类红头文件和地方规范性文件仍然是我国生态补偿实践的主要依据与准则。同时，由于生态补偿的范围广泛，涉及自然保护区、重要生态功能区、矿产资源开发、流域水环境保护、资源枯竭型城市等不同类型，对生态补偿具有管理权限的部门多、权力分散且有交叉，不可避免地出现部门之间的利益冲突和纠纷。

在现行生态补偿立法中，一方面，环境保护基本法和生态补偿专门立法缺位，单行法只涉及某一个或某一类生态要素的生态补偿问题，单行法之间缺少统一协调，部门利益色彩浓厚；另一方面，由于单行法律的规定过于原则，可操作性不强，规范生态补偿具体内容的立法以各类行政法规、部门规章、地方法规、地方规章以及规范性文件为主，它们往往根据自己的行业和地域特点，选择不同的单行法作为法律渊源，结合当地实际和相关政策加以创造，加剧了这些立法之间的重合与冲突，造成法律的不统一。例如，土地复垦方面的规定就与矿山环境治理恢复保证金或备用金的适用范围存在交叉和重合。

针对这种状况，一方面，我们应当推进生态补偿领域专门立法与配套立法的结合。随着《生态补偿条例》立法的启动，应当加快我国在生态补偿领域立法和政策的统一。事实上，即使条例出台，也不能解决生态补偿领域所有问题。由于我国生态补偿类型多样，既有正外部性补偿，又有负外部性补偿，既包含对人的补偿，又包含对物的补偿，既有要素补偿，又有区域补偿。生态补偿领域的复杂性必然要求对不同的补偿领域采取不同的制度和措施，流域性的补偿不同于区域性的补偿，政府层面的补偿不同于市场机制的补偿。所以，《生态补偿条例》是一种原则性的法律框架，它的有效实施仍需配套的法规体系予以配合，不要指望一部条例就可以把全部生态补偿问题一并解决。因此，统一的专门立法只能解决生态补偿中的共性问题，对于不同领域的差异性，只能通过差异性的立法，即配套立法来解决。具体而言，国家层面尚需在自然保护区、重要生态功能区、矿产资源开发、流域水环境保护、资源枯竭型城市等不同类型的生态补偿领域制定单行法规，同时在各个领域可由相关部委制定具体的规章和规范性文件。

另一方面，我们应当推进生态补偿领域国家立法与地方立法的协作。国家与地方如何分配生态补偿立法权限，是完善生态补偿法治保障的核心内容。基于我国生态补偿的类型广泛，受土壤、地形、气候、水文、土地利用等自然条件，以及管理方式、经济发展水平等众多因素的影响，类型差异性和区域差异性非常显著。即使制定了统一的《生态补偿条例》，也不可能实现生态补偿领域的全国“一刀切”。我国广阔的地域和多样的自然条件，决定了生态补偿问题和标准不能一概而论，需要在分类型补偿的基础上，分析生态补偿的时空分布特征。地方层面再根据各自的具体情况制定实施细则或者实施办法。在国家立法与地方立法的分工合作中，国家立法定位于主要的框架性的政策和法规，地方立法则在此框架内，根据调查研究提供的基础信息、当地自然地理条件、经济发展水平，制定适合本地条件的补偿标准和相应的具体措施，将国家法律在区域性事务或地方性事务上具体化，增强其操作性，以更好地解决本地问题。例如，在流域生态补偿立法中，对水库移民地区的流域生态补偿就具有强烈的地域属性和个性特征。如此方能形成较为完整的生态补偿制度体系，避免制度的不统一造成的企业负担不均和市场壁垒。

2. 梳理和完善我国生态移民制度的立法建议

目前，我国在国家层面上尚无生态移民管理的专项法律法规，而是对生态移民的具体内容如移民安置、补偿进行立法规范，其法律依据主要体现于宪法、环境法、行政法等法规及相关规章之中。其中直接引用“生态移民”概念的法律有：《水土保持法》《水法》《防沙治沙法》《土地管理法》；行政法规有《土地管理法实施条例》《长江三峡工程建设移民条例》《河道管理条例》《大中型水利水电工程建设征地补偿和移民安置条例》《国务院实施〈中华人民共和国民族区域自治法〉若干规定》《退耕还林条例》，涉及生态移民法律法规包括《宪法》在内共有 12 部。同时，在地方层面，我国也没有生态移民的专项性法规，而是多散见于各省区市出台的环保、扶贫开发方面的法规之中。其中，直接涉及生态移民的规范性文件只有两部：《宁夏回族自治区人大常委会关于自治区县域之间生态移民涉及土地有关问题的决定》《宁夏回族自治区人民代表大会常务委员会关于中部干旱带县内生态移民涉及土地有关问题的决定》。

随着我国《水土保持法》《防沙治沙法》确立了生态移民制度以来，我国环境保护、扶贫开发等法律法规逐渐引入了生态移民制度，建立了一系列法律制度保障生态移民。这些制度对生态移民的各种方面都有所涉及，有利于规范生态移民行为，为我国生态移民的进行提供了法律基础。但是，由于这些法律法规的主要立法目的和规范重点并非生态移民，对生态移民的保障存在着范围不全、目标不明确、措施不力等问题，显然不利于发挥生态移民的整体功能，生态移民对于保护环境和扶贫开发的作用得不到加强，生态移民的综合效益也就得不到持续的发挥。如今在我国经济发展转型之际，在保护生态环境和深化扶贫开发的背景之下，迫切需要国家在实施好现有法律、加大执法力度的基础上，吸收和借鉴国外的立法经验，尽快出台专项法律法规，对生态移民进行全面而规范的管理，推进生态移民稳健而持续地进行，让我国的可持续发展之路走得更远。

为保障我国西部地区扶贫生态移民工程的顺利进行，应该充分加强扶贫生态移民的法律制度建设。但目前，西部地区还未出台生态移民的专项性法规，扶贫生态移民的法律保障还比较落后，关于扶贫生态移民保障的法律法规体系还很不健全。针对这种现状，一方面，我们应当以宪法、法律与行政法规为基本导向，结合西部各省的实际情况，及时出台“扶贫生态移民开发条例”，通过专门领域立法的形式规范扶贫生态移民行为，实现生态移民脱贫致富，缩小城乡和区域发展差距，加快贫困地区经济社会发展，保障西部各省区扶贫生态移民工程的顺利进行；另一方面，在建立健全法律法规体系的同时，还应做好对那些与现实需要相脱节的法律条文的修订工作，强化法律惩戒的力度。法律不是一成不变的事物，需要进行动态的调整。英国著名法学家哈特也曾说过：“我们不能将看待法律的视野限缩在制定者的有生之年，因为我们必须去说明的特征正是，法律比其制定者和习惯地服从于制定者的那些人更为长久的顽固能力。”[①] 因此，我们必须完善扶贫生态移民资金的监管机制和筹集机制，修改不合理之处，制定有关生态移民区（移民新村）建设和管理的质量标准。以立法形式规定扶贫生态移民资金信息公开制度和监督制度，保障公民的知情权和监督权。考虑到扶贫生态移民工作的需要，建议西部各省、直辖市、自治区立法部门对本地区现有法规和规章进行整、改、废，清除那些与现实需求不相符合的法规条文。

3. 梳理和完善我国环境侵权损害赔偿社会化制度的立法建议

当前，我国关于环境侵权损害赔偿制度的规定散布于各相关法律中，《宪法》中有禁止破坏自然资源的原则性规定，《民法通则》对侵权责任作了一般性规定，其中第 83 条是关于因相邻关系引起环境侵权应承担的民事责任、第 123 条是关于从事对环境周围有高度危险的行业致损应承担的民事责任、第 124 条是污染环境致人损害的民事责任、第 130 条是共同侵权和第 134 条是民事责任承担方式。《侵权责任法》专门一章规定了环境污染责任。现行《民事诉讼法》规定了公益诉讼制度，为今后的环境公益诉讼制度开辟先河。环境保护法方面，《海洋环境保护法》《水污染防治法》《大气污染防治法》《固体废物污染环境防治法》《环境噪声污染防治法》中有关于环境侵权损害赔偿的相关规定；在自然资源保护法方面，《土地保护法》《森林法》《草原法》中也有相关规定。概括而言，我国在环境保护与自然资源保护的法律中与损害赔偿有关的法律法规及规范

---

① ［英］哈特：《法律的概念》，许家馨、李冠宜译，法律出版社 2011 年版，第 57 页。

性文件多而杂。而具体到环境侵权损害赔偿社会化制度方面，公认的环境侵权损害赔偿社会化制度在我国还没有明确的雏形，环境责任保险制度、环境侵权公共补偿基金制度以及财务保证制度三项具体的制度还没有明确的运用规则。

鉴于传统侵权责任难以肩负起赔偿严重的污染事故对受害人造成的损害的重任。这就要求打破原有环境侵权损害赔偿个体责任的模式，使个人责任与社会责任相结合，完善环境侵权损害社会化赔偿机制，通过环境保险、社会保障和行政补偿等多种方式，实现权利的恢复和补偿。

首先，在环境责任保险制度方面，国家应当出台相应政策引导保险资金投向环境责任保险，采取减税等政策吸引保险业对环境责任保险的开发和承保。在投保方式上，应当实行以强制责任保险为原则、以自愿责任保险为例外的投保方式。即对于高度危险性的行业与易于发生突发性环境侵权的行业采强制责任保险制度，而对于非高危险性的行业和一般性、反复性、继发性事故所引起的环境损害原则上采取自愿保险制度。这样既能保证受害人得到完全及时赔偿，又维护企业的经营自主权；[①] 在承保机构上，现阶段我国应当由商业性环境责任保险机构承保一般环境责任，由政策性环境责任保险机构承保高风险的环境污染事件；在环境责任保险的保险范围上，从我国目前的保险业的发展水平和发达国家的实践来看，环境责任保险的责任范围还不能扩大。我国环境责任保险应当先承保突发性的环境污染风险，再承保累积性的环境污染风险；既承保环境损害赔偿责任，也承保自有场地治理责任；既承保直接损失，也承保间接损失；既承保财产损失，也承保人身伤害。

其次，在环境公共补偿基金制度方面，需要进一步完善基金适用的范围、申请以及支付范围、支付程序等。环境公共补偿基金的范围确定是一个难题，根据我国经济的发展状况，现阶段环境公共补偿基金适用的范围不宜过宽，随着社会、经济的发展，其适用范围可以逐步扩大。适用环境公共补偿基金限定于特定污染造成的人身损害和财产损害，受害人须已经寻求过民事救济或行政救济，但仍救济不能或救济不足。环境公共补偿基金的申请人必须满足三个条件：第一，必须限定公共补偿基金的申请人为

---

① 王同林、韩立钊、刘静瑶：《完善我国环境污染损害赔偿体系的几点建议》，《中国人口·资源与环境》2010 年第 3 期。

受害人本人或本人的代理人。第二，申请人必须有合法的救济不能或救济不足的证明。第三，对于人身损害，必须有医院诊断证明或医疗机构证明。在支付范围上人身损害应当采取限额补偿原则，财产损害适用比例补偿原则。支付程序上完善支付顺序，理清追偿问题。

最后，在财务保证制度方面，财物保证制度中提存金和企业互助基金应当明确企业互助基金制度的范围，互助基金制度的适用应当采取自愿原则，但对于特定的存在较大环境污染危险的行业可以强制建立互助基金。基金的资金来源应当适当扩展，包括银行存款、公司股票、政府债券、公司债券以及不动产投资等。在我国现在的经济状况下限定基金组织的主体资格，基金组织可以是独立的法人也可以是行业协会之类的民间组织。另外，应当建立相配套的基金组织内部决策机构、执行机构以及监督机构。

第三节　西部地区生态型反贫困法律保障体系建设中的关键问题

一项制度有效与否，并不在于设计出极为完备的行为规则。事无巨细和体察入微的规则，可能会把法律主体变为“只知埋头走路，不知抬头看天”的机械者，从而抹杀了制度与外在情势互动的可能性。但另一方面，如果法律脱离相应的经济制度任意变化，给正常秩序带来的往往是破坏。① 因此，就一项法律制度而言，既要预留法律变化的空间，又要防止法的任意变换，就必然要求在变与不变之间寻觅一个巧妙的平衡，而掌控着这一平衡的正是其中的关键问题。

一　西部地区生态型反贫困法律保障体系建设中的权利主体识别问题

西部地区生态型反贫困法律保障体系建设中的权利主体就是贫困者，准确识别贫困者是建设西部地区生态型反贫困法律保障体系的基础性问题，而贫困标准的制定则是准确识别贫困者的逻辑起点。简单而言，贫困

① ［奥］尤根·埃利希：《法律社会学基本原理》，叶名怡、袁震译，中国社会科学出版社2009年版，第262页。

标准就是在一定时空条件和社会物质生活条件下，维持贫困者基本生存和发展所需要的，并且为社会所公认的最低需求。[①] 当前，我国所采用的贫困标准是一种反贫困工作标准，该标准的采用虽然为我国政府的反贫困工作提供了依据，但是随着社会、经济的发展和贫困特点的不断变化，也越来越显示出不适应性。因此，应当尽快调整我国的贫困标准，建立以贫困者为核心、充分反映贫困者生存需求和发展需求的新型贫困标准。

第一，新型贫困标准应当是有所区分的贫困标准。与过去的单一贫困标准不同，新型贫困标准建立在对贫困者有所区分的基础之上。当前，在反贫困的具体实践中，按照有无劳动能力，将贫困者分为有劳动能力的贫困者和无劳动能力的贫困者，这一分类看似合理，但是却忽视了我国反贫困的交叉区域。所以，为了涵盖所有的贫困者，结合我国已有的扶贫开发和农村最低生活保障两项反贫困制度，应当将贫困分为单纯享受农村最低生活保障的贫困者、单纯享受扶贫开发的贫困者，以及同时享受这两项制度保障的贫困者。相应地，应当用两种不同的贫困标准对其加以区分，可以将其设定为农村最低生活保障标准和扶贫开发标准。单纯享受农村最低生活保障的贫困者即没有劳动能力或者丧失了劳动能力的贫困者，单纯享受扶贫开发的贫困者主要为年收入高于农村最低生活保障标准，低于扶贫开发标准的贫困者。同时享受这两项制度保障的贫困者是指暂时丧失劳动能力日后可恢复，以及无法满足生存需求但有劳动能力的贫困者。

第二，新型贫困标准应当是因地制宜的贫困标准。与过去统一的贫困标准不同，新型贫困标准应当充分考虑我国各地区经济发展的状况和满足日常生活所需的成本。由于我国幅员辽阔，民族众多，各地区在生态环境、经济发展、人民生活等方面均存在较大差异，再加之各地贫困的不同特点，可以在国家层面统一的贫困标准的基础上，鼓励各地区在结合本地经济发展情况和承受能力的前提下，设定比国家略高的贫困标准。

第三，新型贫困标准应当是与全面建成小康社会相联系的贫困标准。全面建成小康社会是我国当前一切工作的重中之重，那么怎样才算建成小康社会呢？我国专门出台了小康社会指标，包括经济、社会、生活、法制、教育、环境六个方面共 23 项指标。反贫困是全面建成小康社会的重要保障，贫困是一种多维的社会现象，但是这种多维在贫困标准的测量中

---

① 马俊贤：《农村贫困线的划分及扶贫对策研究》，《统计研究》2001 年第 6 期。

却没有得到很好的体现。长期以来，我国所采用的测量方法往往以货币尺度为主，并没有充分考虑非货币的维度，如接受教育的情况、健康状况以及住房状况等。这种贫困测量方法在一定程度上反映了金钱至上的理念，但是，良好的教育、医疗等条件并不是有足够的金钱就能享有的。仅以货币的多寡来测量贫困，很可能会使因学、因病致贫的人群得不到及时的保障。因此，应当采取多维度的贫困测量方法，借鉴小康社会指标体系，设立多维的瞄准精度更高、反贫困效果更好的贫困标准。

二　西部地区生态型反贫困法律保障体系建设中的程序运行问题

在西部地区生态型反贫困法律保障体系建设中，运行程序是影响反贫困制度各因素之间的结构、功能及其产生影响、发挥功能的一种作用过程、作用原理及其运行方式，是保证西部地区生态型反贫困制度的目标和任务真正实现协调、灵活和高效运作的程序载体。要实现这一目标，在运行程序方面，核心就在于要建立贫困者的追踪管理机制和进入、退出机制。

第一，建立动态化的追踪管理机制。追踪管理主要是根据贫困者的档案记录对其家庭收入等基本情况进行跟踪，根据家庭收入情况的变化对其领取资金或享受扶贫开发政策进行动态化管理。首先要充分掌握这部分群体收入发生变化的年限。对一些由于自然灾害和临时性的疾病造成收入减少甚至家庭困难的对象，根据各自不同的情况来确定变化的年限。其次要设计合理的贫困者动态管理卡，根据对贫困者家庭收入情况的掌握，在动态管理卡上详细记载贫困者开始享受最低生活保障或获取帮扶的时间、家庭收入情况发生变化的时间和原因，并确定跟踪回访的时间。最后根据追踪调查的情况，对贫困者实施动态管理。建立“有进有出”的动态监测机制，在对五保户、绝对贫困者以及低收入户建档立卡的基础上，综合本地区农民人均收入的增长水平及农村人口受灾状况，确定减贫和返贫的人数，通过村民投票确定“出列”和“入列”的名单。

第二，对贫困者的识别和帮扶要坚持有进有出，建立科学合理的退出机制。基层工作组织要及时了解贫困者的生活情况，对于脱贫的贫困者要及时退出，对具有一定劳动能力的贫困对象要及时调整对其的帮扶政策。同时，对于新出现的贫困者要及时了解其贫困状况，按照一定的识别程序将其纳入到贫困帮扶的对象中。对确定的反贫困对象，原则上以年度为单位实行动态管理。最低生活保障对象通过生活救助和扶贫开发，其收入超过绝对贫困标准的，按照规定办理退保手续，列入扶贫开发对象或一般农户；通过扶贫开发，贫困者的收入超过相对贫困的，列入一般标准，停止享受相关扶贫开发政策扶持。对因病、因残、因灾等突发原因致贫的，符合享受最低生活保障制度的贫困者，及时纳入最低生活保障的范围；符合享受扶贫开发的贫困者，要作为扶贫开发对象予以扶持。

三　西部地区生态型反贫困法律保障体系建设中的法律责任承担问题

“法律责任设定的直接意图在于促进人们遵守规则”[①]，是反贫困立法从“纸面上的法”转变为“行动中的法”的前提，只有明确了法律责任，西部地区生态型反贫困制度才能具有强制力、威慑力和执行力。

第一，相关管理机关及其工作人员的法律责任。其违法情形主要包括：（1）应报不报或不应报而报，即乡镇人民政府及其工作人员对符合条件的农民不予报请上级机关审批，或者将不符合条件的农民报请上级机关审批；（2）应批不批或不应批而批，即相关行政机关对符合条件的农民不予批准，或者对不符合条件的农民予以批准；（3）相关管理机关及其工作人员贪污、挪用、截留、私分相关款物的行为；（4）其他滥用职权、玩忽职守、徇私舞弊行为。

其相应的法律责任主要包括：（1）行政责任。反贫困管理机关的工作人员在工作中存在行政不当行为，情节严重的可给予行政处分；（2）刑事责任。对于构成犯罪的工作人员，依法追究刑事责任，涉及的罪名主要有贪污罪、挪用公款罪、受贿罪、渎职罪以及单位犯罪等。

第二，村民委员会及其组成人员的法律责任。其违法情形包括：（1）应评不评或不应评而评，即村委会组成人员对符合条件的农民不予评议上报，或者将不符合条件的农民予以评议上报；（2）村委会组成人员贪污、挪用、截留相关资金；（3）擅自降低或提高相关对象的补助标准；（4）未在规定的期限内以适当方式或程序进行管理等。

其承担的法律责任主要有：（1）依法予以罢免；（2）村委会组成人员贪污、挪用、截留相关资金事实清楚、证据确凿的，可在按照法定程序

---

① 李步云主编：《法理学》，经济科学出版社 2000 年版，第 317 页。

罢免的同时，强制其交还贪污、挪用、截留的资金；（3）根据《全国人民代表大会常务委员会关于〈中华人民共和国刑法〉第九十三条第二款的解释》的规定，村民委员会等村基层组织人员协助人民政府从事“救灾、抢险、防汛、优抚、扶贫、移民、救济款物的管理”等行政管理工作，属于刑法第九十三条第二款规定的“其他依照法律从事公务的人员”，村民委员会等村基层组织人员从事前款规定的公务，利用职务上的便利，非法占有公共财物、挪用公款、索取他人财物或者非法收受他人财物，构成犯罪的，适用贪污罪、挪用公款罪、受贿罪等罪及其刑事责任。违法行为构成其他犯罪的，依法追究其相应的刑事责任。

第三，反贫困对象的法律责任。其违法情形包括：（1）采取虚报、隐瞒、伪造等手段，骗取相关款物；（2）贫困者家庭经济状况好转，已不符合享受相应待遇的条件，但不按规定报告农村反贫困管理机关而继续享受相应待遇；（3）其他违法情形。其承担责任的形式主要是返还资金、取消资格、警告、罚款等，但行政处罚的设定需根据《行政处罚法》的授权予以确定。

参考文献

一　著作类

［1］［美］纳克斯：《不发达国家的资本形成问题》，谨斋译，商务印书馆1966年版。

［2］［瑞典］冈纳·缪尔达尔：《世界贫困的挑战——世界反贫困大纲》，顾朝阳译，北京经济学院出版社1991年版。

［3］［美］托达罗：《经济发展与第三世界》，印金强译，中国经济出版社1992年版。

［4］习近平：《摆脱贫困》，福建人民出版社1992年版。

［5］《马克思恩格斯选集》（第一卷），人民出版社1995年版。

［6］《马克思恩格斯选集》（第二卷），人民出版社1995年版。

［7］《马克思恩格斯选集》（第四卷），人民出版社1995年版。

［8］康晓光：《中国贫困与反贫困理论》，广西人民出版社1995年版。

［9］［英］戴维·皮尔斯、杰端米·沃福德：《世界无末日：经济学·环境与可持续发展》，张世秋译，中国财政经济出版社1996年版。

［10］［美］迈克尔·M. 塞尼：《移民与发展：世界银行移民政策与经验研究》，水库移民经济研究中心编译，河海大学出版社1996年版。

［11］世界环境与发展委员会：《我们共同的未来》，王之佳、柯金良等译，吉林人民出版社1997年版。

［12］江山：《法的自然精神导论》，法律出版社1997年版。

［13］［美］约翰·麦·赞恩：《法律的故事》，刘昕、胡凝译，江苏人民出版社1998年版。

［14］［美］詹姆斯·S. 科尔曼：《社会理论的基础》，邓方译，社会科学文献出版社 1999 年版。

［15］吕正伦、文正邦：《法哲学论》，中国人民大学出版社 1999 年版。

［16］俞可平：《治理与善治》，社会科学文献出版社 2000 年版。

［17］汪劲：《环境法律的理念与价值追求——环境立法目的论》，法律出版社 2000 年版。

［18］［英］哈耶克：《经济、科学与政治——哈耶克思想精粹》，冯克利译，江苏人民出版社 2000 年版。

［19］王中伟：《国际可持续发展战略比较研究》，商务印书馆 2000 年版。

［20］［美］约翰·罗尔斯：《正义论》，何怀宏、何包钢、廖申白译，中国社会科学出版社 2001 年版。

［21］张文显：《法哲学范畴研究》，中国政法大学出版社 2001 年版。

［22］王明远：《环境侵权救济法律制度》，中国法制出版社 2001 年版。

［23］［印］阿玛蒂亚·森：《贫困与饥荒》，王宇等译，商务印书馆 2001 年版。

［24］［印］阿玛蒂亚·森：《以自由看待发展》，任赜等译，中国人民大学出版社 2002 年版。

［25］汪习根：《法治社会的基本人权——发展权法律制度研究》，中国人民公安大学出版社 2002 年版。

［26］胡玉鸿：《法学方法论导论》，山东人民出版社 2002 年版。

［27］国务院扶贫开发领导小组办公室：《中国农村扶贫开发概要》，中国财政经济出版社 2003 年版。

［28］［德］哈贝马斯：《在事实与规范之间——关于法律和民主法治国的商谈理论》，童世骏译，生活·读书·新知三联书店 2003 年版。

［29］［美］博登海默：《法理学：法律哲学与法律方法》，邓正来译，中国政法大学出版社 2004 年版。

［30］［美］罗斯科·庞德：《法理学》，邓正来译，中国政法大学出版社 2004 年版。

［31］曾建平：《自然之思：西方生态伦理思想探究》，中国社会科学

出版社 2004 年版。

［32］叶普万：《贫困经济学研究》，中国社会科学出版社 2004 年版。

［33］［美］马丁·瑞沃林：《贫困的比较》，赵俊超译，北京大学出版社 2005 年版。

［34］李小云、左停、靳乐山、［英］约翰·泰勒主编：《环境与贫困：中国实践与国际经验》，社会科学文献出版社 2005 年版。

［35］［美］罗伯特·保罗·沃尔夫：《哲学概论》，郭实渝译，广西师范大学出版社 2005 年版。

［36］［印］阿马蒂亚·森、让·德雷兹：《印度：经济发展与社会机会》，黄飞君译，社会科学文献出版社 2006 年版。

［37］刘冬梅：《可持续经济发展理论框架下的生态足迹研究》，中国环境科学出版社 2007 年版。

［38］张磊主编：《中国扶贫开发历程（1949—2005 年）》，中国财政经济出版社 2007 年版。

［39］张巍：《中国农村反贫困制度变迁研究》，中国政法大学出版社 2008 年版。

［40］郑易生：《中国西部减贫与可持续发展》，社会科学文献出版社 2008 年版。

［41］任勇：《中国生态补偿理论与政策框架设计》，中国环境科学出版社 2008 年版。

［42］丁文广、陈发虎、南宗仁：《自然—社会环境与贫困危机研究：以甘肃省为例》，科学出版社 2008 年版。

［43］［印］阿马蒂亚·森：《论经济不平等·不平等之再考察》，王立文译，社会科学文献出版社 2009 年版。

［44］［日］大须贺明：《生存权论》，林浩译，法律出版社 2009 年版。

［45］陈健生：《生态脆弱地区农村慢性贫困研究》，经济科学出版社 2009 年版。

［46］赵曦：《中国西部农村贫困模式研究》，商务印书馆 2009 年版。

［47］吕星：《中国贫困山区生态补偿体制研究》，云南大学出版社 2009 年版。

［48］［美］罗斯科·庞德：《通过法律的社会控制》，沈宗灵译，商

务印书馆 2010 年版。

[49] [英] 萨比娜·阿尔基尔：《贫困的维度缺失》，刘民权译，科学出版社 2010 年版。

[50] 王俊文：《当代中国农村贫困与反贫困问题研究》，湖南师范大学出版社 2010 年版。

[51] 中华人民共和国国务院新闻办公室：《中国农村扶贫开发的新进展》，人民出版社 2011 年版。

[52] 孔凡斌：《鄱阳湖生态经济区环境保护与生态扶贫问题研究》，中国环境科学出版社 2011 年版。

[53] 帅传敏：《中国农村扶贫开发模式与效率研究》，人民出版社 2011 年版。

[54] [英] 边沁：《道德与立法原理导论》，时殷弘译，商务印书馆 2012 年版。

[55] 韩建民：《西部农村贫困与反贫困路径选择》，中国农业出版社 2012 年版。

[56] 谭诗斌：《现代贫困学导论》，湖北人民出版社 2012 年版。

[57] 黄承伟主编：《国际减贫理论与前沿问题（2012）》，中国农业出版社 2012 年版。

[58] 任世丹：《贫困问题的环境法应对》，中国检察出版社 2012 年版。

[59] 李克强：《农村公共产品供给与农民发展》，中国社会科学出版社 2013 年版。

[60] 向德平等主编：《中国反贫困发展报告（2012）》，华中科技大学出版社 2013 年版。

[61] 王三秀：《中国政府反贫困规范重构》，中国社会科学出版社 2013 年版。

[62] 洪名勇：《西部民生与反贫困研究》，经济科学出版社 2013 年版。

[63] 秦玉才、汪劲主编：《中国生态补偿立法：路在前方》，北京大学出版社 2013 年版。

[64] 陈厚义：《反贫困视野下的产业化发展研究》，科学出版社 2013 年版。

［65］李培林：《生态移民与发展转型》，社会科学文献出版社 2013 年版。

［66］［英］约翰·奥斯丁：《法理学的范围》，刘星译，北京大学出版社 2013 年版。

［67］［英］约翰·穆勒：《功利主义》，徐大建译，商务印书馆 2014 年版。

二 论文类

［1］徐显明：《生存权论》，《中国社会科学》1992 年第 5 期。

［2］李龙：《论生存权》，《法学评论》1992 年第 2 期。

［3］童星、林闻钢：《我国农村贫困标准线研究》，《中国社会科学》1994 年第 3 期。

［4］赵跃龙、刘燕华：《中国脆弱生态环境分布及其与贫困的关系》，《地球科学进展》1996 年第 3 期。

［5］张志良、张涛、张潜：《中国西北地区人口、资源、环境问题及可持续发展》，《干旱区资源与环境》1997 年第 2 期。

［6］张义丰、周礼：《西部贫困的根源是生态贫困》，《地理科学进展》2000 年第 4 期。

［7］李周：《资源、环境与贫困关系的研究》，《云南民族学院学报》（哲学社会科学版）2000 年第 9 期。

［8］尚杰、于法稳：《生态文明、生态产业与西部大开发》，《生态经济》2001 年第 9 期。

［9］漆多俊：《论权力》，《法学研究》2001 年第 10 期。

［10］孟庆瑜：《反贫困法律问题研究》，《法律科学》2003 年第 1 期。

［11］麻朝晖：《我国的贫困分布与生态环境脆弱相关度之分析》，《绍兴文理学院学报》2003 年第 2 期。

［12］佟玉权、龙花楼：《脆弱生态环境耦合下的贫困地区可持续发展研究》，《中国人口·资源与环境》2003 年第 2 期。

［13］李昌麒：《中国实施反贫困战略的法学分析》，《法制与社会发展》2003 年第 4 期。

［14］陈南岳：《我国农村生态贫困研究》，《中国人口·资源与环境》

2003 年第 4 期。

［15］周珂、杨子蛟：《论环境侵权损害填补综合协调机制》，《法学评论》2003 年第 6 期。

［16］于存海：《论西部生态贫困、生态移民与社区整合》，《内蒙古社会科学》2004 年第 1 期。

［17］郭怀成、张振兴等：《西部地区反贫困与生态环境可持续性研究：以新疆和墨洛地区为例》，《北京大学学报》（自然科学版）2004 年第 1 期。

［18］刘大洪：《经济法的反贫困机理和制度设计》，《现代法学》2004 年第 3 期。

［19］曲波：《中国西部地区生态贫困问题与生态重建》，《国土与自然资源研究》2004 年第 4 期。

［20］于法稳：《西北地区生态贫困问题研究》，《中国软科学》2004 年第 11 期。

［21］杜群：《生态补偿的法律关系及其发展现状和问题》，《现代法学》2005 年第 3 期。

［22］王寿春：《循环经济与生态产业发展中的生态政治问题研究》，《自然辩证法研究》2005 年第 4 期。

［23］刘国涛：《绿色产业与绿色产业法》，《中国人口·资源与环境》2005 年第 4 期。

［24］王晓丽：《论环境损害赔偿的社会化机制——以环境责任保险制度为例》，《法学论坛》2005 年第 5 期。

［25］王灿发：《环境损害赔偿立法框架和内容的思考》，《法学论坛》2005 年第 5 期。

［26］廖建求：《论反贫困的法律机制》，《洛阳大学学报》2006 年第 3 期。

［27］王清军、蔡守秋：《生态补偿机制的法律研究》，《南京社会科学》2006 年第 7 期。

［28］王伟奇：《权利的实现与“有限侵害性”的社会权力——从贫困治理出发的思考》，《行政法学研究》2007 年第 4 期。

［29］汪习根：《论发展权的法律救济机制》，《现代法学》2007 年第 11 期。

[30] 周毅、李旋旗、赵景柱：《中国典型生态脆弱带与贫困相关性分析》，《北京理工大学学报》2008 年第 3 期。

[31] 杨一斐：《甘肃省生态贫困问题研究》，《广东农业科学》2008 年第 4 期。

[32] 黄锡生、王江：《自然资源物权制度的理论基础研究》，《河北法学》2008 年第 5 期。

[33] 宋旭明：《我国自然资源物权化理论及立法模式评析》，《华中科技大学学报》（社会科学版）2008 年第 5 期。

[34] 田开友：《法经济学视野中的反贫困研究》，《社会科学管理与评论》2009 年第 2 期。

[35] 鲍青青：《生态贫困初探》，《资源与产业》2009 年第 5 期。

[36] 侯东民：《中国生态脆弱区生态移民现状及展望》，《世界环境》2010 年第 4 期。

[37] 曹明德：《对建立生态补偿法律机制的再思考》，《中国地质大学学报》（社会科学版）2010 年第 5 期。

[38] 喻磊、郑婉婷：《环境侵权损害赔偿社会化分担机制的构建》，《江西社会科学》2010 年第 7 期。

[39] 谭崇台：《中国西部农村反贫困模式的理论探索》，《经济学家》2010 年第 8 期。

[40] 李印：《环境侵权损害赔偿及其社会化制度建设思考》，《法学杂志》2010 年第 8 期。

[41] 刘廷华：《反贫困的法律途径》，《福建法学》2011 年第 3 期。

[42] 汪习根：《免于贫困的权利及其法律保障机制》，《法学研究》2012 年第 1 期。

[43] 于文轩：《自然资源物权：政策倾向与调整手段》，《山东科技大学学报》（社会科学版）2012 年第 1 期。

[44] 唐远雄、罗晓：《中国自然资源社区共管的本土化》，《贵州大学学报》（社会科学版）2012 年第 2 期。

[45] 叶榅平：《我国自然资源物权化的二元立法模式选择》，《上海财经大学学报》2013 年第 1 期。

[46] 郑智航：《论免于贫困的权利在中国的实现——以中国的反贫困政策为中心的分析》，《法商研究》2013 年第 2 期。

［47］刘晓霞、周凯：《反贫困立法：定位与进路》，《西部法学评论》2013 年第 3 期。

［48］刘晓霞、周凯：《我国农村贫困标准的政策演进与立法研究——基于生存权、发展权的视角》，《甘肃理论学刊》2013 年第 4 期。

［49］刘晓霞、任东冬、周凯：《法律视野下西部农村反贫困模式研究》，《宁夏社会科学》2013 年第 4 期。

［50］史玉成：《生态补偿制度建设与立法供给——以生态利益保护与衡平为视角》，《法学评论》2013 年第 4 期。

［51］任洪涛：《论我国生态产业的理论诠释与制度构建》，《理论月刊》2014 年第 11 期。

［52］鲁伟：《生态产业：理论、实践及展望》，《经济问题》2014 年第 11 期。

［53］赵军：《农村反贫困法律制度研究》，硕士学位论文，西南政法大学，2005 年。

［54］李培良：《环境侵权损害赔偿社会化研究》，博士学位论文，华东政法学院，2005 年。

［55］李冬梅：《经济法视野下的反贫困规制》，硕士学位论文，首都经济贸易大学，2006 年。

［56］杨宏舟：《反农村贫困法律制度研究》，硕士学位论文，首都经济贸易大学，2007 年。

［57］曲玮：《基于地理环境约束的农村贫困问题研究》，博士学位论文，兰州大学，2008 年。

［58］李虹：《中国生态脆弱区的生态贫困与生态资本研究》，博士学位论文，西南财经大学，2011 年。

［59］刘霞：《中国自然保护区社区共管模式研究》，博士学位论文，北京林业大学，2011 年。

［60］周鹏：《中国西部地区生态移民可持续发展研究》，博士学位论文，中央民族大学，2013 年。

后　记

本书系教育部人文社会科学研究规划基金项目“西部地区生态型反贫困法律保障研究”（项目编号：13YJA820029）的研究成果。

中国之贫困，西部尤甚。透过《西部大开发“十二五”规划》和《全国主体功能区》等相关文件便可以看出，在我国西部地区，重点生态区与集中连片特困区层叠分布，脆弱生态与人类贫困扭曲作用。在国家不遗余力的反贫困实践和西部大开发战略的双重作用下，西部贫困地区经济社会发展取得了长足的进步，但是仍应看到诸如生态环境脆弱、经济结构不合理、贫困面广量大等问题依然存在或凸显，尤其是生态脆弱与贫困以及反贫困与生态破坏的怪圈不仅没有打破反而更有加剧之势。故本选题以此为缘起，拟对生态型反贫困模式和法律制度保障进行深入的研究，以期对理论和实践有所裨益。

研究的主要结论包括：第一，通过专门立法的形式对某一种社会关系进行调整，必须要有充分的立法基础和成熟的立法条件，这些基础和条件一般表现为社会的关注程度、学术界的研究成果、国家对该问题是否出台了相关政策、相关的法律法规对该问题的涉及程度，以及是否积累了相关立法案例或经验等方面。长期以来，无论是国家还是社会，无论是学界还是实务界，人们对反贫困事业可谓不遗余力，丰富的理论研究成果、大量的国家扶贫政策、多样化的反贫困立法尝试纷纷向反贫困战场汇集而来，可以说，通过立法对反贫困社会关系进行调整的条件是成熟的，基础是充分的，已经完全具备了立法的可行性。

第二，为满足我国生态型反贫困实践的需要，我们一方面要推动国家层面统一的反贫困立法如《反贫困法》的酝酿制定，另一方面要加强对我国现有的生态型反贫困相关立法的梳理、修订，完善相关配套法规、政策措施，推进以“社区赋权”和“个体补偿”为中心的两大类生态型反贫困基本制度建设，梳理和完善自然资源物权、生态资源社区共管、生态产业生态补偿、生态移民和环境侵权损害赔偿社会化六大具体制度，完成生态型反贫困制度的基本架构，实现我国贫困治理体系与治理能力的现代化。

经过三年的努力，本书终于完成。我要感谢在本课题论证过程中俞金香博士、郭武博士的肯定和启发。我要感谢我的学生、也是合作者周凯三年来和我坚持不懈的钻研和努力。围绕西部地区反贫困模式和立法，我们共同完成了中国法学会部级项目、甘肃省财政厅资助的高校基本科研项目以及兰州市社科规划项目和甘肃政法学院重点科研项目四个相关课题，积累了经验，达成了共识。在我指导下，他撰写的硕士毕业论文《反贫困立法视角下扶贫开发与农村最低生活保障制度衔接研究》也被评为甘肃省优秀硕士学位论文。我还要感谢我的学生任东冬、唐婷、赵萍、孟凡星、李娜，这三年里他们帮助我搜集、整理资料，和我一起讨论相关问题，实现了教学相长。

我要感谢中国社科出版社梁剑琴编辑，她的耐心细致和专业素养使我们共同完成了本书的编辑、出版。

最后，我要感谢甘肃政法学院这个我学习、工作了二十二年的地方。感谢学校为本书的出版提供的资助。

刘晓霞

2016年9月18日